郑州城隍廟

郑州市商城遗址保护管理处　编

科学出版社
北　京

图书在版编目（CIP）数据

郑州城隍庙 / 郑州市商城遗址保护管理处编. —北京：科学出版社, 2021.6
ISBN 978-7-03-066739-7

Ⅰ. ①郑… Ⅱ. ①郑… Ⅲ. ①城隍庙－介绍－郑州 Ⅳ. ①B957.261.1

中国版本图书馆CIP数据核字（2020）第218723号

责任编辑：张亚娜　郑佐一 / 责任校对：王晓茜
责任印制：肖　兴 / 书籍设计：北京美光设计制版有限公司

科学出版社 出版
北京东黄城根北街16号
邮政编码：100717
http://www.sciencep.com

北京华联印刷有限公司 印刷
科学出版社发行　各地新华书店经销

*

2021年6月第　一　版　开本：889×1194　1/16
2021年6月第一次印刷　印张：13 3/4　插页：2
字数：396 000

定价：228.00元

（如有印装质量问题，我社负责调换）

《郑州城隍庙》
编辑委员会

序

中国古代建筑以其独特的艺术风格和技术体系，在世界建筑史中占有重要地位。不同时期、不同地区和不同民族的建筑文化遗产，不但具有重要的历史、科学和艺术价值，也往往成为一个国家和地区不同历史时期政治、经济、科学文化发展的标志之一。

中原地区古代建筑是中国传统建筑的重要组成部分。它不但具有中国古代建筑的一般特征，还具有数量多、品类全、时代早、价值高、内涵丰富、延续时间长的显著特点，部分建筑还具有一定的首创性意义，对周边建筑及后世建筑产生了积极影响，在中国及东亚文化圈的古代建筑史、艺术史研究上均具有重要的价值。

明清时期是中国封建社会建筑发展的最后一个高潮。中原地区的明清建筑，除少量官式建筑和受官式手法影响的建筑外，绝大多数此时期的木构与砖石构建筑，不但因袭建筑古制，保留诸多早期建筑的建筑风格和时代特征，而且具有自身的发展规律，少部分建筑吸收了官式建筑少许做法。故总体上与同期官式建筑差别非常明显，形成独具特色的中原地方建筑手法。

郑州地区古代建筑源远流长，是中国古代建筑最发达的地区之一，现存地面建筑的数量和品类等居于全国前列。早在新石器时代，居住在新郑裴李岗文化聚落遗址、郑州西山仰韶文化城址和郑州大河村仰韶文化聚落遗址等地的先民们就开始用木构架和草拌泥建筑半地穴式房屋和地面建筑；夏商周三代古城址和聚落遗址，考古发掘取得了丰硕的成果，在筑城技术、宫殿建筑、祭祀建筑、手工业作坊、居住建筑及古城给排水等方面为建筑考古学术研究提供了弥足珍贵的实物资料；世界文化遗产“登封‘天地之中’历史建筑群”，由汉代至清代的礼制建筑、宗教建筑、科技建筑、教育建筑共 8 处 11 项组成的巨大建筑群，是我国古代建筑的宝库和重要代表；郑州市区及所属的其他县（市）尚存诸多不同时期、不同类型的古建筑，均有重要的文物价值，郑州城隍庙就是其中一处重要的建筑群。

城隍神是城市的保护神，是鬼神信仰的一部分，属于民间地方信仰。在古代神话中是可以“剪恶除凶，护国保邦，监察幽冥，保安黎庶”的神灵。城隍庙建筑类型在我国古代宗教建筑中占据着重要的地位。据宋代赵与时《宾退录》及清代秦蕙田《五礼通考》记载，最早的城隍庙是建于三国东吴孙权赤乌二年安徽芜湖的城隍祠。但因年代久远，又缺乏文献具体记载，规模形制已无法考证。唐宋金元时期，大多数城隍庙比较简陋，规制卑隘，在县署的城隍庙数量也不多。明代是城隍建造史的转折点，城隍庙修建十分宏伟堂皇。清代依旧延续明城隍庙的基本形制，但同其他古建筑一样，增饰之风更强。民国以后，城隍庙的建筑活动走向衰落。

郑州城隍庙位于管城区商城路东段，是全国重点文物保护单位。祭祀对象为城市保护神城隍神，属于民间地方信仰。创建年代不详，约为唐宋时期，嗣后屡有修葺。现存大门、仪门、乐楼、大殿、拜厦、寝殿等建筑，规模宏大，等级较高，形制完备，主次分明，浑然一体。

郑州市商城遗址保护管理处，是保护、管理与研究郑州城隍庙、郑州商城、郑州文庙的职能部门，在上述 3 处全国重点文物保护单位保护管理、文物利用、宣传教育诸方面取得了显著成绩。为了文物的有效保护和利用，传承华夏文明，该处组织专业技术人员编撰《郑州城隍庙》专著。编者知我六十多年来一直从事古建筑的学习、调查研究和保护工作，并提出“古代建筑的官式建筑手法和中原地方建筑手法之异同”的观点，特嘱我为此书作序。出于对古建事业的热爱和对编著《郑州城隍庙》文物同行真挚的友谊，我欣然应诺。拜读书稿后，我深知作者运用大量方志材料和现存古建、碑刻等实物资料，较全面系统地阐述了郑州城隍庙的历史和现状，内容丰富，资料翔实，图文并茂，深入浅出；具有鲜明的时代特点和地方特色；学术性、资料性、知识性兼备，是一本将受到读者热爱的好书；若将一些学术问题进一步展开探讨，效果会更好。盼早日出版，以飨读者。以上短语感言，以表对《郑州城隍庙》出版之贺。是为序。

杨焕成

2020 年 8 月 31 日

目录

第一章

城隍文化与城隍庙的演变

城隍神是城市的保护神，是鬼神信仰的一部分，属于民间地方信仰。在古代神话中是可以“剪恶除凶，护国保邦，监察幽冥，保安黎庶”的神灵。其建筑类型在我国古代宗教建筑中占据着重要的地位。

第一节
城隍的考述

城隍之名，始见于《周易》卷四《泰》卦有“城复于隍，勿用师”[1]。《说文》：“城，以盛民也；隍，城池也，有水曰池，无水曰隍。”[2]

追溯城隍神的源头，学术界一般认为是《礼记·郊特牲·第十一》：

天子大蜡八。伊耆氏始为蜡。蜡也者，索也。岁十二月，合聚万物而索飨之也。蜡之祭也，主先啬而祭司啬也。祭百种，以报啬也。

飨农及邮表畷、禽兽，仁之至，义之尽也。古之君子，使之必报之。迎猫，为其食田鼠也，迎虎，为其食田豕也，迎而祭之也。

祭坊与水庸，事也。曰：“土反其宅，水归其壑，昆虫毋作，草木归其泽。”[3]

图一　城隍神像

何为大蜡八？郑玄注云：“所祭有八神也。”许慎《说文》云蜡“从虫昔声，……曰年终祭名者矣”[4]。大蜡八即年终祭祀的八位神，他们是：司啬、百种神、农神、邮表畷、禽兽神、坊、水墉、昆虫。对水墉的解释，郑玄注：“水墉，沟也。”孔颖达疏曰：“坊者所以蓄水，亦以障木，墉者所以受水，亦以泄水，谓祭此坊与水墉之神。”[5]《续文献通考·群祀考三》引《春明梦余录》则说：“水则隍也，庸则城也。”

可见水墉是农田中的沟渠，水墉神也就是沟渠神，是农田之神。古代人民每年年终时祭祀它和其他七位神灵，来庆祝今年的收成，祈祷来年的丰收，感谢它们的恩赐。城隍神原型可能是由沟渠神发展而来的村落保护神。“早期的村落，为了生活的便利，往往选择依山傍水之处，尤其是水，是原始人选址的首要条件，几乎是无水不成村；同时，为了防止野兽的骚扰和外族的侵犯，往往在村庄的周围挖一条深沟，围上篱笆。因为水墉神人们已经很熟悉，而村落周围的深沟与农田中的沟渠形式相同，因此人们相信同样有沟渠神的存在，但他的功能已成为村落保护神。”[6]

第二节 城隍信仰的源流

城隍神源于“水墉”演化来的村落保护神，而城隍信仰进入民间则始于汉代。汉代迷信气氛浓重，相信鬼神，因此汉代又是中国历史上造“神”最多的朝代之一。《风俗通义·祀典第八》记载“自汉高祖受命郊祀祈望，世有所增。武帝尤敬鬼神，于是甚矣。至平帝时，天地六宗以下及诸小神，凡千七百所”“城隍之祀，三代盛时未知有闻。至汉以纪侯初平江南有功，因祀之，为城隍神，南唐进封辅德侯”[7]。可见，此时城隍神已由自然神向人鬼崇仁的社会神转变，最早的城隍庙是建于三国东吴孙权赤乌二年安徽芜湖的城隍祠。

魏晋南北朝战乱纷起，统治王朝争权夺利，普通百姓哀告无门，悲观绝望，转向宗教信仰，祈求神灵庇佑。在这种背景下，城隍信仰得到了滋养。在正史上已有所反映，如《隋书》卷二十三《五行下》记载：“梁武陵王纪祭城隍神”，又如《北齐书·慕容俨传》记载：“城中先有神祠一所，俗号城隍神，公私每有祈祷。于是顺士卒之心，乃相率祈请，冀获冥佑。”[8]从中说明，城隍神的功能是护国保民的，同时对城隍神的祭祀已经很频繁了，不仅民间百姓祭拜，官府也参与其中。

隋唐时期，城隍信仰有了很大的发展，这时有关城隍的信仰记载很多：张说、韩愈、杜牧、张九龄、许远、李商隐有祭城隍文，杜甫、羊士谔有“赛城隍诗”，李白、李阳冰诸人有关于城隍庙、城隍神的碑、记和跋。在史书和一些笔记文集、志怪小说中也有城隍神显灵、祭祀城隍神的记载。从中我们可以看出，此时各地的城隍庙已较为普遍，信仰的中心区在江南地区，一直延续到明清。而且城隍的神格也得到了提高，除保护城池外，还负责当地的冥籍和水旱吉凶，成了阴间的最高神。这是城隍神格衍变的重要转折点。同时聪明正直之人死后可成为城隍的观念也得到进一步明确。城隍神由人死后的鬼充任的观念，至唐代成为定型，以后一直没变。封建皇帝也开始注意城隍信仰的利用价值，并开始对城隍封王封爵。《金石萃编》卷一五六《华州城隍神新庙记》中记载，唐昭宗光化元年，华州城隍被封为了济安侯[9]。

到了宋元时期，城隍信仰已经遍及全国，如《春明梦余录》所言：“赵宋以来，城隍之祀遍天下，或锡庙额，或颁封爵……”城隍的神格进一步提高。陆游在《镇江府城隍庙记》中写道：“唐以来，郡县皆祭城隍，今世尤谨。守令谒见，仪在他神祀上。”宋时城隍神的地位已在其他神祀之上，对城隍神的祭祀已经相当频繁，甚至超过了社稷。同时国家祀典把对城隍神的祭祀纳入其中。但是这种国家权力的祀典时对个别神与庙的。且宋朝首都皇帝祭祀中没有城隍，直至《元史》，祭祀志中还没有出现城隍神。元代有了全国级的城隍即都城隍，《续文献通考·群祀考三》记载：“元世祖至元五年正月，上都建城隍庙。七年大都始建庙，封神曰祐圣王。文宗天历二年八月，加王及夫人号曰护国保宁。”[10]城隍神不仅被封爵，还出现了城隍夫人，构成了完整的城隍神家族结构，呈明显的世俗化趋势。

明代是城隍信仰发展的一个鼎盛时期，其主要原因是明太祖朱元璋大封天下城隍和完善城隍祭祀制度。期间又经历了“洪武二年新制”（传统城隍的制度化）和“洪武三年改制”（城隍神的非人格化和禁毁偶像）的曲折经历。

洪武二年（1369 年）正月太祖下诏“封京都及天下城隍神”。《明史・礼志三》记载，洪武二年，礼官言：“城隍之祀，莫祥其始，按张九龄《祭洪州城隍文》曰城隍是保，甿庶是依，则前代祭祀之意有在也，今宜附祭于岳渎诸神之坛。乃命加以封爵。京都为承天鉴国司民升福明灵王，开封、临濠、太平、和州、滁州皆封为王。其余府为鉴察司民城隍威灵公，秩正二品。州为鉴察司民城隍灵佑侯，秩三品。县为鉴察司民城隍显佑伯，秩四品。”[11]

这一新制是中国历史上城隍制度的发端，经过唐宋元时期的发展，城隍庙的修建在全国各地已经很普遍了，但以往的国家祭祀制度中并未将城隍神作为一个整体给予某一确定的位置，这次统一的制度规定，使城隍神成为国家祭祀的一部分。

二年新制还依据城隍所在地不同将之分为五个等级，并且制定了不同品级城隍神的服饰。第一等级为京都应天府城隍；第二等级为开封府（承天鉴国司民显灵王）、临豪府（承天鉴国司民贞佑王）、太平府（承天鉴国司民英烈王）、和州（承天鉴国司民灵护王）、滁州（承天鉴国司民灵佑王）的城隍；第三等级为府城隍；第四等级为州城隍；第五等级为县城隍。二年新制采取了将以前各地的城隍神原封保留并给予封爵的形式，城隍神原有的人格神的性质没有发生任何变化[12]。

在二年新制颁布的一年半后，洪武三年六月，朱元璋又颁布了新的诏书，改变了岳镇、海渎及城隍神号。诏书曰：“惟治之道必本于礼……今宜依古定制，凡岳镇海渎并去其前代所封名号，止以山水本名称其神，郡县城隍神号一体改正。历代忠臣烈士亦依当时初。封以实号，后世溢美之称皆宜革去。”[13]

这次改制的核心是恢复古制。《明史・礼志三》中详述：“三年，诏去封号，止称某府州县城隍之神，又令各庙屏去他神，定庙制，高广视官署厅堂。造木为主，毁其塑像，舁置水中，取其泥涂壁，绘以云山。在王国者王亲祭之，在各府州县者守令主之。”[14]三年改制中将代表朱元璋集团利益的第二等级的城隍庙取消，城隍神只存在于京都应天府、府、州、县这四个的金字塔结构之中。城隍神在二年新制之中确定的“一定行政领域的冥界守护神或管理者”的特性，在三年改制中由于规定其等级、内部配置均比照官署而得到进一步加强。从而更深的具有了与现实的行政机构相对应的冥界行政官的性质。并且明确规定祭奉城隍神是各地方长官的职责。

由于二年改制和三年改制的先后出台，出现了两种不同而并存的坛祭城隍和庙祭城隍，这种情况一直延续到后来。虽然在三年改制中明确规定，去其封号，毁塑像置木主，恢复城隍的自然本性，但是民间信仰自有它的自身演变规律，城隍神经过漫长的道路从自然神演变为人格神，让他倒退到原始状态的，实际是不可能的。根据众多史料记载，至迟明代中叶绝大多数的城隍神已经恢复了神像。自朱元璋给神赐封爵号，下令全国各府、州、县建造城隍庙后，城隍庙像雨后春笋般涌现，遍及全国城市，祭祀活动也相当的频繁。在明代祭典中城隍神列于中祀，于帝社、帝稷、太岁、风雨雷电、四季月将、岳镇、海渎、山川平起平坐，规模甚至更大。

清代的祭礼基本沿袭明代典礼，地位与明代相比有所下降，列为群祀，与明代相比，值得注意的是出现了除了京都、府、州、县城隍庙以外的行政机构相对应的城隍。如清中叶的苏州。除了定制的苏州府、吴县、长洲县、元和县城隍外，还出现了巡抚、布政使、按察使、粮巡道、漕运总督甚至江南织造的城隍。这些城隍在典制中是不允许存在的，它标志着城隍体系与人间官僚体系对应的进一步密切。且在州县以下的各地集镇中出现了许多镇城隍庙。镇城隍庙所祭祀的大多是府县的城隍神。

清末之后，随着帝国主义用鸦片和炮火打开中国闭关自守的大门，以及随之而来的西方先进科学以及各种思想的涌入，中国城隍信仰式微。

第三节 城隍神的职能

城隍的职能早期是单一的某一城市的保护神。随城隍从自然神向社会神的转变，其职能也在不断扩展，除守御城池、保障治安的职责外，还掌管当地的水旱吉凶、冥间事务，甚至还包括科名桂籍、驱狼灭虎、鸡鸣狗盗、寻人寻物、破案捕贼等人间地方官应尽的职责。因此，与地方官一阴一阳，共同治理一方[15]。

护城保民是城隍最原始和最主要的职能。中国古代人们充满神灵观念，对城镇居民生命财产的危险又是来自超现实的力量，或人们无意中得罪了神灵，神灵以灭城的方法进行报复；或神灵为自身的利益，不顾全城百姓的死活。而对此，人们束手无策，只有求助于冥界中的城隍神，其也就承担起了“御敌护城”的职责。这方面例证，在史书及各地地方志中记载很多。如最早记录城隍显灵事迹的《北齐书·慕容俨传》讲述了郢城城隍忠于职守，协助慕容俨及守城官兵击退了敌军的进攻，保卫了全城人民的生命及财产。

城隍神自唐代后成为了冥官，职权范围较原来扩大，由一个城市的保护神上升为该城所在的县、州、府的保护神。自此，城隍神的职能除保护城市安全外，还掌管当地的冥界事务及人力所不及的其他一切事务，有为百姓祛灾除患之责。正如嘉靖年间《蕲州志》卷十三《重修城隍庙记》所说：“神依人而血食，能为民御灾捍患，为祷辄应。”人们遇灾难祸患都求助于城隍。这里包括城隍神可以兴风降雨、停雨放晴、驱除兽患、除妖，等等。

中国古人相信“鬼”的存在，认为他生活在城隍神生活的世界—冥界。与人类关系密切，会来人世活动，或降灾作患。或赐福助人，在一定范围内左右人的生活。城隍神是冥界的地方长官，该府、州、县的鬼卒都归他管辖，人们遇到鬼作怪的灾祸都要求助于他，因为人们相信他具有惩治恶鬼、安抚厉鬼的本领。为了防止厉鬼作患，人们在每年的清明、七月半、十月朔请城隍神主祭厉坛，安抚孤魂野鬼。城隍每年三次亲临厉坛，上供品，点香烛，送冥钱，既是对厉鬼的抚恤、收买，也是对厉鬼的威慑、警告。

城隍神不仅掌管冥间事务，也掌管人间不平之事。只要人们向它祈求，它就会出面主持正义，保护善者，而惩治作恶者。城隍对一些品行不端者，一些违俗抗理者，也要出面对他们示以警告进行教育。这种地方志及相关文献的记载也很多，如明代郑仲夔《耳新》卷四就记载了一例城隍惩罚偷盗者的例子。又如袁枚《子不语》卷五《吴三复》则叙述了城隍惩治侵吞他人财产者之事[16]。

城隍神因能扶善惩恶，所以它就有督官摄民的职能。“首谒城隍庙，对神矢誓忠君爱民”[17]。这是明清时期，国家礼法对地方长官初上任的规定。一方面，强调神道的作用，认为地方官因此而得到城隍神的暗中相助，使百姓更加惧怕地方官的管治，而巩固了封建统治。另一方面，地方官上任就要对城隍发下誓愿，也是对地方官的一种约束。因为城隍在冥界能洞察阳界的一切，忠心治理，则暗中相助；鱼肉黎民，则施行惩治。城隍信仰属于民间信仰，各种惩治恶人、保佑好人的故事广泛流传，加深了民众对城隍神的畏惧。正如光绪《大宁县志》卷八中写道：“以鉴察民之善恶而祸福之，俾幽明举不得幸免。”[18] 唐宋之后，历代帝王都倡导城隍信仰，其目的也正是利用城隍神对民众的威慑力来加强自己的封建统治。

城隍信仰自唐代以来地位日益显赫，原因在于封建统治者为麻痹人民而进行的有意扶持；社会经济的发展，城市地位的提高；还有一点就是道教的兴盛[19]。

道教就是中国土生土长的宗教，在神仙信仰的基础上形成，神仙信仰是其核心。但道教神仙系统。除了仙系外还有鬼系。南朝陶弘景撰《真灵位业图》，把神仙分成许多等级。其道教神仙谱系包括天神、地祇、人鬼和诸多仙真，大约 3000 名，以 7 个等级排列，其中央的上下次序是：元始天尊，玉晨玄皇大道，太极金阙帝君，太上老君，九宫尚书，定录真君中茅君，酆都北阴大帝，以及后来加入的东岳大帝，阎罗王，城隍爷构成了道教的冥世体系。城隍神是护城佑民、主掌冥籍之神，其归属于道教，神格及职能并未改变。城隍庙多由道士主持。元代大都城隍庙即是在元世祖诏令下由道教葆光大师段志祥做主持的。元代汴梁城隍庙也有道教主持。吴山城隍庙，自元至明清，皆为道士主持。自元代至近代，全国各地的城隍庙大多为道士主持[20]。

道士供斋祭神时，总是牒（下公文通知）城隍入场。宋代《舆地纪胜》载：“有道士设醮伏坛上，而有二城隍与焉。”《道经》正乙部彩下册、《上清灵佑大法》卷二有牒都城隍府城隍、县城隍等文。其他道藏各部言及城隍神者，不可胜录。在道教的典藏中也收录有关城隍的章文。如《三教瑶函》卷一有申本县城隍文，卷六有都城隍诞辰表，卷十一有《城隍释狐疏》，它们都以城隍为州、府、县之主宰。《道藏》中《开经偈》载：“稽首皈依城隍尊，威灵烜赫镇乾坤，护国安邦扶社稷，降施甘泽救生民。统辖大兵巡世界，赏善罚恶日同明。”[21]

在道教看来，城隍神的职权主要是：主管疾患、寿命、生子孙、报仇雪恨等事情，主管风雨天气，主管审理案件，这与封建政府赋予城隍神的职权范围基本一致。

第四节 城隍庙的演变

据宋代赵与时《宾退录》及清代秦蕙田《五礼通考》记载，最早的城隍庙是建于三国东吴孙权赤乌二年安徽芜湖的城隍祠。但因年代久远，又缺乏文献具体记载，规模形制已无法考证。

唐宋金元时期，大多数城隍庙比较简陋，规制卑隘，在县署的小城隍庙数量也不多。

明代是城隍建造史的转折点，城隍庙修建十分宏伟堂皇。如建于明成化七年（1471年）浙江汤溪镇城隍庙，虽经岁月侵蚀，但仍高大宏伟。出现这种状况原因有两方面：一是洪武皇帝朱元璋诏令天下府州县皆建城隍庙，而且“其制高广各视官署正衙，几案皆同”。明朝时官衙建筑规模很大，这样就以皇帝诏令的形式规定了城隍庙的规模。另一方面，明朝把城隍看作与阳间地方官平等的“阴间地方官”，这种观念和趋势也导致了地方官吏对城隍庙建设的重视。

洪武二年《明敕封城隍文》：

“奉天承运，皇帝制曰：帝王受天明命，行政教於天下，必有生圣之瑞，受命之符，此天示不言之妙，而人见闻所及者也。神司淑慝，为天降祥，亦必受天之命。所谓明有礼乐，幽有鬼神，天理人心，其致一也。朕君四方，虽明智弗类，代天理物之道，实罄於衷，思应天命，此神所鉴而简在帝心者。君道之大，惟典神天，有其举之，承事惟谨。郑州城隍，聪明正直，圣不可知，固有超於高城深池之表者也。世之崇於神者则然，神受於天者盖不可知也。兹以临御之初，与天下更始，凡城隍之神，皆新其命。睠此城隍，神祇攸主，宜封曰：鉴察司民城隍灵祐侯。灵则随感而通，祐则锡善以福，此固神之德，而亦天之命也。司於我民，鉴於州政，享兹祀典，悠久无疆，主者施行。”[22]

清代依旧延续明城隍庙的基本形制，但同其他古建筑一样，增饰之风更强。民国以后，城隍庙的建筑活动走向衰落。

注释

[1]（汉）郑玄注，（唐）孔颖达疏：《十三经注疏·礼记正义》卷二，北京大学出版社，1999年，第69页。
[2]许慎：《说文解字》，九州出版社，2001年，第802、855页。
[3]（汉）郑玄注，（唐）孔颖达疏：《十三经注疏·礼记正义》卷二十六，北京大学出版社，1999年，第802—805页。
[4]许慎：《说文解字》，九州出版社，2001年，第784页。
[5]（汉）郑玄注，（唐）孔颖达疏：《十三经注疏·礼记正义》卷二十六，北京大学出版社，1999年，第803页。
[6]郑土有、王贤淼：《中国城隍信仰》，三联书店上海分店，1994年，第21页。
[7]郑土有、王贤淼：《中国城隍信仰》，三联书店上海分店，1994年，第93页。
[8]郑土有、王贤淼：《中国城隍信仰》，三联书店上海分店，1994年，第94页。
[9]郑土有、王贤淼：《中国城隍信仰》，三联书店上海分店，1994年，第100页。
[10]郑土有、王贤淼：《中国城隍信仰》，三联书店上海分店，1994年，第102页。
[11]郑土有、王贤淼：《中国城隍信仰》，三联书店上海分店，1994年，第109页。
[12]郑土有、王贤淼：《中国城隍信仰》，三联书店上海分店，1994年，第110页。
[13]郑土有、王贤淼：《中国城隍信仰》，三联书店上海分店，1994年，第111页。
[14]郑土有、王贤淼：《中国城隍信仰》，三联书店上海分店，1994年，第111页。
[15]郑土有、王贤淼：《中国城隍信仰》，三联书店上海分店，1994年，第28页。
[16]郑土有、王贤淼：《中国城隍信仰》，三联书店上海分店，1994年，第43页。
[17]郑土有、王贤淼：《中国城隍信仰》，三联书店上海分店，1994年，第48页。
[18]郑土有、王贤淼：《中国城隍信仰》，三联书店上海分店，1994年，第50页。
[19]郝铁川：《灶王爷、土地爷、城隍爷——中国民间信仰研究》，上海古籍出版社，2003年。
[20]郝铁川：《灶王爷、土地爷、城隍爷——中国民间信仰研究》，上海古籍出版社，2003年。
[21]郝铁川：《灶王爷、土地爷、城隍爷——中国民间信仰研究》，上海古籍出版社，2003年。
[22]古都郑州文化丛书编纂委员会：《乾隆郑州志·卷十·艺文志》，中州古籍出版社，2005年，第290页。

第二章

郑州城隍与建筑

第一节 郑州城隍

城隍，为城隍庙祭祀对象，神祇大多由有功于地方民众的名臣英雄充当，是古代汉族民间和道教信奉守护城池之神。

城隍因城市而异，大多在历史上确有其人，多为曾在该地为官或生活过的廉吏、忠臣、品行正直或做善事的人，如上海的城隍是秦裕伯，苏州的城隍是春申君，杭州的城隍是文天祥，镇江的城隍是霍光，而郑州的城隍则是舍命救刘邦而被项羽火焚的纪信。

郑州城隍庙全称是“城隍灵佑侯庙”，祭祀对象为汉朝将军纪信。纪信，成纪（今甘肃天水）人，是楚汉相争时刘邦手下的一员大将。汉高祖三年（前 204 年），项羽兵围刘邦于荥阳，眼看汉王要做俘虏，纪信毅然请命扮作汉王，坐汉王刘邦的车直出东门，佯装降楚。纪信巧妙掩护刘邦由西门逃出，后被项羽活活烧死。《史记》《汉书》都记载其事。司马迁在《史记·高祖本纪第八》中有载：“汉军绝食，乃夜出女子东门二千余人，被甲，楚因四面击之。将军纪信乃乘王驾，诈为汉王，诳楚，楚皆呼万岁，之城东观。以故汉王得与数十骑出西门遁。”[1]纪信虽死，却赢得了“汉代孤忠”的美名。纪信以“荥阳误楚，身殉汉皇”而载于史册，纪信义举，为世代人所动容，真可谓“无纪将军者，乃无汉王定国”。故把纪信封做城隍，亦是情理之中的事情。

图二 郑州城隍神塑像

第二节
历史沿革

郑州城隍庙创建年代应在唐宋年间。由“唐代郡县皆祭城隍，宋以后其祀遍天下”的记载，及大殿宝装莲花柱础，推断始建时间应在唐宋年间。唐宋金元时期，城隍庙大多简陋，规制卑隘，庙宇狭小。

洪武二年正月丙申朔（1369 年），太祖下诏“封京都及天下城隍神”。

“洪武二年（1369 年）敕封灵佑侯，有御碑文。”[2]

明代是城隍庙建造史上的一个转折点，之后的城隍庙愈发宏伟堂皇。洪武皇帝朱元璋诏令天下府州县皆建城隍庙，“其制高广各视官署正衙，其几案皆同，置神主于座”。筹资为官民结合，官吏以修庙事倡其民，首捐俸金，民翕然应之，富者乐助以资，贫者乐效以力。

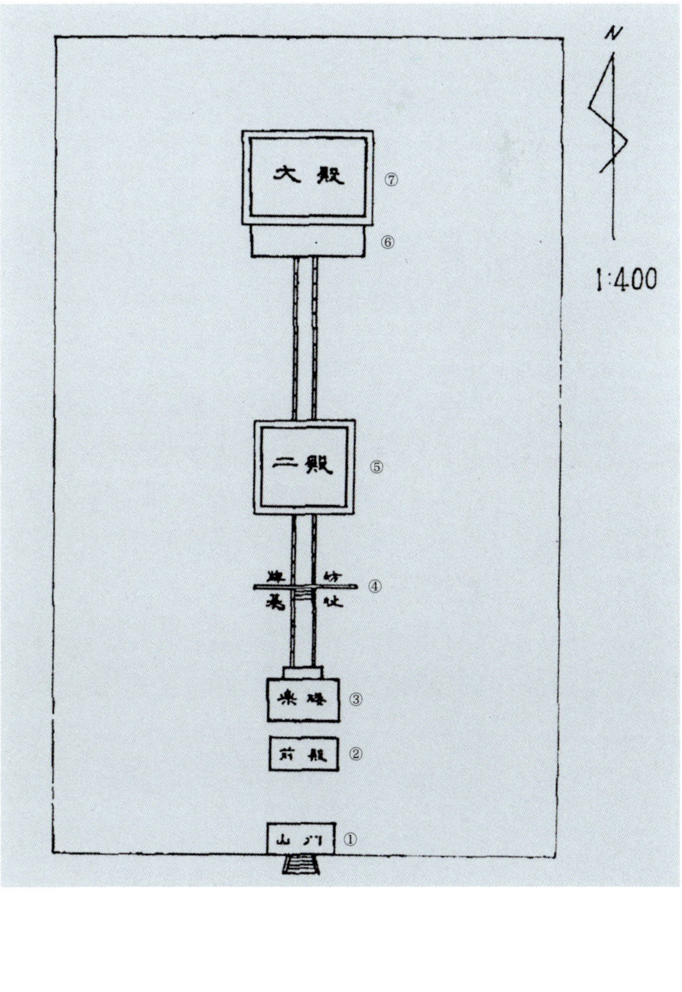

图三　郑州城隍庙平面图（1981 年）
①山门 ②仪门 ③乐楼 ④牌坊 ⑤大殿
⑥拜厦 ⑦寝殿

图四 乐楼（1936年）

图五 大殿（1936年）

明朝前期，庙虽屡葺，率仍旧贯，亦罔不崇大。郑州城隍庙的修葺也是在明代中叶进行的。“弘治十四年（1501年），知州石纯粹重修城隍庙。”“嘉靖六年（1527年），知州刘汝輗重修城隍庙。”“隆庆四年（1570年），知州李时选重修城隍庙。”

明末，农民军采取拆毁城垣政策，城隍庙毁于兵燹。“（城隍庙）□历年久远，庙宇摧残中遭寇焚□□修□。”[3]

进入清代，增饰城隍庙之风丝毫未减，甚至强化了。

清康熙三十年（1691年）十月，原知州陈一魁、知州何锡爵重修二门、大殿及拜厦。

约康熙四十二年（1703年）至四十八年（1709年）年间，知州靳治徐重修寝宫。

图六
大殿（1981年）

图七　乐楼（1981 年）

康熙五十年（1710 年）三月至五十三年（1714 年）三月原知州王克明等百余人集资重修了进膳、侑膳二司并金妆神像。

乾隆五年（1740 年）知州张钺重修。

乾隆五十二年（1787 年）金妆神像，《金妆西廊全神碑记》叙述了金妆神像的经过。

嘉庆七年（1802 年）郑州正堂龚鹤鸣重修进膳司。

道光十一年（1831 年）重修三圣堂三仙殿。

光绪二年（1876 年），城隍庙住持赵合禄重修乐楼。

光绪十六年（1890 年）知州吴荣棨重修。

光绪二十四年（1898 年）知州汤似慈重修乐楼。

1916 年，统领徐义庭、连长李培臣维修山门、大殿、拜厦、后寝宫。

1921 年 4 月，城隍庙住持赵合禄重修城山门。

图八　鸟瞰图（2004 年）

1923 年 7 月，城隍庙住持赵合禄重修城隍庙拜厦。

民国以来，郑州城隍庙屡遭破坏。

1927 年，省主席发动了一场废寺庙兴教育的运动。郑州城隍庙，销毁城隍等塑像，留下了空幽的古建筑。

1933 年 7 月，郑州城隍庙归河南省立郑县工业职业学校无偿占用。

1936 年 9 月，著名建筑学家杨廷宝先生考察郑州城隍庙文庙后，在《中国营造学社汇刊》第六卷第三期发表了《汴郑古建筑游览纪录》，城隍庙曾引起建筑史学界重视。

1963 年 6 月 20 日，原河南省人民委员会公布郑州城隍庙为第一批河南省文物保护单位。

1969—1979 年，郑州电力学校因“文革”而停办，郑州城隍庙归无线电厂使用。

1983 年 4 月至 1984 年 11 月，郑州城隍庙修复工程竣工，山西省五台县小豆村古建队施工完成中轴线建筑维修。

1985 年 1 月至 1986 年 9 月，完成郑州城隍庙油漆彩画工程。

1991 年，寝殿翼以两廊庑各 10 间。

1994 年，大殿翼以 2 层两廊庑各 14 间和仪门翼以廊庑各 5 间。山门、仪门复设甬道，达于大殿堂、寝殿。

1994 年 12 月至 1995 年 4 月，大殿重塑城隍（纪信）及文、武吏像，并绘制城隍故事壁画。龛座、几案之设，所宜有者，靡一不具。

2001 年 7 月，进行城隍庙乐楼维修及油漆彩画，对前后院东西厢房进行油漆彩画。

2004 年 2 月，进行城隍庙中轴线建筑（除乐楼外）维修油漆彩画及环境整治。

2012 年乐楼局部揭顶维修工程。

第三节 庙会

在传统建筑中，寺庙具有相当的普遍性，庙会是由此产生的非物质文化遗产。庙会，也称“庙市”，是在寺庙内或寺庙附近的定期集市。大概在南北朝时期，“庙市”就已经产生了。原因在于当时十分崇尚佛教，菩萨诞辰的盛会应运而生，游人很多，商人见有利可图，便建成了“庙市”。到北宋时，庙会已经很发达了，如开封相国寺。

随着城隍信仰的普及化，大规模的城隍庙已于明代中叶出现，此时城隍庙成祭神、民间艺能表演、商品贸易多元化发展。进入清代，各地的城隍庙会规模更加扩大，活动更频繁。如北京都城隍庙会，明代时开始是五月十一日一天，后来发展为每月初一、十五、二十五日开市。到清代则改为五月初一至初十共十天，时间集中，参加人员更多。

在城隍庙会的构成元素中，祭神是城隍庙会形成的基础。因对城隍的崇拜与祭祀活动，才出现了规模宏大、场地宽阔的城隍庙，以致出现城隍庙会。祭城隍神是庙会中最主要的内容，是庙会的核心。直至民国之后，城隍在意识形态上地位有所减弱时，围绕寺庙的经济活动意义上升，而相应的宗教意义衰退或退而求其次了。

民间艺能表演也是城隍庙信仰活动的重要组成部分，庙会中表演种类增多、难度增大、娱人性质明显。表演的形式有出巡队伍中带有“巡街”性质的表演，祭品、供品、灯彩、珍玩等汇展，传统戏剧表演，还有一些变戏法的、捏面人的、剪纸的、木偶戏、皮影戏、等民间艺人或民间戏班的表演。正是有了这些丰富多彩的民间艺能表演，城隍庙会才产生了这么大的影响。

明代以后，城隍信仰也愈加深入民间，逐渐在庙的周围形成了商业网点。“人生日用所需，粗细皆备”，商品交易丰富而又极为活跃，为中国的城镇经济起到了积极的推动作用。郑州城隍庙最重大的庙会为每年农历三月十八日的神诞节祭祀庙会[4]。

《民国郑县志·卷之六·风俗志》记载城隍庙会的盛况：“十八日俗传为城隍灵佑侯圣诞，庙会最盛。自十五日起，士女答赛拈香，或奠献花果，或恭悬匾额，或割股披红，或枷锁伏罪。并有卖买赶趣，香茶细果，酒中所需。凡儿童玩物，例如彩妆傀儡，莲船战马，锡笙鼗鼓，枪刀剑戟，零碎戏剧，在在成市。至一切耕具农器，尤属色色俱备。什方道人，络绎不绝；迷信之家，任意施舍。天气放晴，香资供费，三日所入，足敷庙中一年之用。若值阴雨，人家岁丰，道士岁荒，理诚然也。”

《郑县志》中记载有郑州上元节岁时民俗：“若祭赛神庙，则有社伙、鳌山、台阁、戏剧、龙灯、烟火。无论通衢小巷，悬彩吊灯，星罗棋布，皎如白日，喧阗彻旦。”[5]

20世纪50年代以前，城隍庙会期间，地方组织社火等以娱城隍神灵。20世纪80年代以后，由于各种大型专业批发市场和零售商场的发展，庙会式微。

近年来，为弘扬传统民族文化，沉寂了多年的郑州城隍庙会得到恢复。现在，城隍庙的功能更多的是在延续地方民俗文化。

春节庙会亦为郑州城隍庙的传统庙会。庙会期间，平日里安静的庙宇成了热闹的地方。各种传统的民间艺术表演纷纷上演，吸引着人们的目光，庙会上游人如织。过年逛庙会成了人们不可缺少的过年内容。演艺活动十分丰富，如戏剧表演有：豫剧、曲剧、京剧、木偶戏等，富有地方特色，不仅唤起了经历过那个年代的许多中老年人心中沉睡的美好记忆，也深深地吸引着青春一族。民间文艺活动有：盘鼓、腰鼓、高跷、唢呐、皮影、杂技、猴戏、斗鸡、杂耍等；民间艺术绝活有：剪纸、烙画、指画、吹糖人、捏面人、编绣球、泥泥狗等。许多濒临失传的民间工艺，在庙会期间纷纷亮相，让庙会充满了民俗文化气息，也让民族的非物质文化遗产在新时期得以传承和发展。

2006年，郑州市正式推荐城隍庙庙会为河南省非物质文化遗产。

第四节
郑州城隍庙选址与环境

郑州，地处华夏腹地、“天下之中”，三代时期为夏商王都。商朝开国的第一个君王成汤在今郑州境内夯土筑城、营建亳都，孕育出了灿烂的殷商文化。

郑州“左洛右汴”“叠嶂层峦”，“嵩岳、成皋，环峙后先；济、洛、荥、河，襟带左右。（古碑），西临京水，东接汴河。”[6]

《郑州志·舆地志》载：“论宇内之形势者，皆谓西北高而东南下，此其大势然也。若夫直省各郡邑，郡原綉错，支异派殊，其条分缕析，自有各为高下者，若概而目之不可也。郑土狭隘，介在嵩少轩箕之艮隅，其势西南高而东北下，高者沙薄，下者碱卤。西南既高，则流峙皆钟于西南；东北既下，则薮泽皆聚于东北。而郑之大概可睹矣。”

“今郑州，即古管叔国也。地无险阻，路当要冲，世治四方辐辏，四乱四面受敌，城池视他州县所关尤重且急。”[7]

郑州古城位于“介在嵩少轩箕之艮隅”，圃田河与金水河之间冈阜上。商初，为“汤始居亳”的亳都，距今约 3600 年。商城近似长方形，周长近 7 千米。

州城位于商城的南半部，唐武德四年置管州时截取商城南半部而构筑，千余年未变。唐武德四年，郑州城周长九里三十步，高三丈五尺，顶阔二丈，趾宽五丈，隍宽四丈，深二丈五尺。城门四：东寅宾、西西成、两门相对，南阜民、北拱辰，两门并不相对。南门偏西，北门居中，各有楼在月城上。城上郭门有四：东（东望奎躔），西（西维禹甸），南（南瞻舜日，重修后改为过化存神），北（京水朝宗）。古城主要街道为东西、南北大街。东西大街以大市口为端，东西延至两门。而南北大街并不相对。北大街始于大市口，延至北门。南大街始于衙署，延至南门。

这种四分的布局是中国古城的典型布局。它是阴阳协调观念发展的产物，城市平面采用了中国古代风水思想的四分世界观，即用青龙、白虎、朱雀、玄武代表东、西、南、北四个方位，他们与中心结合起来就形成了五个方位。四方的形局加上中央的穴位，又表示天上的五星座。中央的穴位代表土星；北面的玄武代表水星；南面的朱雀，代表火星；东面的青龙，代表木星；西面的白虎代表金星。郑州古城东西南北四门代表四方，十字街代表第五方位。他们之间以东、西、南、北大街相连，形成了方整、贯通、有紧密联系的城市格局。而寅宾、西成、阜民、拱辰的东西南北门的命名又体现了郑州古城传统农业城市特点。

坛庙在城市布局中，占有着重要的地位。明清祭祀城隍出现城隍坛祭和城隍庙祭两种制度。城隍坛祭，据《嘉靖郑州志》记载，郑州“风云雷雨山川在南门外，厉坛在北门外，祭境内无祀鬼神”。

城隍庙祭，每年春季三月初三、秋季九月初九，各州县长官至城隍庙亲祭城隍。

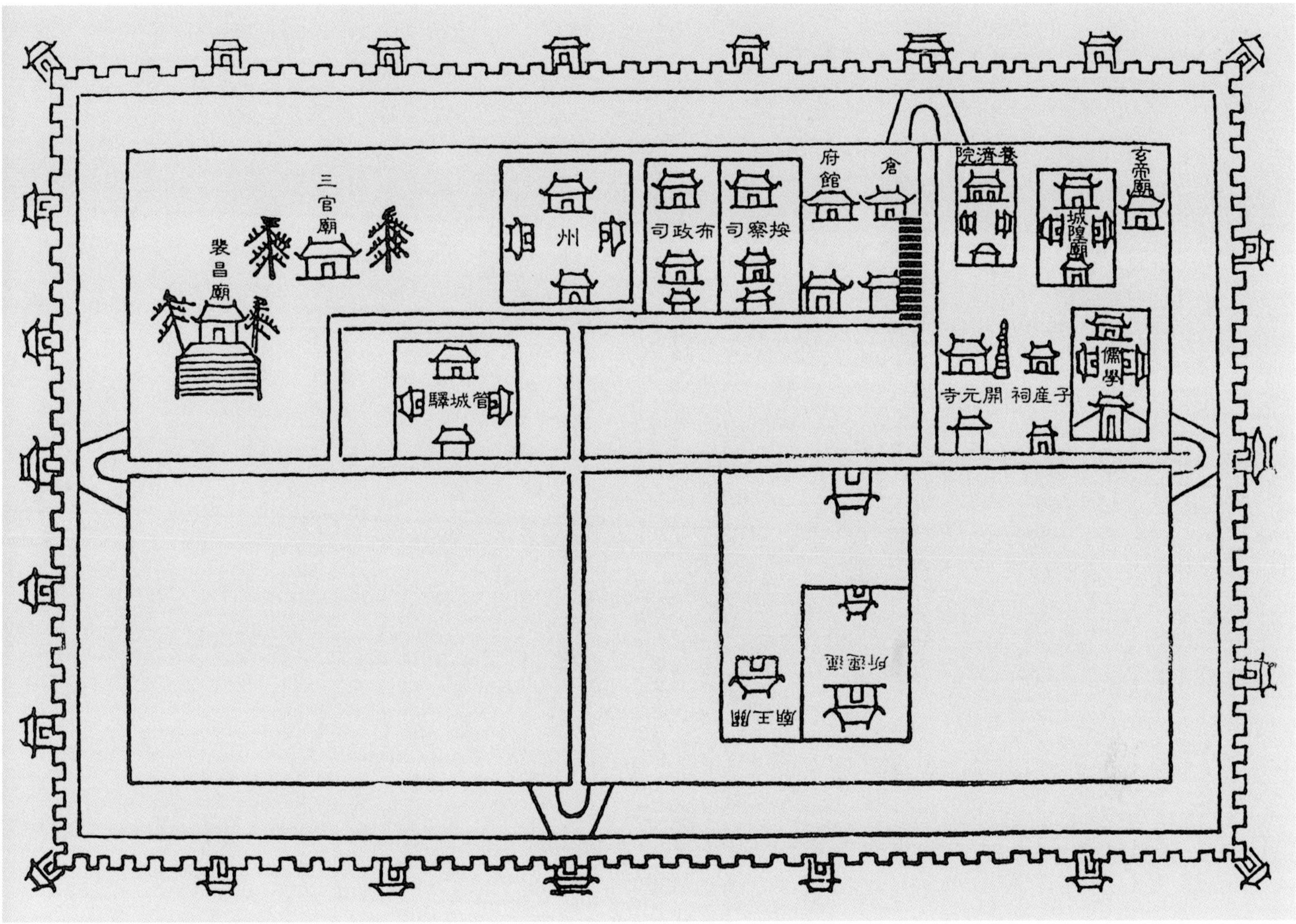

图九　城隍庙位置图
（郑州历史文化丛书编纂委员会：《嘉靖郑州志》，中州古籍出版社，2002 年，第 3 页）

“国之大事，在祀与戎”。城隍庙属百祀之中。明太祖朱元璋大封天下城隍和完善了祭祀城隍的制度，城隍地位得以确定，在百祀之中处中祀，于帝社、帝稷处同一等级。郑州城隍庙管辖一州各县城隍。“旧州署与州城南门对”。郑州州署地处十字大街交口正北方，在城市中处城市之乾位，在整个州城中的位置居中，这与其州署的地位相符的。城隍庙与州署关于北大街成东西对峙之势，州署在城市布局的乾位，城隍庙处于艮位。城隍庙与州署的关系为阴阳地方官的对位关系。

注释

[1]《史记·高祖本纪第八》，中华书局，1997 年，第 373 页。
[2] 郑州历史文化丛书编纂委员会：《康熙郑州志·建置志·庙》，中州古籍出版社，2002 年，第 41 页。
[3] 郑州城隍庙碑廊《重修城隍庙大殿拜厦二门记》。
[4] 古都郑州文化丛书编纂委员会：《民国郑县志·卷之六·风俗志》，中州古籍出版社，2005 年，第 163 页。
[5] 丁世良、赵放：《中国地方志民俗资料汇编（中南卷·上）》，北京图书馆出版社，1997 年，第 3 页。
[6] 郑州历史文化丛书编纂委员会：《嘉靖郑州志·舆地志》，中州古籍出版社，2000 年，第 4 页。
[7] 郑州历史文化丛书编纂委员会：《嘉靖郑州志·艺文志·郑州重修城池记》，中州古籍出版社，2000 年，第 204 页。

第三章

单体建筑研究

第一节
郑州城隍庙的功能构成

郑州城隍庙位于管城区商城路东段，是全国重点文物保护单位。祭祀对象为城市保护神城隍神，属于民间地方信仰。创建年代不详，约为唐宋时期，嗣后屡有修葺。现存大门、仪门、乐楼、大殿、拜厦、寝殿等建筑，规模宏大，等级较高，形制完备，主次分明，浑然一体。它坐北朝南，宽50米，南北长130米，面积为6500平方米，占地约10亩，是目前市区保存规模最大、最完整的一组明清建筑群。大殿、乐楼为清代早期风格建筑，其余为清代晚期风格建筑；大木作梁枋，斗拱多为原构，保存较多的清代脊、瓦构件，础石均为原物，保持了建筑的真实性与完整性；整体建筑风格具有清代“中原乡土建筑”特征，是研究中原古代乡土建筑重要的实物资料。

牌楼也称牌坊，是单体门的独特形式，不设框槛门扇，不具备门的防卫功能，是一种标志型，表彰性的单体建筑。明清时期牌坊用得很普遍，为大型建筑组群的入口前导，起显示尊贵身份、组织门面空间、丰富组群层次、强化隆重气氛等作用。庙前有庙前街，山门前有牌楼一座。牌楼的功能有如下几点：一、为礼制建筑，有封建礼制宣德教化的功能，且形制规模彰显身份和地位。二、为入口的标志性建筑，城隍庙建筑组群南临庙前街、东大街，入口大牌楼十分醒目，拜祭和赶庙会的人很容易看到。三、牌楼与山门之间有街，有人流的集散的功能，牌楼本体有界定空间的作用，丰富了空间的层次。

山门前狮子一对。穿过山门，正对仪门。仪门面阔三间，进深两间，硬山式建筑。

过仪门，是乐楼。乐楼正对大殿，每年三月十五起三天，是郑州城隍庙的大型庙会，此时香客云集，接踵摩肩，乐伎歌舞，热闹非凡。清明日、七月望日、十月朔日“三巡会”期间，各种民间艺人的技艺表演在这里举行，娱人娱神。其檐柱的楹联写道：“传出幽明报应彰天道，演来生死轮回醒世人。”它不但反映了其乐楼的娱神功能，还反映城隍庙的教化作用。

穿过乐楼，正对大殿。大殿为信徒进献拜谒之所。殿内正面宝座上供有城隍塑像。西边站有高约一丈，身着紫袍，执掌恶薄，怒目圆睁的“罚恶司”；东边站有执掌善薄，身着绿袍，笑容可掬的“赏善司”。大殿柱网采用似金厢斗底槽做法，且前后金柱向前后移动，这为了增加有效的使用面积，形成适于活动的大空间。

正殿两侧配殿廊庑厢房无存。

城隍的寝宫，即寝殿，为中轴最后一座主要建筑。由两座建筑相连而成，前为硬山式，后为悬山式。

沿轴线南北纵深发展对称布局的方式，是中国古代建筑群布局的主流形式。在中轴线上的建筑及其附属建筑，采用严格对称的手法，主轴两侧次要轴线上的各建筑，采用大致对称而可灵活变通的手法。郑州城隍庙正是如此。虽现主轴两侧建筑缺失，但仍能体现出古代匠师精湛的美学造诣，中轴线上的建筑不仅本体构造设计精美，而且建筑群在整体轮廓、空间变化上表现出强烈的旋律和节奏。它以最南端的牌楼为起点，循山门，进仪门，仪门紧挨乐楼，绕乐楼，面牌楼，穿过牌楼入大殿，继续向北即入主轴最后一座殿堂寝殿。

建筑是时空的艺术，建筑美的观赏是动观与静观的结合，古建筑群更是如此。郑州城隍庙，为了满足宗教信仰及古代商贸的需要，创造了变化有度的空间序列。它以最南边的大牌楼为起点到寝殿收尾，建筑群单体建筑的形式不同，功能不同，纵横交替，体现了中国传统建筑空间的韵律与节奏之美。

东大街北侧，北上数十步便进入了庙前街，约有100米。庙前街，有效地酝酿了香客拜谒时虔诚的情绪。且庙会期间也为商贩提供了很大的做生意的场所，因为是长条空间，对商贩的商铺布局也十分方便。穿过庙前街，绕过照壁、庙前的街道，为高大肃穆的牌楼，面山门。穿山门，见仪门。仪门距山门约6.8米，前形成一个横向的广场，形成一个略为压抑的空间。为进仪门前空间，为入大殿前主体院落，做出准备。入仪门，面乐楼背立面。间距2.3米，乐楼，背一层有高大券门，立面高10.62米，其中台基就高2.84米，所以整个立面高耸封闭，显得空间气氛局促压抑。为谒见大殿做了十分有利的准备。绕过乐楼，空间豁然开朗。乐楼面向大殿，大殿与乐楼之间牌楼（今废）相隔。乐楼是为城隍神奏乐唱戏的场所。乐楼大殿两庑四个界面形成的广场，南北向长22.8米，宽14.5米。其中牌楼距乐楼12.1米，牌楼距大殿10.7米。大殿高10.69米，距乐楼22.8米，根据日本著名建筑师芦原义信的理论，乐楼与大殿之间间距约是大殿高的3倍，应该能够清楚地看到大殿的整体，但因中间有牌楼相隔，只能看到局部。而牌楼距大殿之间距离与高度之比接近1∶1，站在牌楼的位置，也不能整体地看到大殿。也就是说绕过乐楼从中轴线附近的任何位置都不能整体的看到大殿。设计巧妙，此法恰好表达了城隍神的威仪感，冥界与世俗距离感与神秘感，这也正是营造宗教气氛所需的。过牌楼，大殿巍然立于眼前，整个建筑群空间至此达到高潮。过大殿即入城隍的寝宫，即寝殿，为中轴最后一座主要建筑。

在郑州城隍庙院落中还用了其他一些规划手法，例如，牌楼的明间位置处恰好能看到乐楼整个立面和一线天空，叫“风水过白”。即人站在建筑构成元素所形成的景框中能观看到完整的画面，并且留有一线带状天空，所见的天空就是“白”。这种方法，在解决了传统建筑围合空间内营造“聚气”环境的同时，保证了建筑单体之间的日照间距和建筑景观的完美。

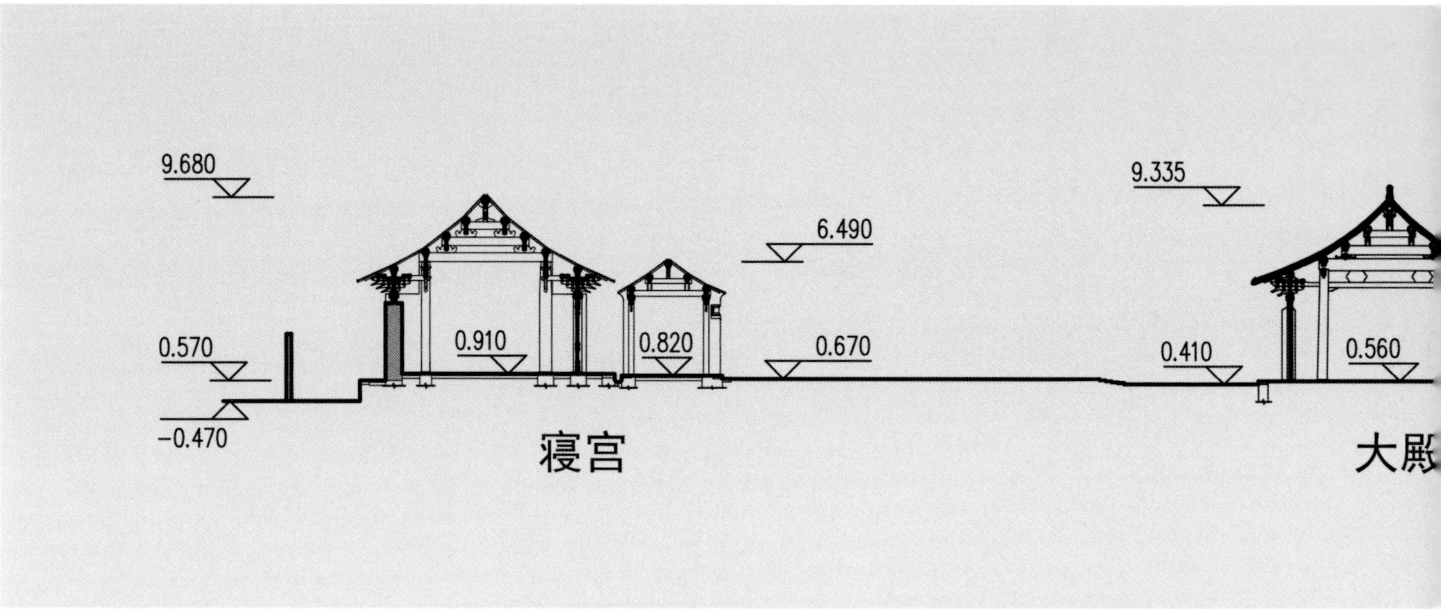

图一〇　城隍庙通剖面图

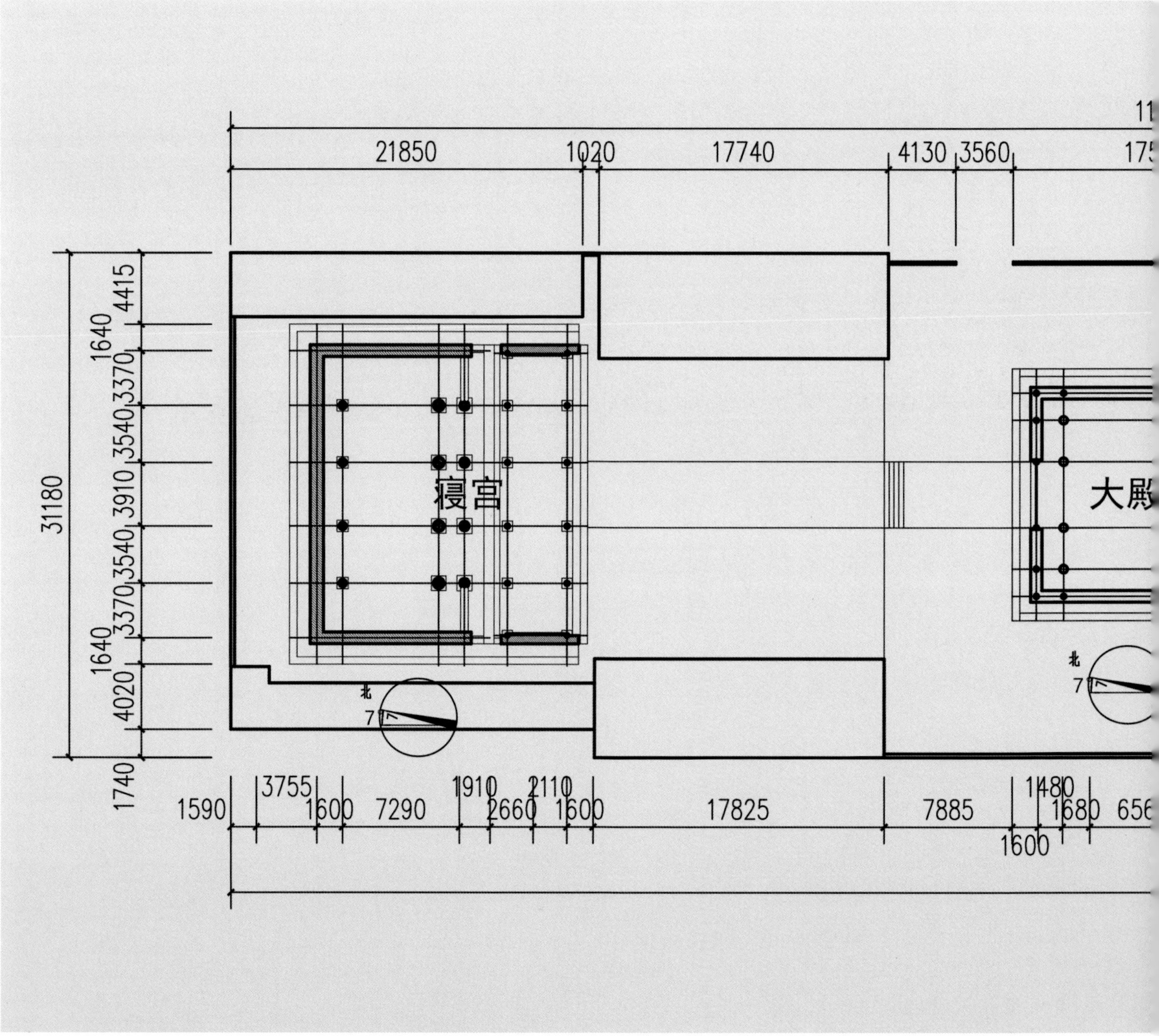

图一一　城隍庙总平面图

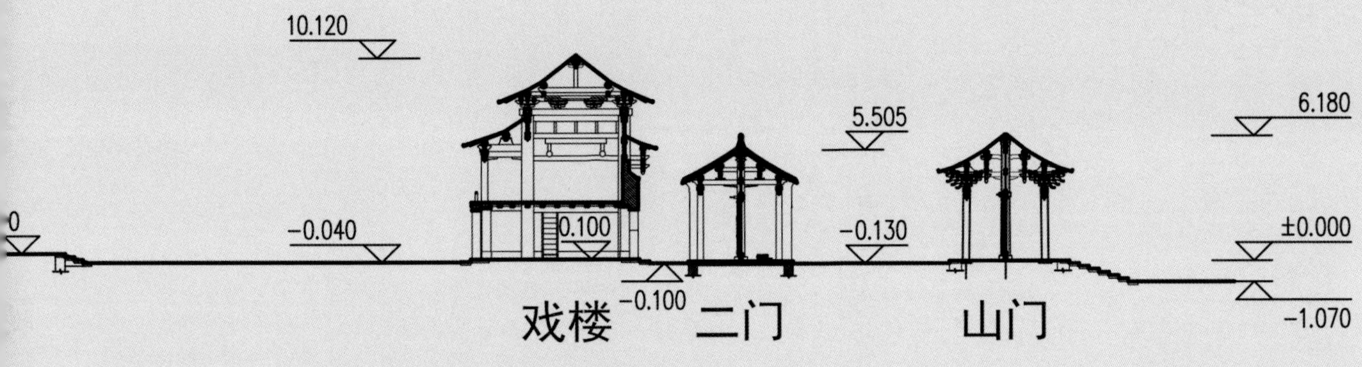
10.120
5.505
6.180
0
-0.040
0.100
-0.130
±0.000
-0.100
-1.070
戏楼
二门
山门

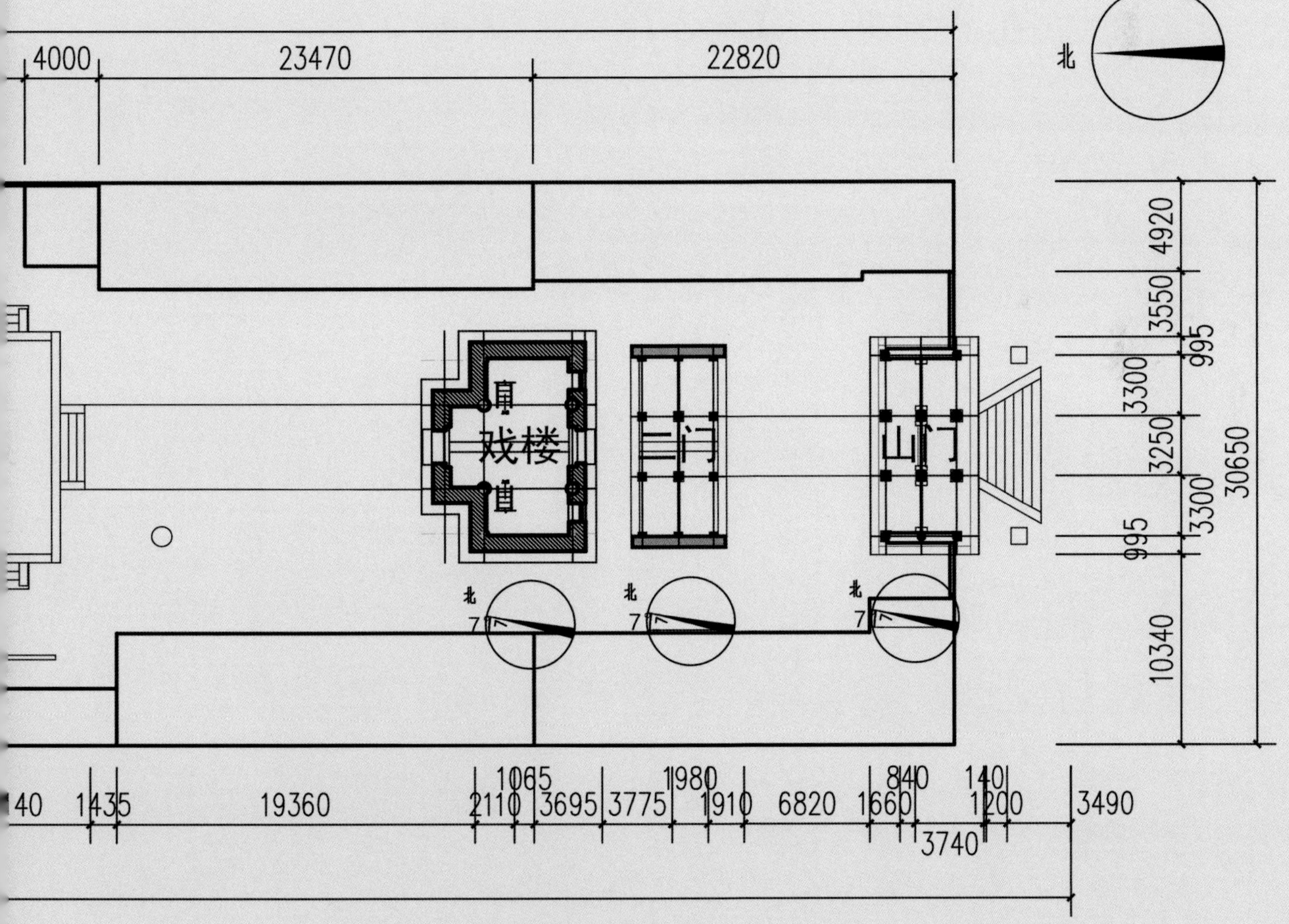
4000
23470
22820
北
戏楼
二门
山门
4920
3550
995
3300
3250
3300
995
30650
10340
40
1435
19360
1065
2110
3695
3775
1980
1910
6820
840
1660
140
1200
3740
3490

第二节 大门

一、概述

大门，又称山门，始建年代不详，明弘治、嘉靖、隆庆，清康熙、乾隆、光绪，民国，屡加修葺。坐北面南，悬山式建筑，通高7.12米。建筑面积70.98平方米。面阔三间，进深四架椽。

门外台阶高耸，山门檐下高悬贴金行书“城隍庙”匾。平面上，柱网近似分心斗底槽，为清末建筑。

梁架为五檩穿斗式与抬梁式结合的柱架结构，屋架为彻上明造，明栿造。

屋顶覆以绿色琉璃筒板瓦。明间檐柱楹联：“殿宇立商都看绿树红墙千秋焕发；清明襄盛举佑黄童白叟四季安康。”

图一二　大门

隍廟

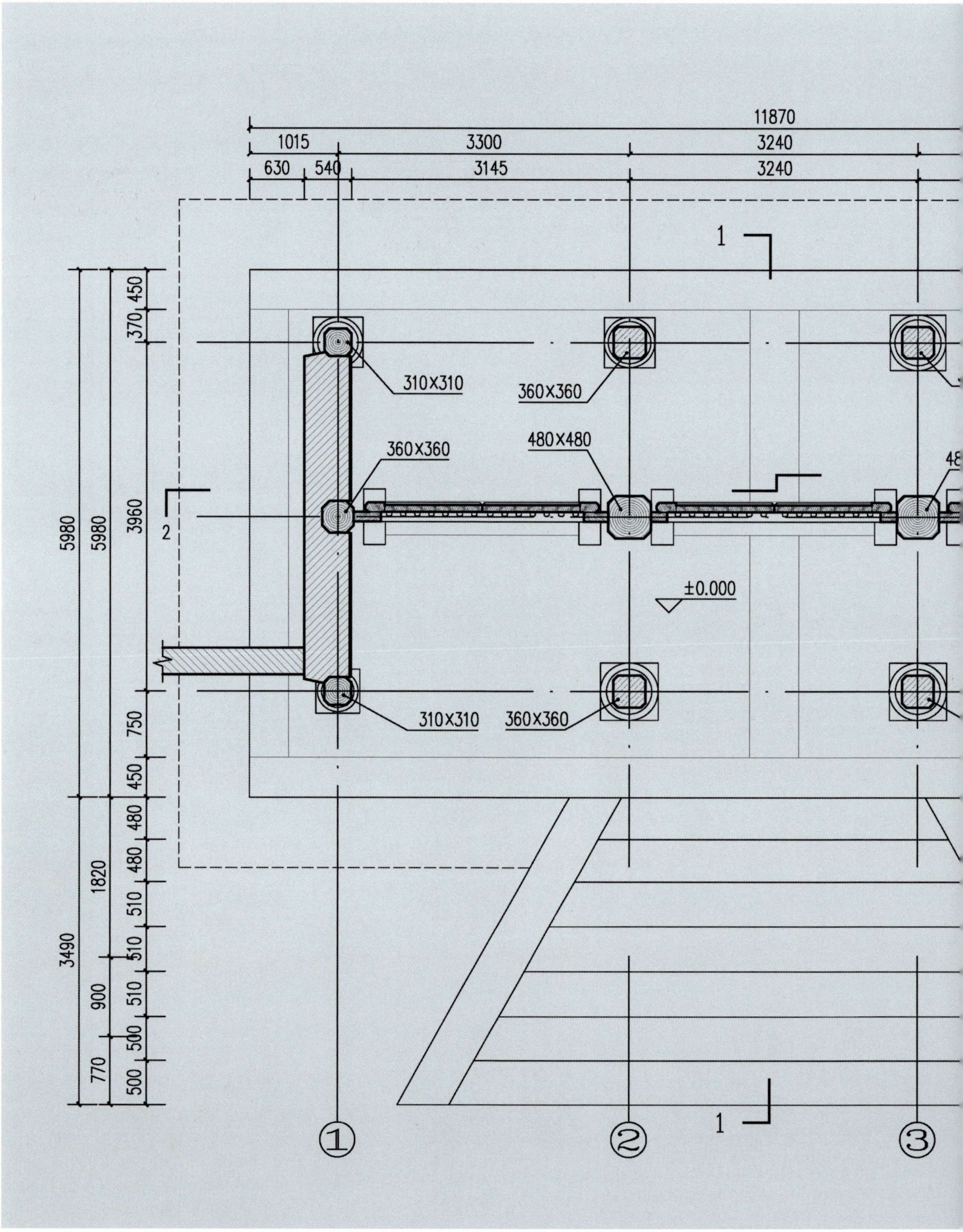
11870
1015
3300
3240
630
540
3145
3240
1
310X310
360X360
360X360
480X480
±0.000
310X310
360X360
5980
5980
3960
450
370
750
450
480
480
510
510
510
500
500
1820
3490
900
770
2
1
①
②
③

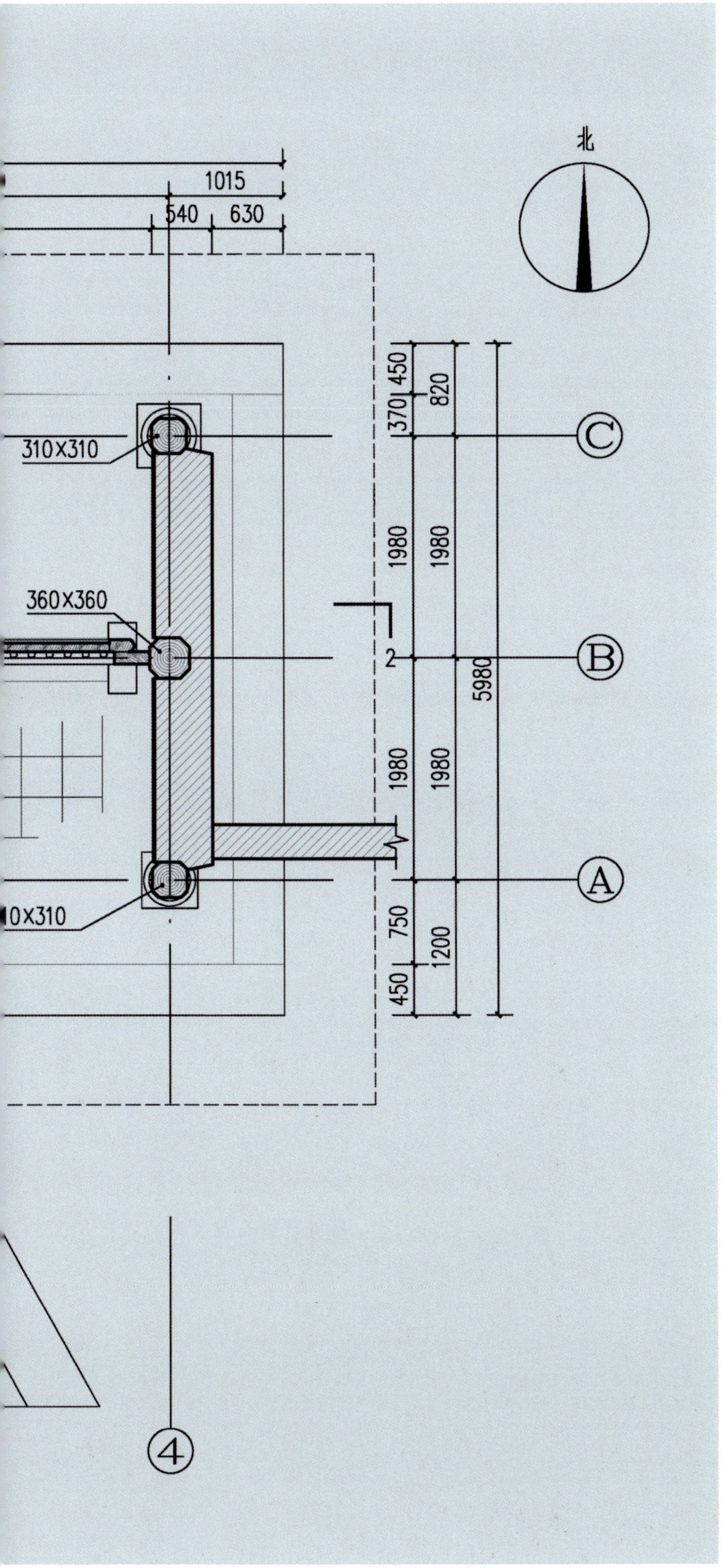

二、平面

坐北面南，悬山式建筑，通高7.12米。面阔三间（长9.53米），明间3.24米，次间3.145米，进深四架椽（宽3.86米）。平面上，按宋《营造法式》之规定，柱网近似分心斗底槽，从手法上看，为清末建筑。

图一三　平面图-2

三、立面

明间檐柱为四根抹角石柱，次间为抹角木柱；中柱、山柱为木质抹角通柱；柱子有明显侧脚收分，柱生起不明显。明间通道设中心石，门前有七级扇面形踏垛，其左右有一对石狮。檐柱高6.31米，明间柱径0.36米，次间柱径0.31米，山柱柱高5.98米，柱径0.36米，中柱高5.98米，柱径0.48米。

屋顶覆以绿色琉璃筒板瓦，并置琉璃正吻、垂兽，以及龙凤等走兽。两侧的山面为雕刻的木制博风，上饰有悬鱼、惹草。

上／图一四　悬鱼
下／图一五　垂脊

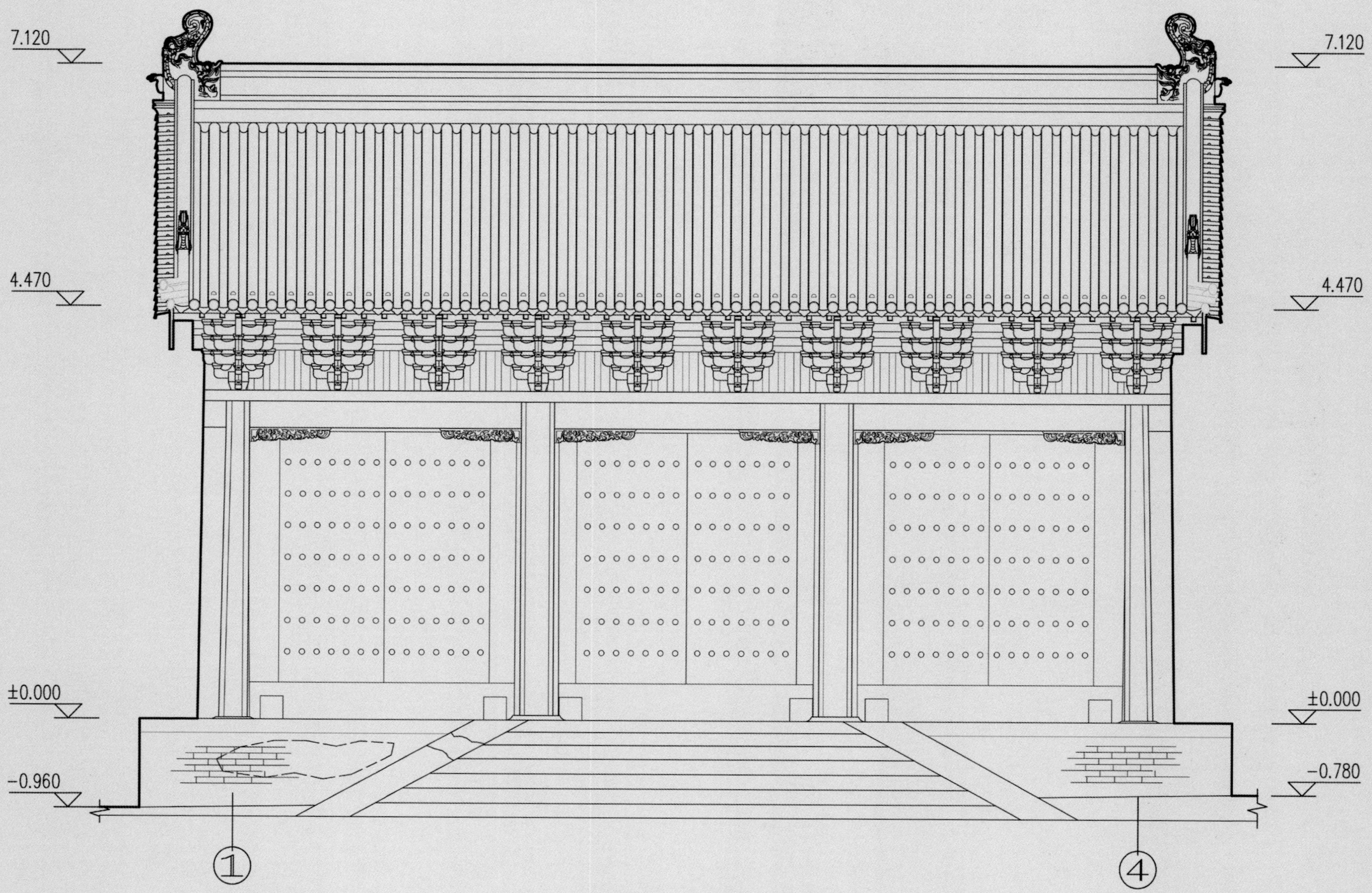

图一六　正立面图

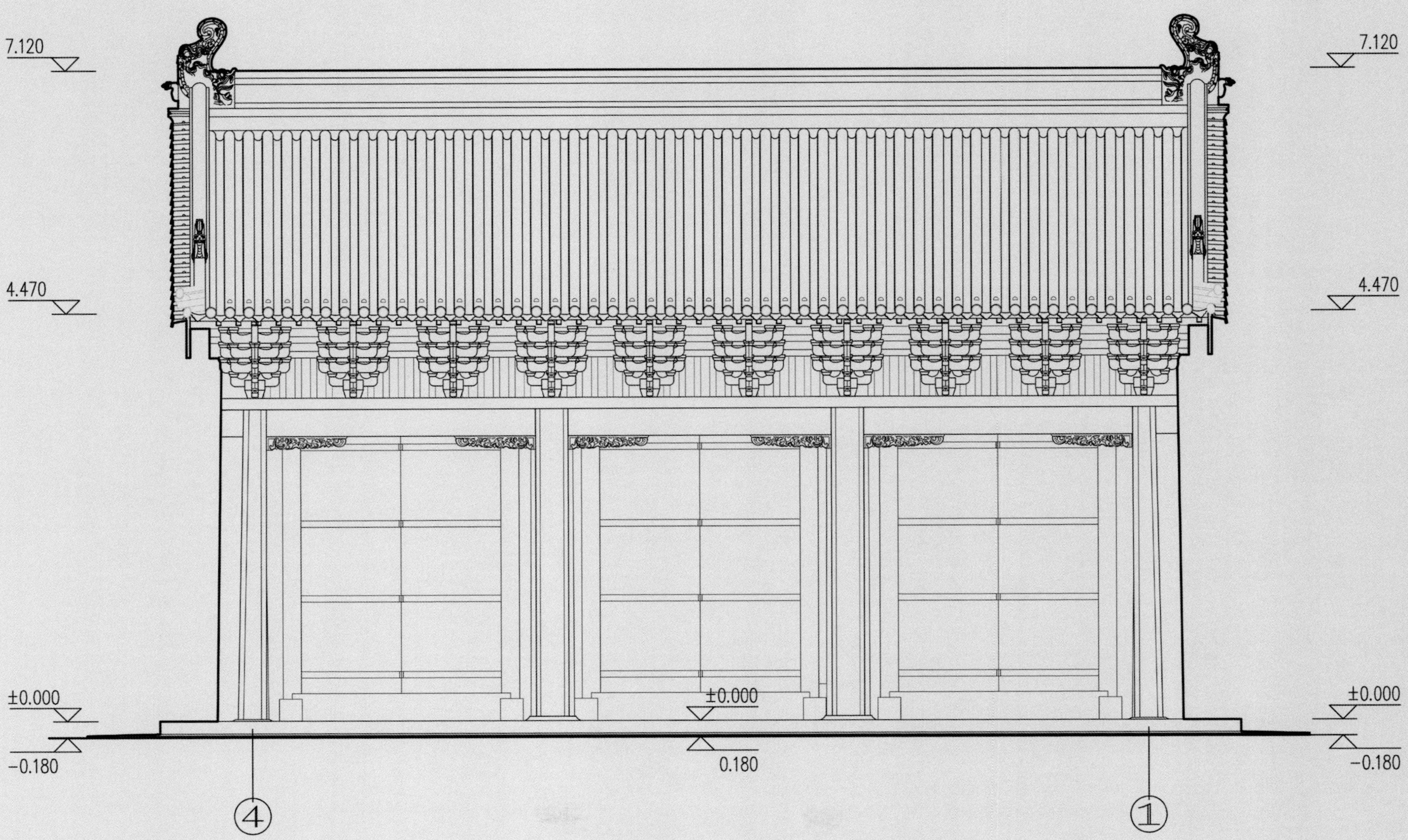

图一七　背立面图

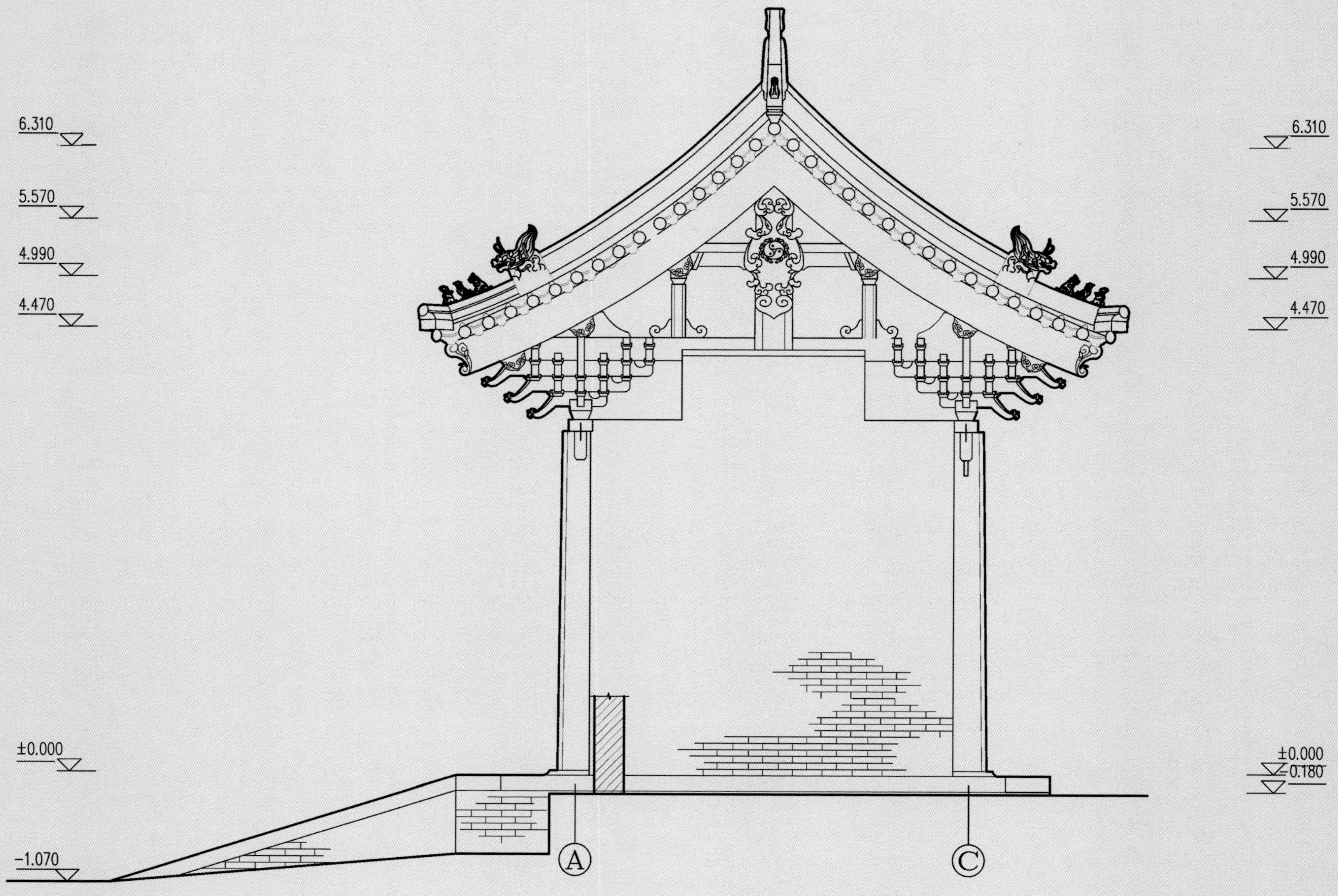
6.310
5.570
4.990
4.470
±0.000
-1.070
6.310
5.570
4.990
4.470
±0.000
-0.180
A
C

图一八　东侧立面图

四、材栔尺寸

檐下施三昂七踩斗栱，柱头科平身科形制相同。檩下施隔架科，明间次间各二攒，为一斗二升交耍头。卷草纹昂嘴，耍头呈象鼻状，以机枋直承椽望而无挑檐檩，方椽方飞，乱搭头，飞子收杀明显。

斗栱斗口约为70毫米，为九等斗口。平板枋宽度大于额枋宽度，成“T”字形。此作法因袭宋式，明代官式作法额枋与平板枋宽度相当，清式则平板枋已成很窄，宽度小于额枋。用卷草纹雀替。

材栔尺寸：

第一层材高10.5厘米，材宽7厘米，栔高4.5厘米；第二层材高11.5厘米，材宽7厘米，栔高4.5厘米；第三层材高11.5厘米，材宽7厘米，栔高4.5厘米；第四层耍头高23厘米，材宽7厘米。

图一九　柱头科正立面

图二〇　柱头科侧立面

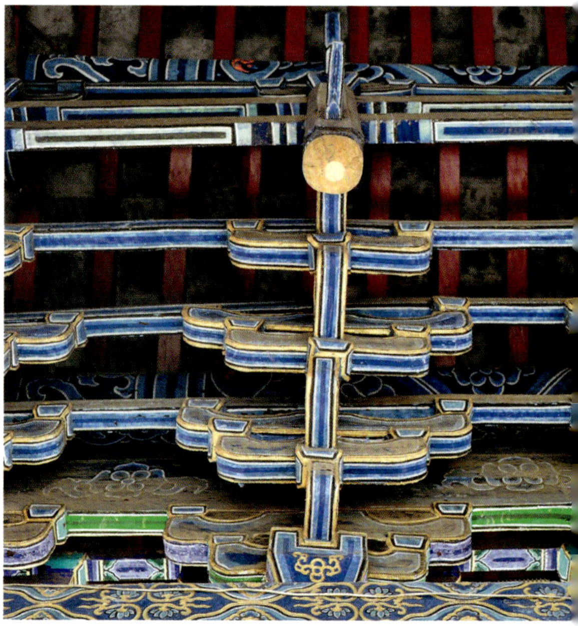

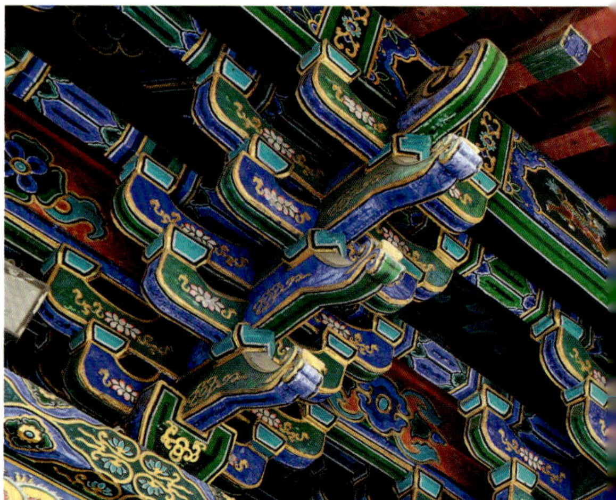

左／图二一　柱头科里转
右上／图二二　平身科里转
右下／图二三　平身科外转

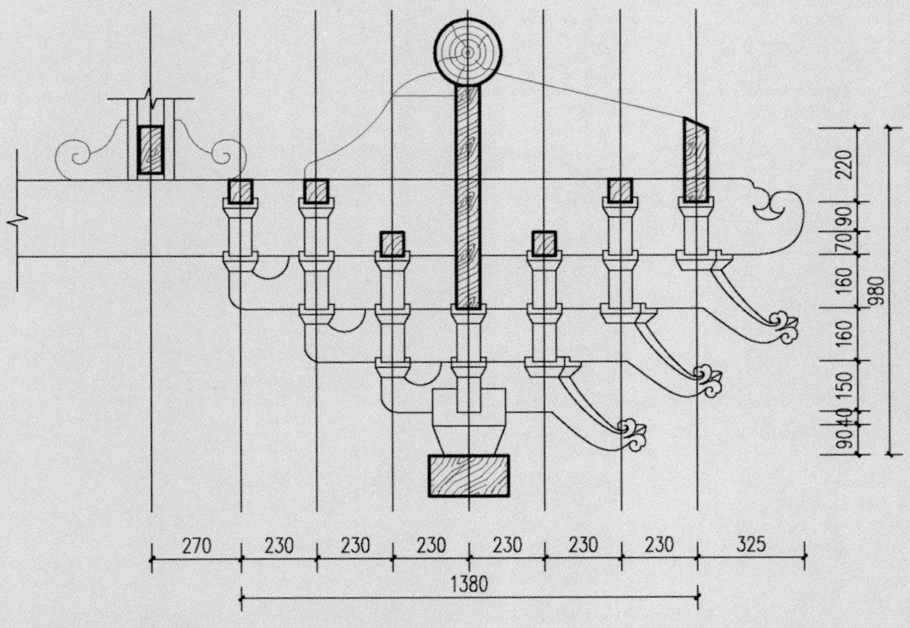

剖面图

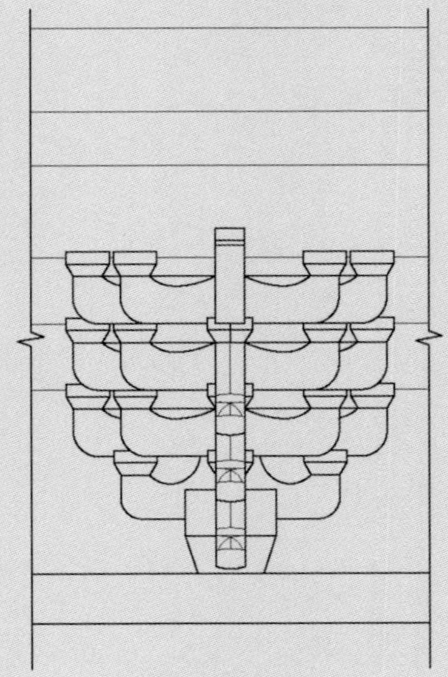
正立面图

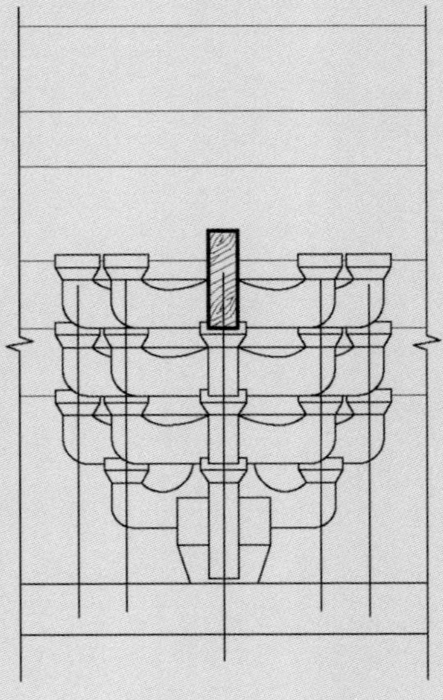
背立面图

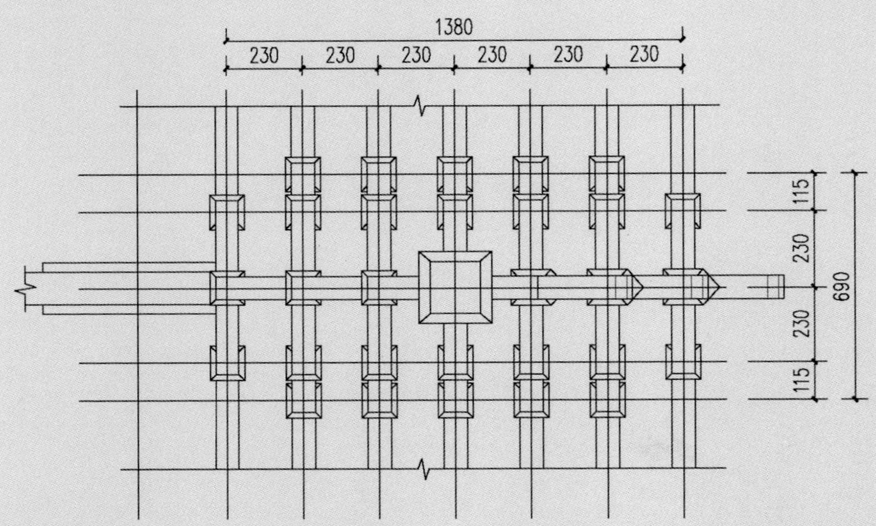

仰视图

斗栱表

斗口：70　单位：mm

名称	上宽	下宽	上深	下深	耳	腰	底	备注
大斗	220	160	220	160	70	40	90	
三才升	105	70	105	70	15	15	30	
十八斗	105	70	105	70	15	15	30	
瓜栱	正心 530×150×70、单材 530×115×70							
万栱	正心 760×150×70、单材 530×115×70							
厢栱	530×115×70							

图二四　柱头科斗拱大样图

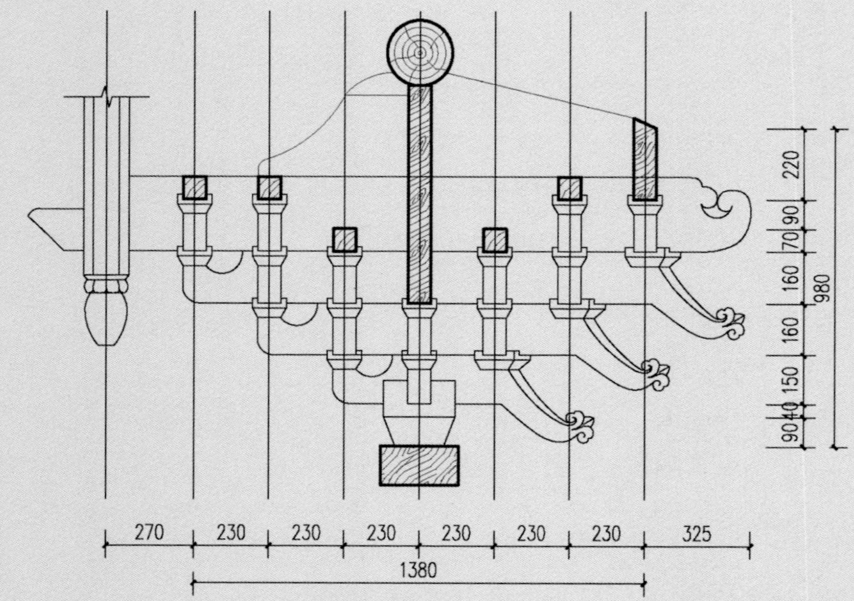

剖面图

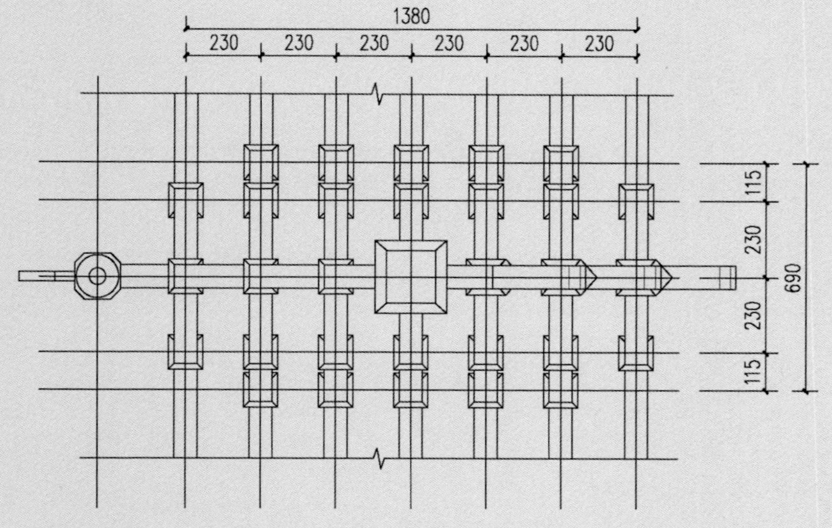

仰视图

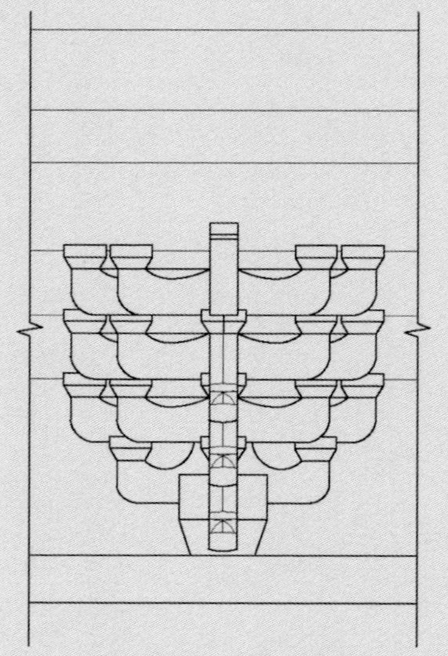

正立面图

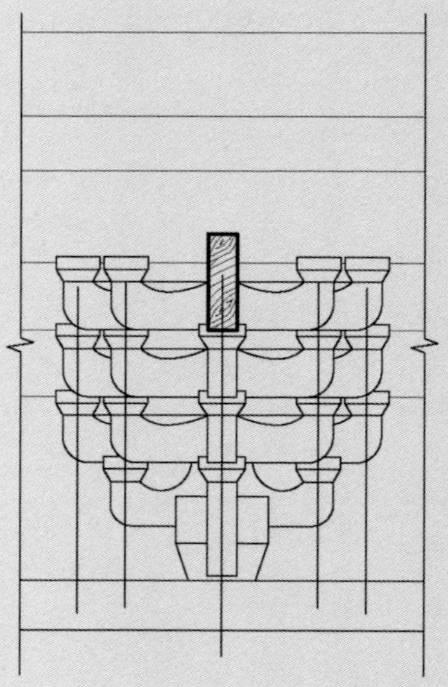

背立面图

斗栱表

斗口：70　单位：mm

名称	上宽	下宽	上深	下深	耳	腰	底	备注
大斗	220	160	220	160	70	40	90	
三才升	105	70	105	70	15	15	30	
十八斗	105	70	105	70	15	15	30	
瓜栱	正心 530×150×70、单材 530×115×70							
万栱	正心 760×150×70、单材 530×115×70							
厢栱	530×115×70							

图二五　平身科斗拱大样图

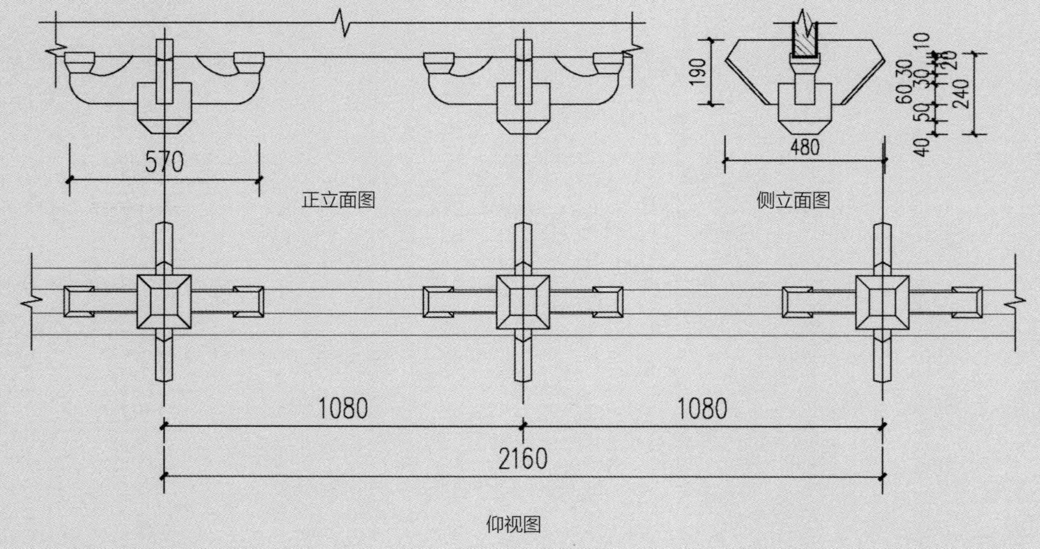

斗栱表

单位：mm

名称	上宽	上深	下宽	下深	耳	腰	底	备注
坐斗	160	160	80	80	60	50	40	
小斗	90	90	60	60	10	20	30	
瓜栱	570×140×60							

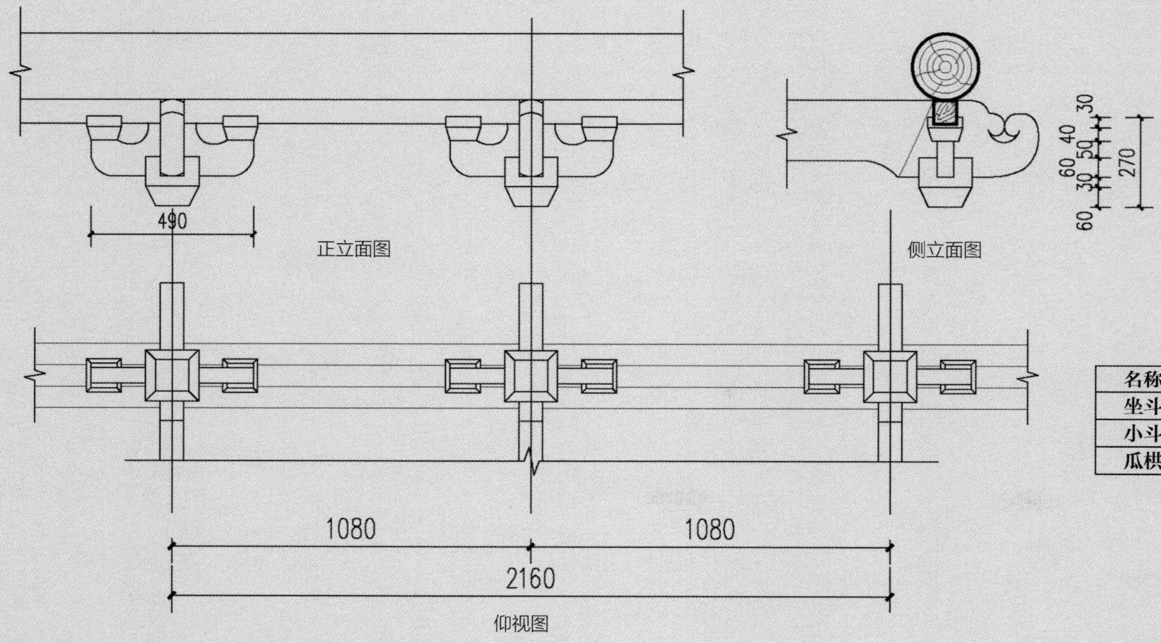

斗栱表

单位：mm

名称	上宽	上深	下宽	下深	耳	腰	底	备注
坐斗	160	160	100	100	60	30	60	
小斗	105	105	80	80	20	10	40	
瓜栱	490×160×50							

图二六　隔架斗拱大样图

图二七　山门梁架局部

五、梁架结构

梁架为五檩穿斗式与抬梁式结合的柱架结构，屋架为彻上明造，明栿造。山柱中柱柱头出檐方向出麻叶头承脊檩，柱间有枋承隔架科，形式为一斗二升斗栱交耍头，枋甚纤小，为140×60毫米。

三架梁（穿枋）为月梁，一边插于中柱，一边插于下层穿枋上之金瓜柱顶端捧节斗栱上承托金檩，外端呈象鼻状；瓜柱以驼峰角背骑在五架梁（穿枋）上，构件用材较小。月梁与早期的相比甚纤薄，退为枋木。

五架梁（穿枋）一边插于中柱，一边外出为柱头科耍头，平身科后尾均平插垂莲吊柱，垂莲柱互以上金枋相连，而柱的上端，直承金檩。穿枋穿出檐柱后变成耍头，承托挑檐枋。穿枋兼有梁栿的作用。柱顶石为覆盆式，版门三合，施在中柱山柱上。其上为栅栏窗，隔架科。

左 / 图二八　柱础
右上 / 图二九　山门梁架中缝
右下 / 图三〇　山门梁架山缝

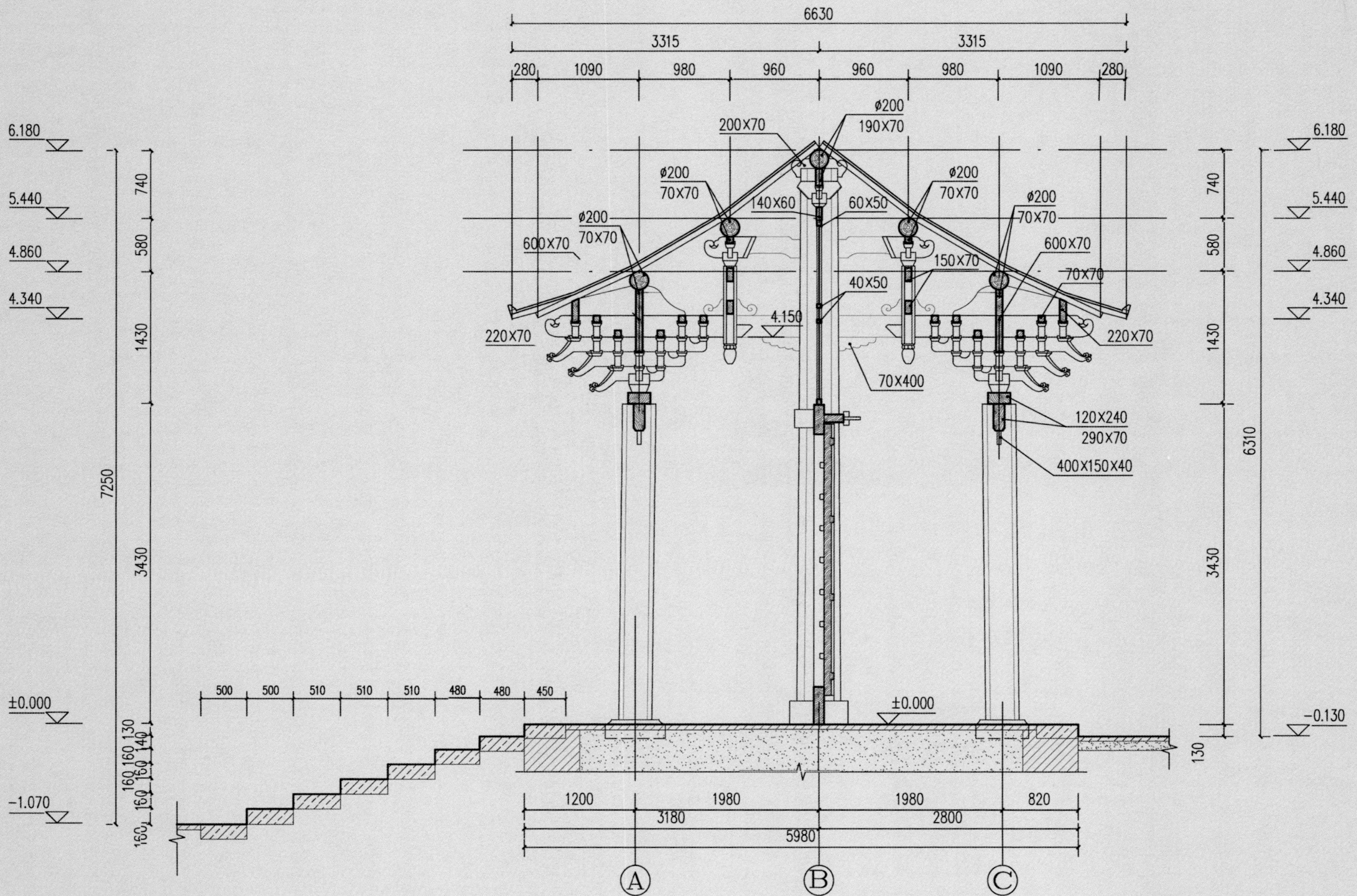
6630
3315
3315
280
1090
980
960
960
980
1090
280
ø200
190X70
200X70
ø200
70X70
ø200
70X70
140X60
60X50
ø200
70X70
ø200
70X70
600X70
600X70
150X70
70X70
40X50
4.150
220X70
220X70
70X400
120X240
290X70
400X150X40
6.180
5.440
4.860
4.340
±0.000
-1.070
-0.130
740
580
1430
3430
7250
6310
130
160 160 130
160 160 140
160
500
500
510
510
510
480
480
450
1200
1980
1980
820
3180
2800
5980
A
B
C

图三一　1-1剖面图

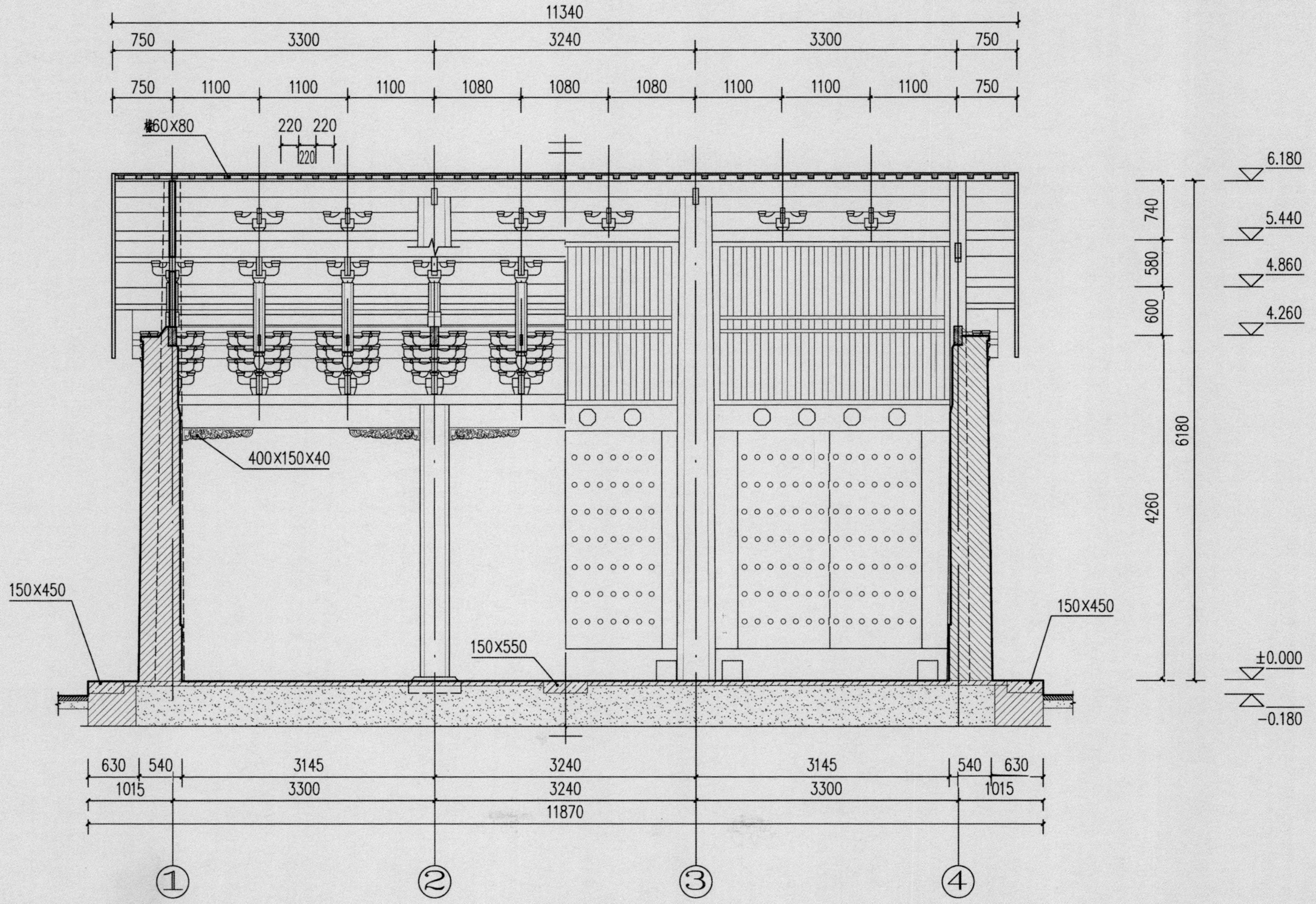

11340
750
3300
3240
3300
750
750
1100
1100
1100
1080
1080
1080
1100
1100
1100
750
60X80
220 220
220
400X150X40
150X450
150X550
150X450
6.180
5.440
4.860
4.260
±0.000
-0.180
740
580
600
4260
6180
630
540
3145
3240
3145
540
630
1015
3300
3240
3300
1015
11870
①
②
③
④

图三二　2-2剖面图

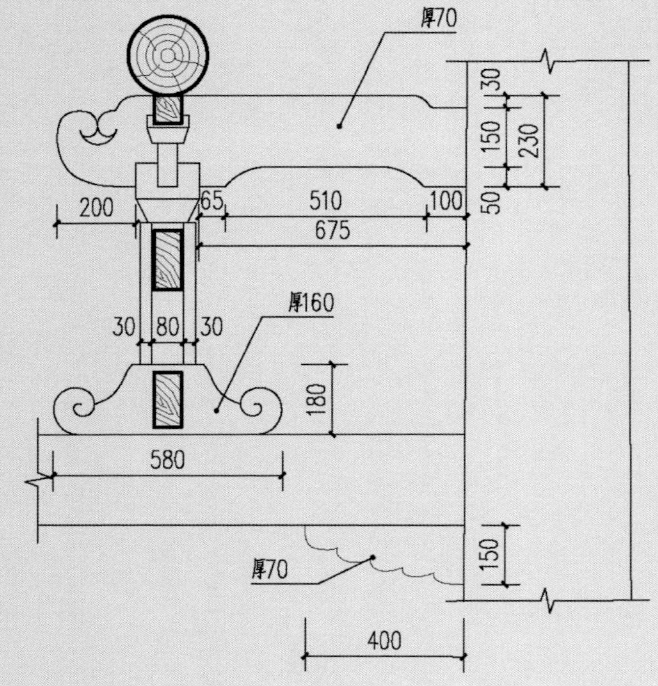

图三三　双步梁、驼墩、瓜柱、挂落大样图

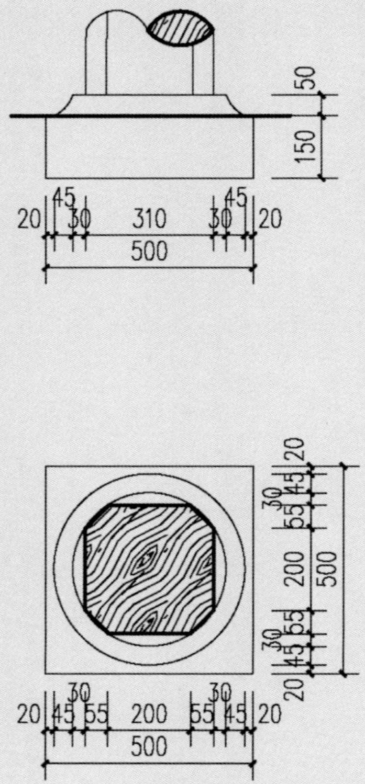

图三四　次间檐柱大样图

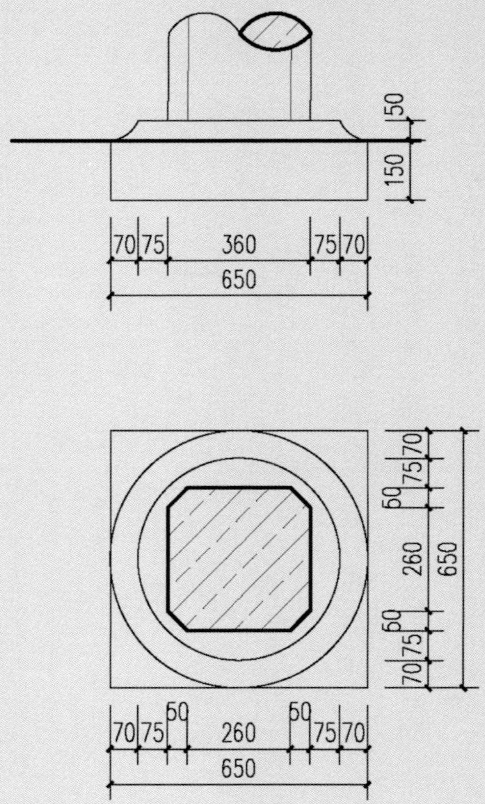

图三五　明间檐柱大样图

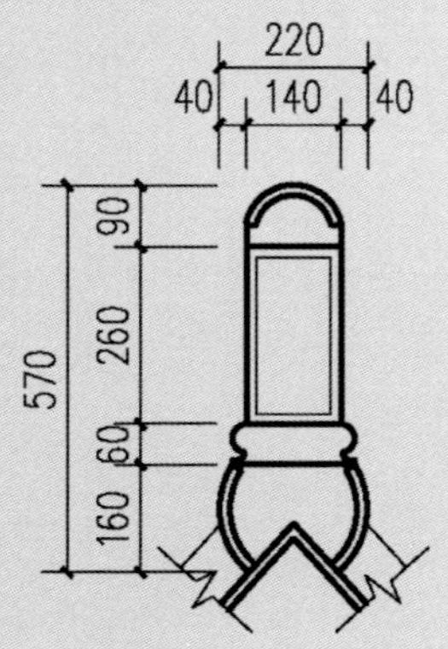

图三六　正脊大样图

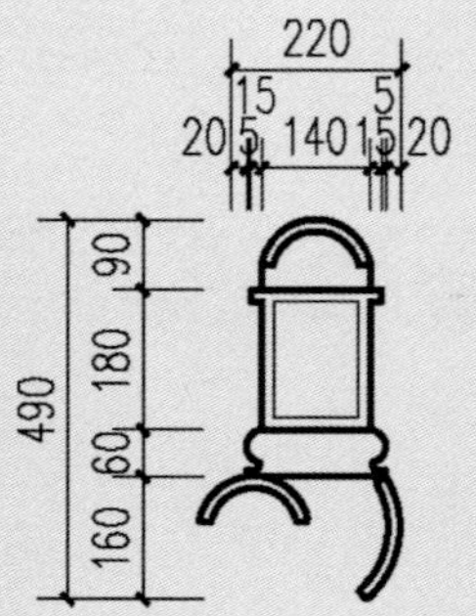

图三七　垂脊大样图

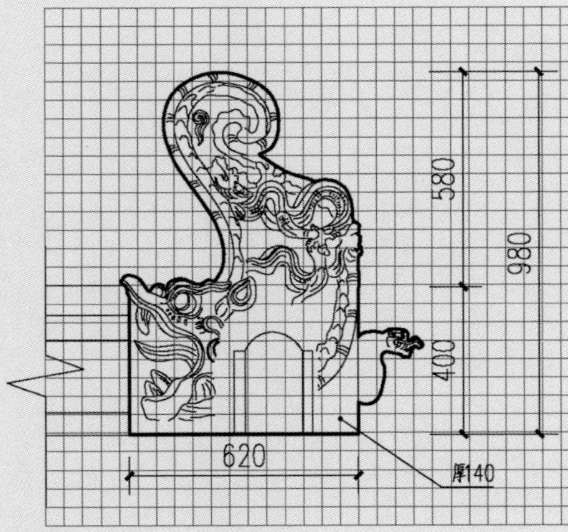

正吻大样图

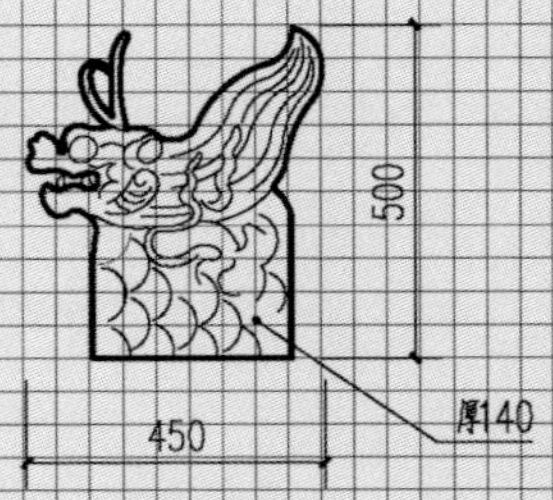

垂兽大样图

雀替大样图

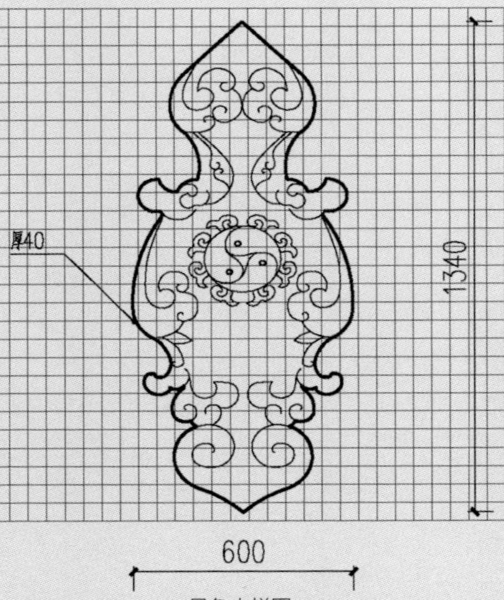

悬鱼大样图

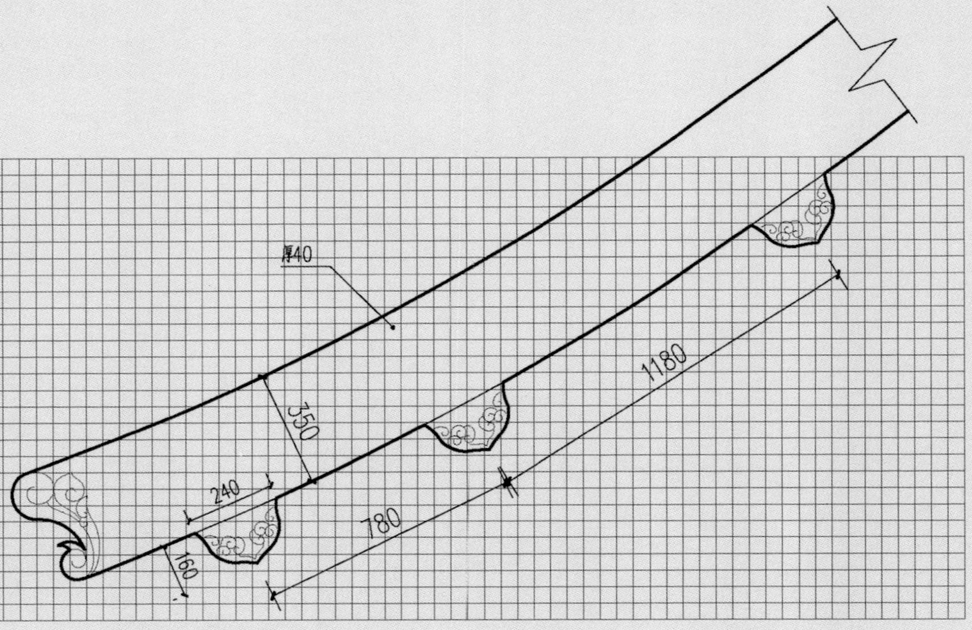

博风板大样图

注：网格大小 50

图三八　构件大样图

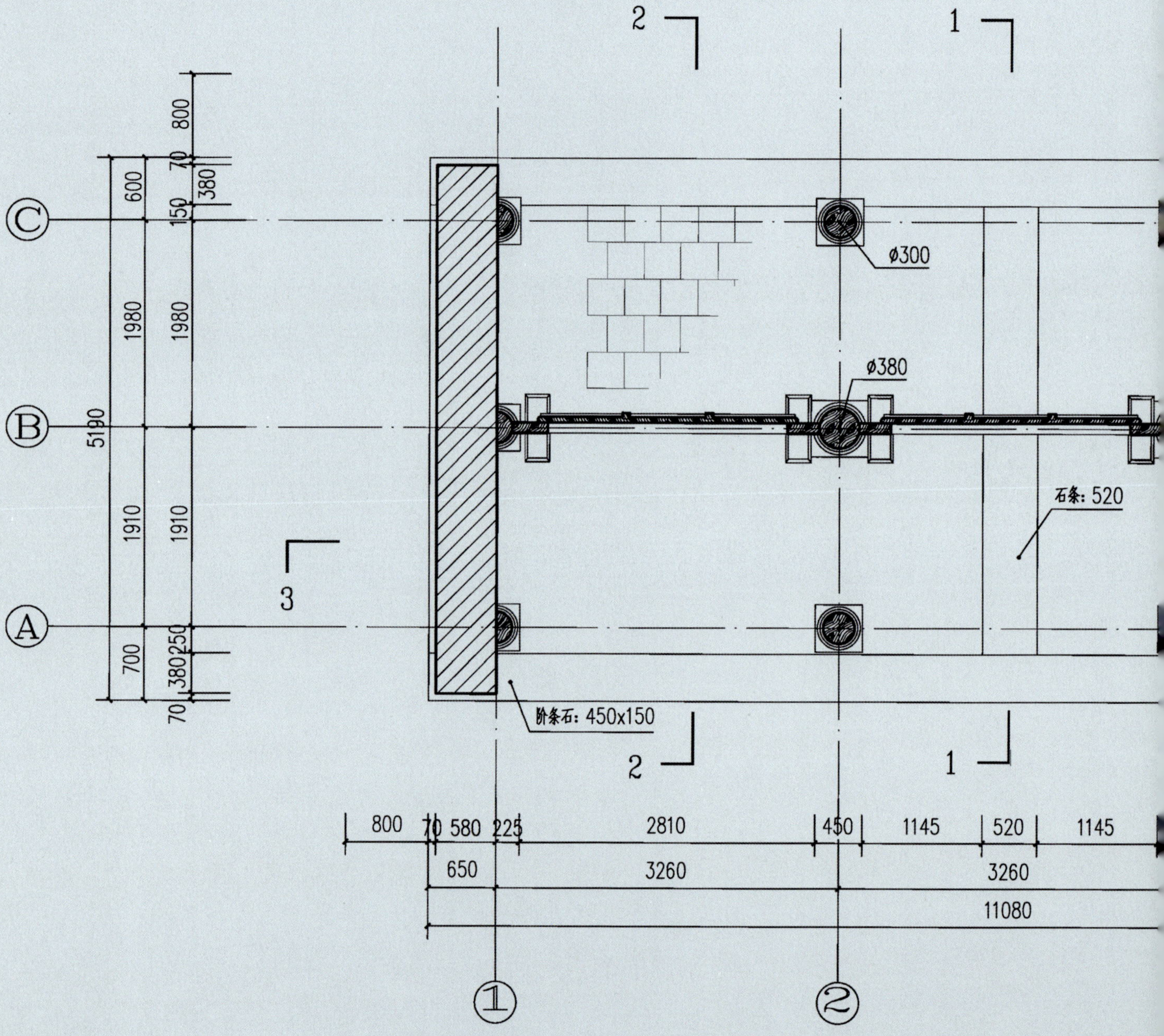

2
1
800
70
380
600
150
1980
1980
5190
1910
1910
700
250
380
70
Ⓒ
Ⓑ
Ⓐ
3
ø300
ø380
石条: 520
阶条石: 450x150
2
1
800
70
580
225
2810
450
1145
520
1145
650
3260
3260
11080
①
②

图三九　平面图

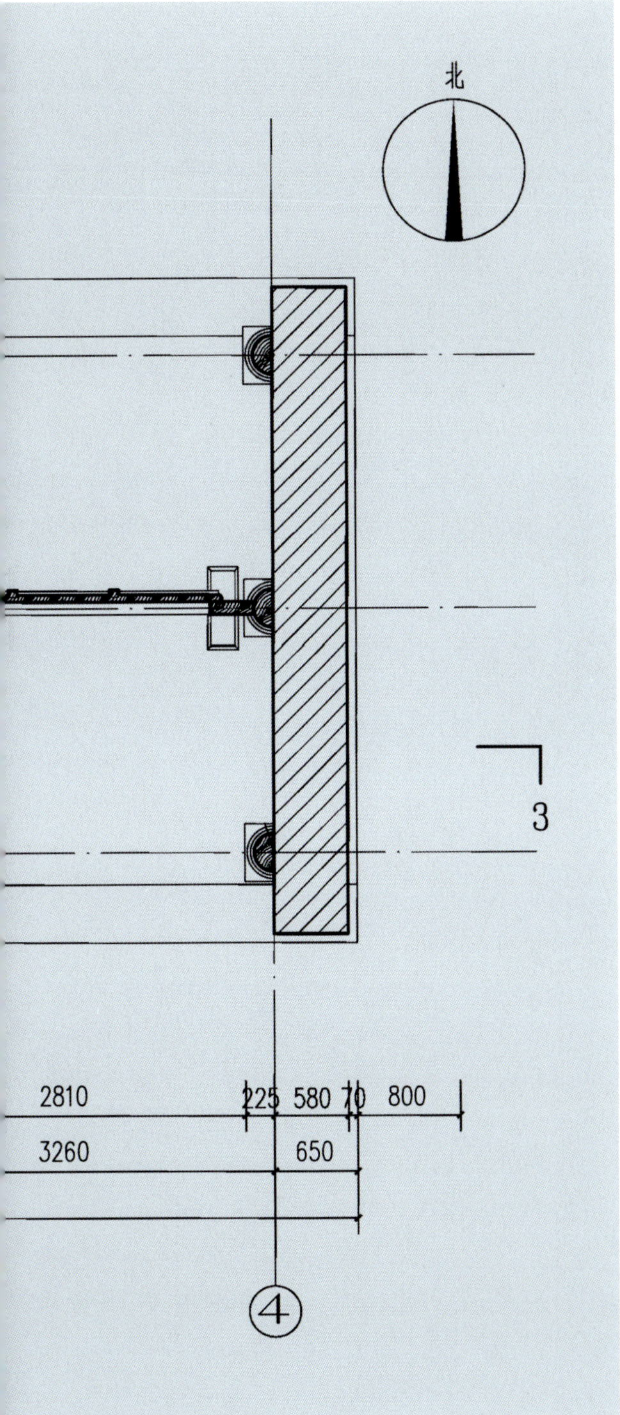

第三节
仪门

一、概述

仪门，又称二门或过庭，南立面距山门北立面6.82米左右，始建年代不详，明弘治、嘉靖、隆庆，清康熙、乾隆、光绪，民国，屡加修葺。坐北面南，硬山式建筑，台阶到正脊高5.905米，台基高0.15米。建筑面积57.34平方米。

面阔三间，进深四架椽。平面上，与山门亦同为清末建筑。檐下施一斗二升交耍头斗栱。捧节斗栱为一斗二升交耍头。屋身为五檩穿斗式与抬梁式结合的柱架结构，与山门基本同。

屋面以灰筒板瓦覆盖，正脊两端置大吻，脊中部饰宝瓶。

二、平面

面阔三间（长9.78米），明间3.26米，次间3.26米，进深两间（宽3.86米）。平面上，柱网近似分心斗底槽，从手法上看，与山门亦同为清末建筑。

三、立面

柱身圆形直柱，柱子有明显侧脚收分，柱生起不明显，明间通道设中心石。檐柱高3.6米，柱径0.3米，柱高与柱径之比12∶1。中柱为通柱，柱高5.285米，柱径0.38米。上檐出0.83米，下檐出0.6米，上檐出与檐柱之比接近于10∶2.3。屋面以灰筒板瓦覆盖，正脊两端置大吻，脊中部饰宝瓶，宝瓶下置神像，左右各有一对追逐相斗的骑士，两侧正脊饰二龙戏珠。垂脊饰以卷草纹，下端饰以狮子滚绣球垂兽，其上配以狻猊、狎鱼。戗脊上置仙人、龙等走兽，两山有砖雕博风。瑞兽姿态各异，栩栩如生。

墀头砖雕“麒麟送子”，采用“压地隐起”手法，极富立体感。明间檐柱楹联“千载古都无量文明无价宝，一肩重任满腔忠贞满城福”，庄严肃穆。

图四〇　正立面

上／图四一　侧立面
中／图四二　脊刹
下左／图四三　龙吻
下右／图四四　龙吻

图四五　垂脊

图四六　戗脊

图四七　垂兽

图四八　走兽

图四九　走兽

图五〇　仙人

左／图五一　墀头
右上／图五二　墀头砖雕
右下／图五三　墀头砖雕

图五四　南立面图

图五五　北立面图

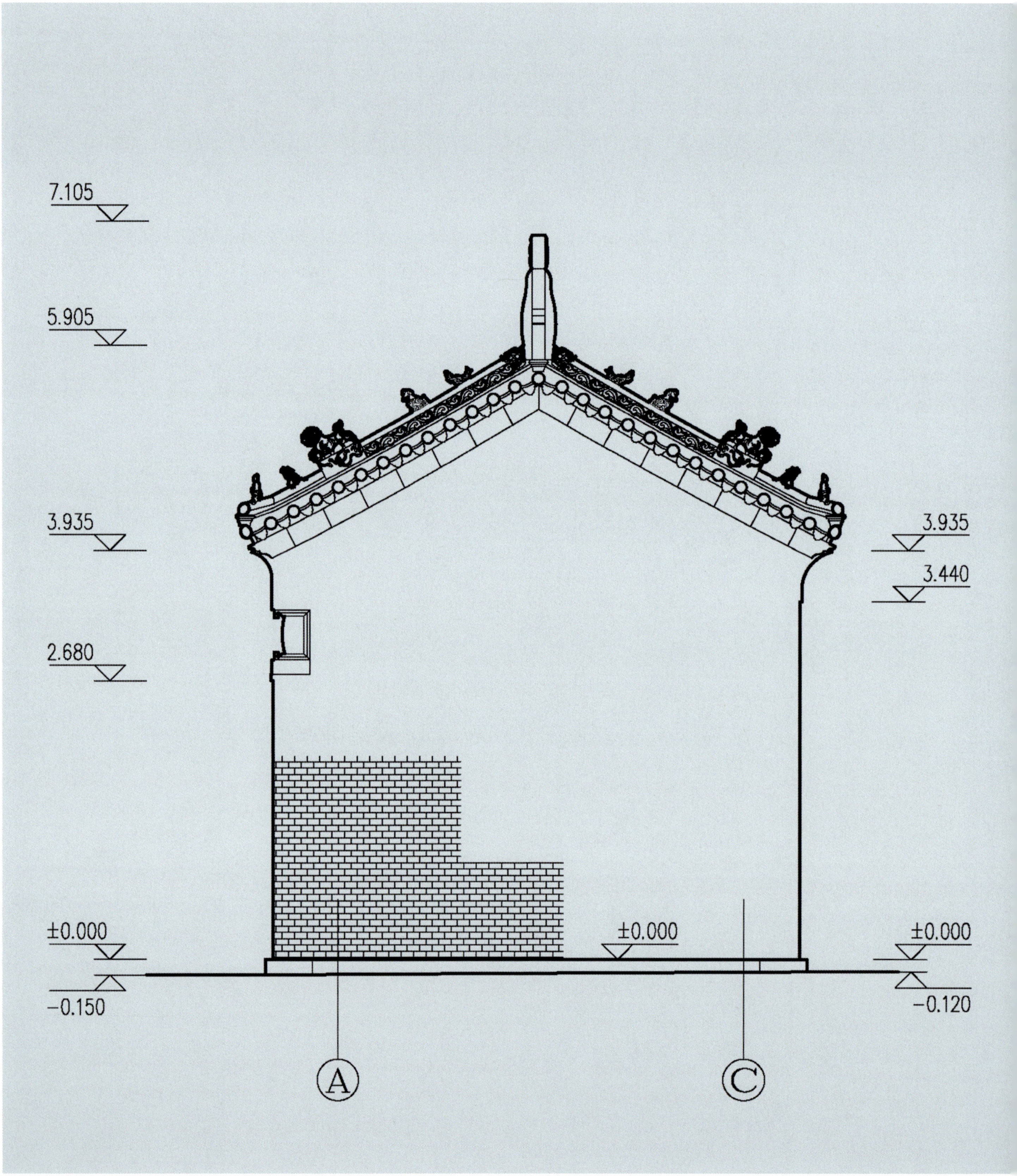

图五六　东立面图

四、材栔尺寸

檐下施一斗二升交耍头斗栱，耍头下斜面甚大，方椽方飞，斜搭掌，飞子收杀明显。柱头科为一斗二升交耍头（五架梁梁头），斗口为平身科两倍。檩下施隔架科，明间次间各二朵，为一斗二升交耍头，耍头几乎无上斜面。捧节斗栱为一斗二升交耍头（三架梁梁头）。

斗栱斗口约为80毫米，为九等斗口。平板枋宽度大于额枋宽度，成“T”字形，梁枋下用花牙子雀替。

材栔尺寸：

平身科第一层材高13.5厘米，材宽8厘米，栔高4厘米。

柱头科第一层材高13.5厘米，材宽15厘米，栔高4厘米；耍头及其后尾为双步梁，承托檐部重量，故其宽较平身科倍之。

图五七　柱头科里转

图五八　柱头科正立面

图五九　柱头科侧立面

上／图六〇　平身科正立面
中／图六一　平身科侧立面
下／图六二　平身科里转

图六三　脊檩隔架科

图六四　金檩隔架科

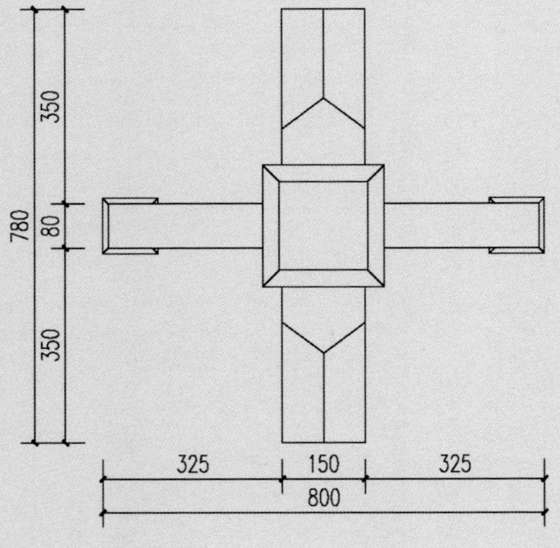

图六五　仰视图

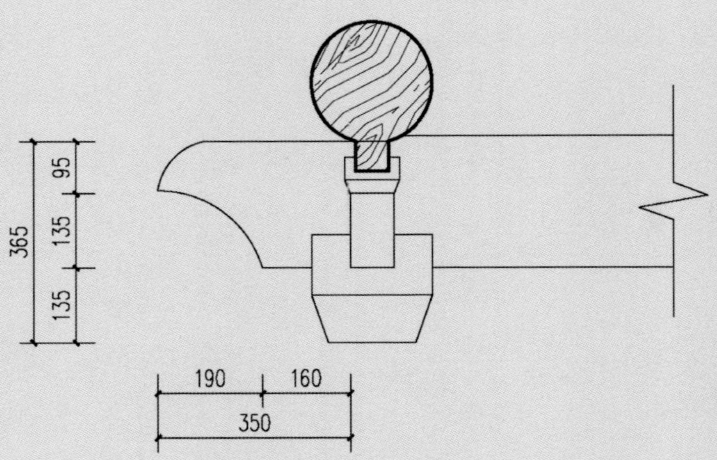

图六六　侧立面图

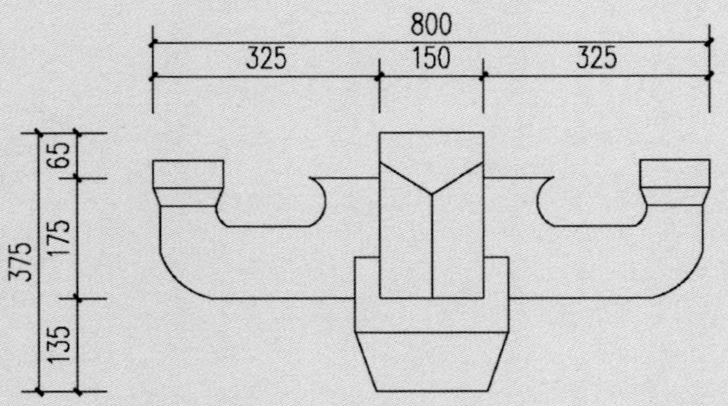

图六七　正立面图

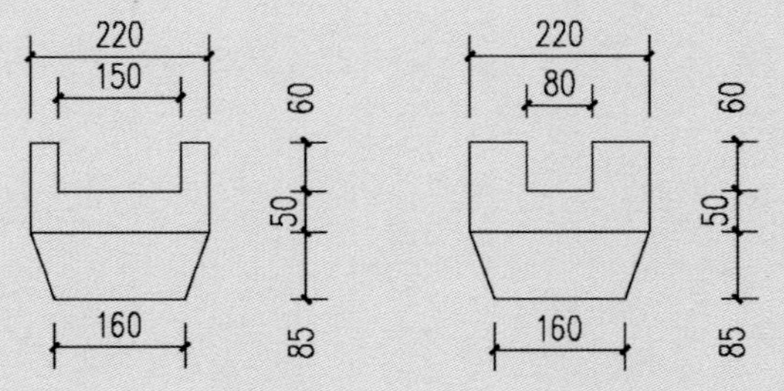

图六八　坐斗

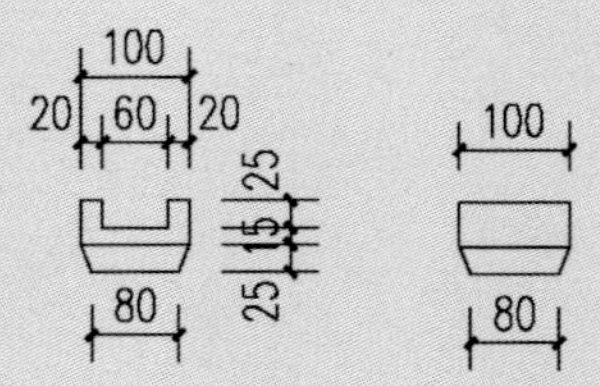

图六九　散斗

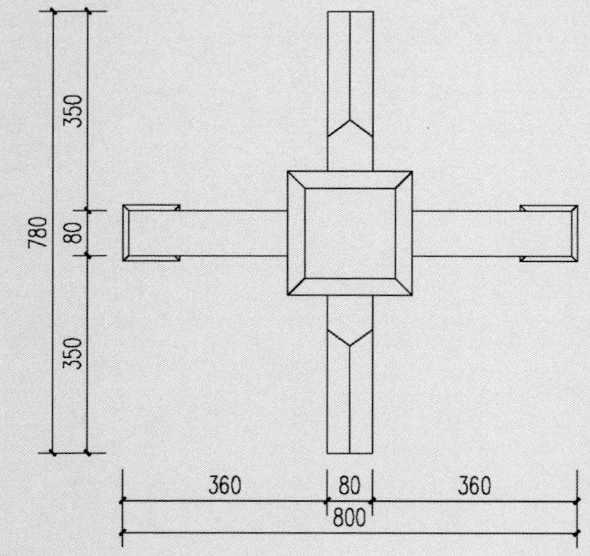

图七〇　仰视图

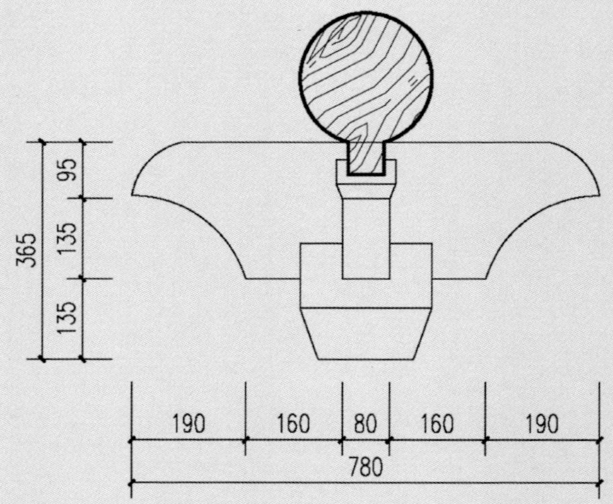

图七一　侧立面图

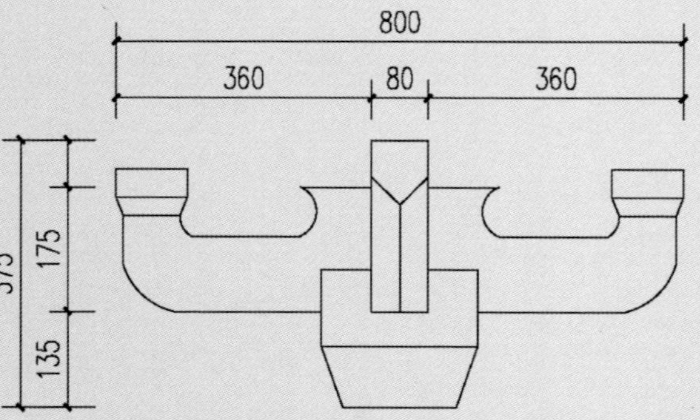

图七二　正立面图

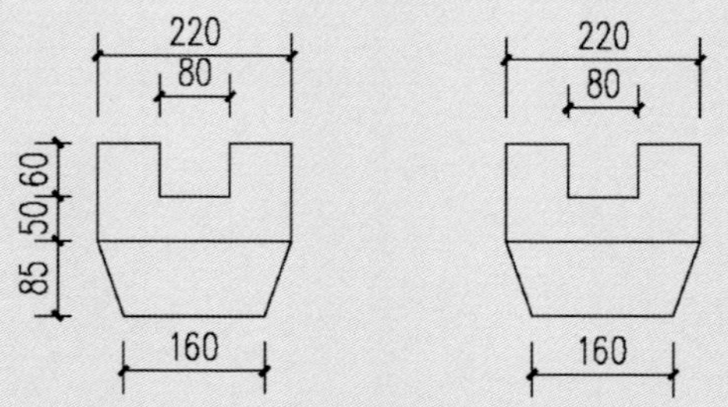

图七三　坐斗

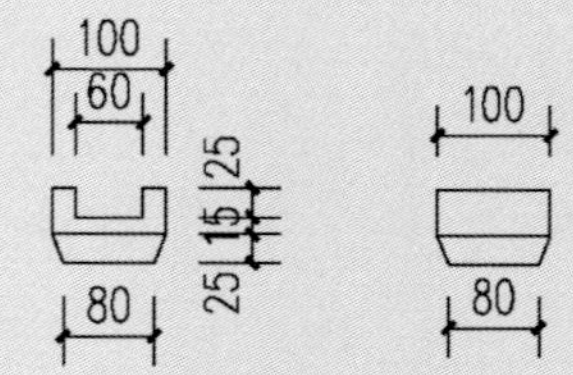

图七四　散斗

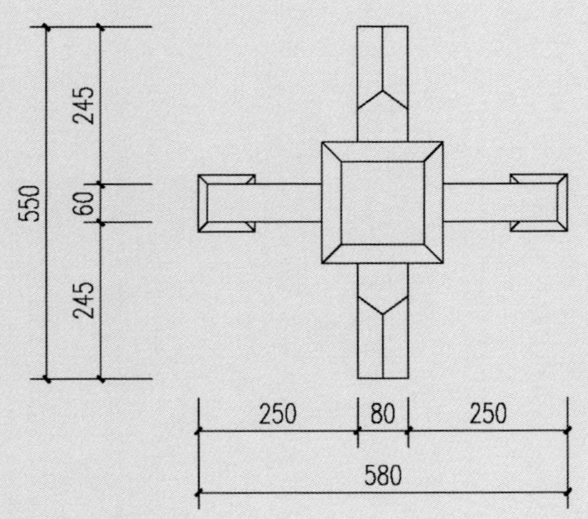

图七五　仰视图

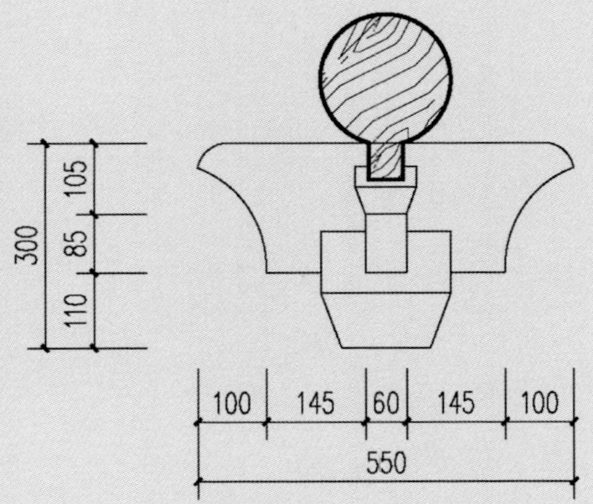

图七六　侧立面图

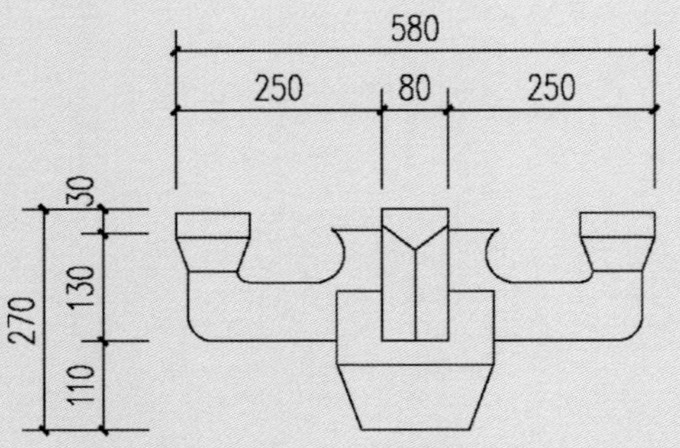

图七七　正立面图

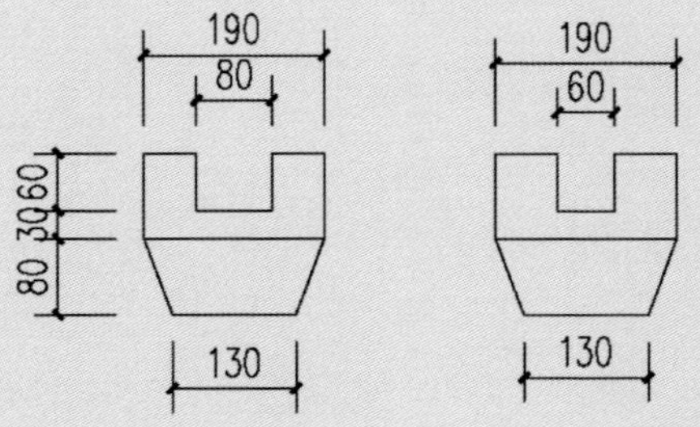

图七八　坐斗

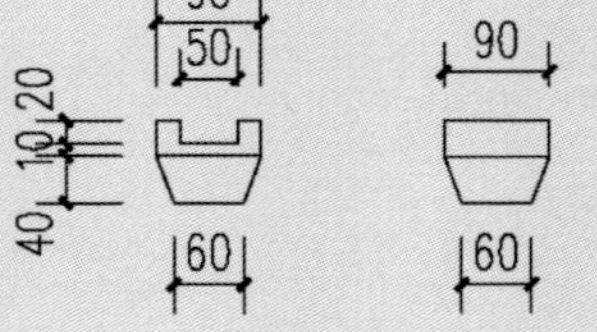

图七九　散斗

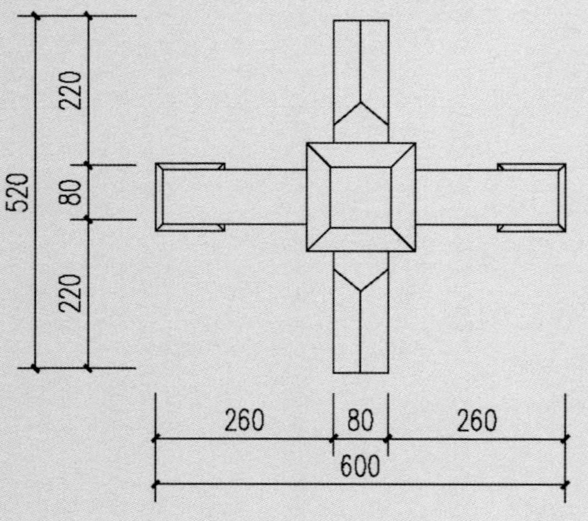

图八〇　仰视图

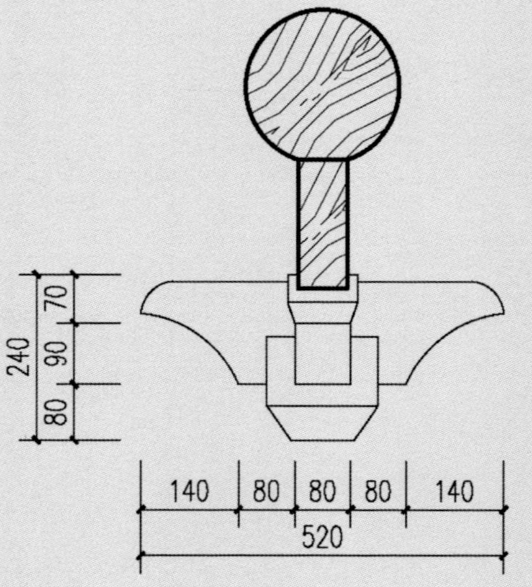

图八一　侧立面图

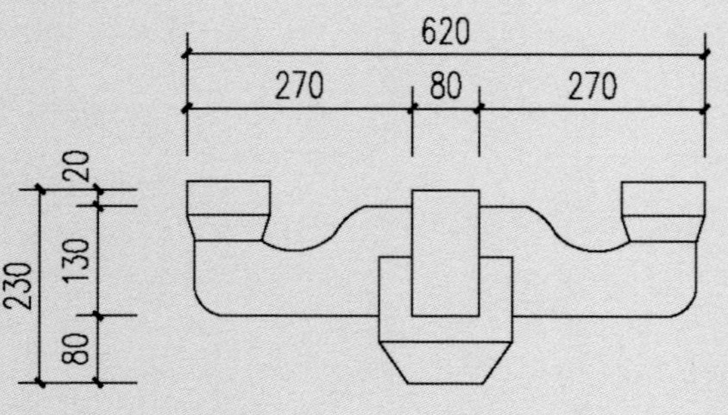

图八二　正立面图

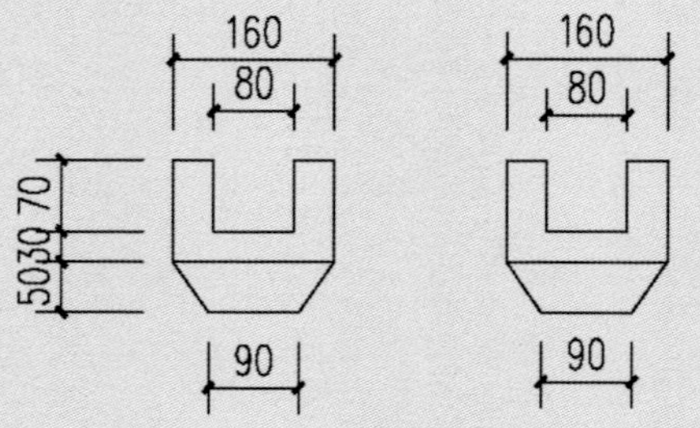

图八三　坐斗

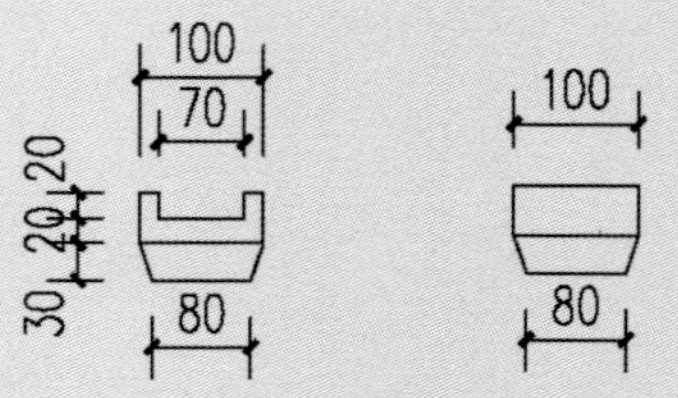

图八四　散斗

五、梁架结构

屋身为五檩穿斗式与抬梁式结合的柱架结构，彻上明造，明栿造。瓜柱下施鹰嘴驼峰。与山门基本同。

图八五 梁架

上／图八六　雀替
中／图八七　驼峰
下／图八八　梁架

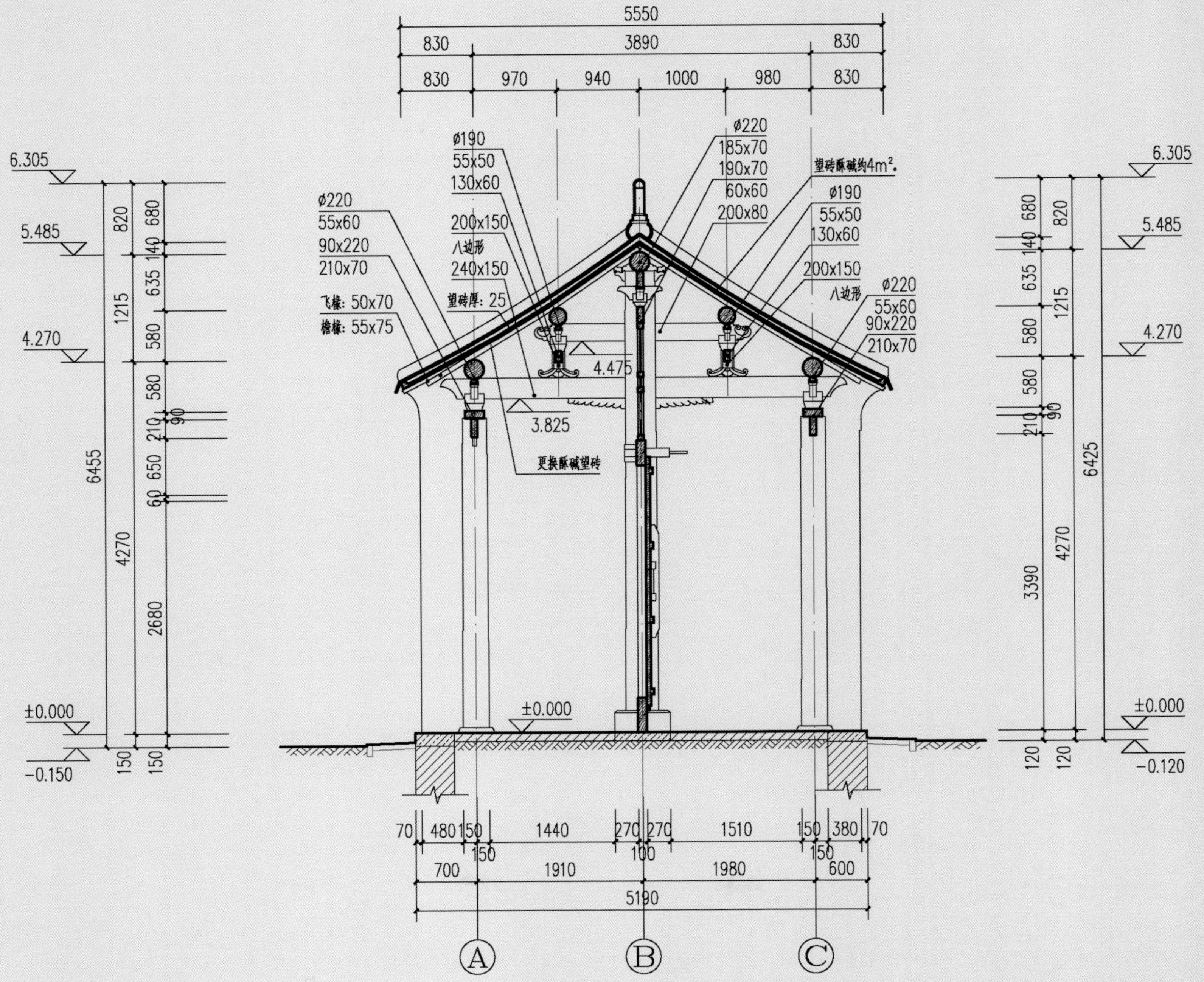
5550
830
3890
830
830
970
940
1000
980
830
ø220
185x70
190x70
60x60
200x80
望砖酥碱约4m².
ø190
55x50
130x60
200x150
八边形
ø220
55x60
90x220
210x70
ø190
55x50
130x60
200x150
八边形
240x150
望砖厚: 25
ø220
55x60
90x220
210x70
飞椽: 50x70
檐椽: 55x75
4.475
3.825
更换酥碱望砖
±0.000
6.305
5.485
4.270
±0.000
-0.150
820
1215
4270
6455
150
680
140
635
580
580
90
210
650
60
2680
150
6.305
5.485
4.270
±0.000
-0.120
680
140
635
580
580
90
210
3390
120
820
1215
4270
120
6425
70
480
150
150
1440
270
270
100
1510
150
150
380
70
700
1910
1980
600
5190
A
B
C

图八九　1-1剖面图

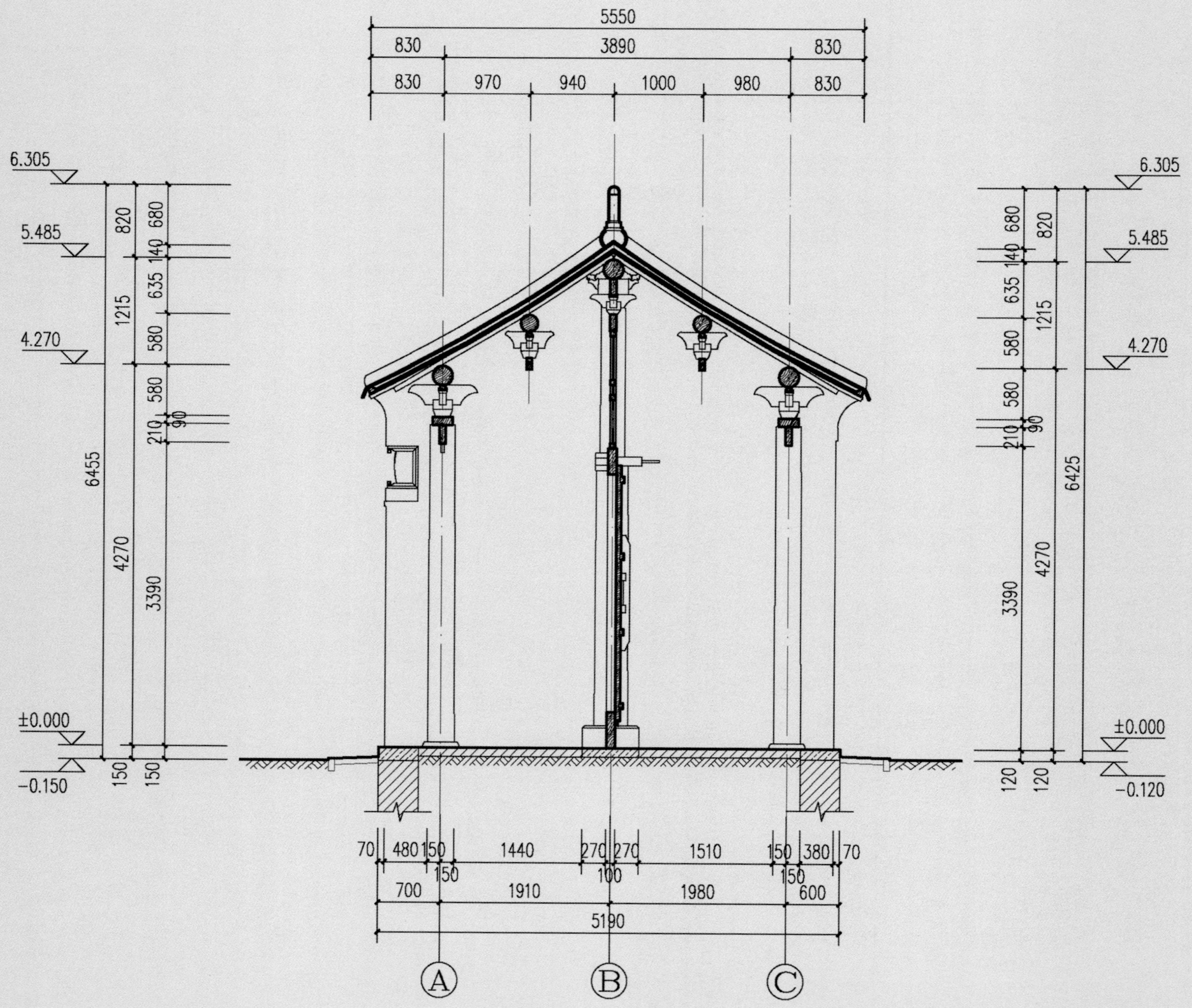
5550
830
3890
830
830
970
940
1000
980
830
6.305
5.485
4.270
±0.000
−0.150
820
680
140
635
1215
580
580
90
210
6455
4270
3390
150
150
6.305
5.485
4.270
±0.000
−0.120
6425
120
120
70
480
150
1440
270
270
1510
150
380
70
150
100
150
700
1910
1980
600
5190
A
B
C

图九〇　2-2剖面图

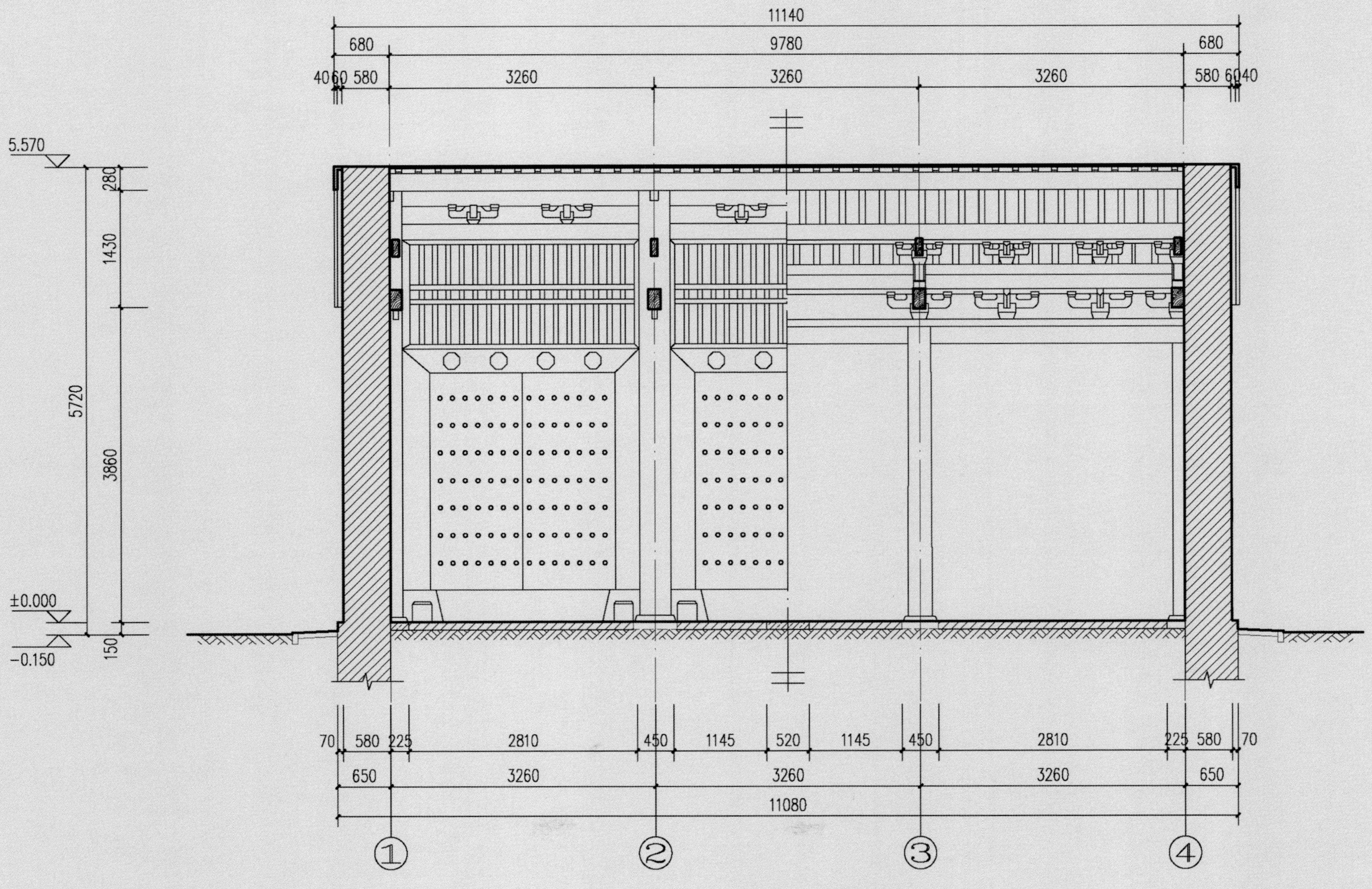
11140
680
9780
680
4060 580
3260
3260
3260
580 6040
5.570
280
1430
5720
3860
±0.000
150
−0.150
70
580
225
2810
450
1145
520
1145
450
2810
225
580
70
650
3260
3260
3260
650
11080
①
②
③
④

图九一　3-3剖面图

图九二　乐楼

第四节 乐楼

一、概述

乐楼，始建年代不详，明弘治、嘉靖、隆庆重修，清顺治十五年（1658年）重建，乾隆、光绪，民国，屡加修葺。紧接仪门，两建筑间形成一窄道。坐南面北，正对大殿，面阔三间，歇山式高台建筑。

一层，明间为供游人穿行的通道，南门为券门，一券一伏，两次间设圆窗。北门为方门，施版门。

二层，为前悬山式（前腰檐）后歇山式建筑，前腰檐面阔一间，后面阔三间。屋顶小巧玲珑。明间歇山顶特高，其下前后施腰檐一层。前腰檐，悬山式，一面坡，进深一间，设为戏台，后腰檐简为一垂花门。歇山顶下左右两次间复翼以抱厦屋顶。

整个建筑，屋脊参差配合，颇有匠心独到之处（杨廷宝语）。

二、平面

乐楼坐南面北，正对大殿，面阔三间，歇山式高台建筑。木结构建筑，建筑面积111.2平方米。平面呈倒“凸”字形，楼二层。前悬山式部分面阔一间，面阔4.55米，进深二椽，面阔2.1米。后歇山式部分面阔三间。明间面阔4.55米，次间面阔2.56米，通面阔三间，面阔9.67米；进深四架椽，面阔4.76米。

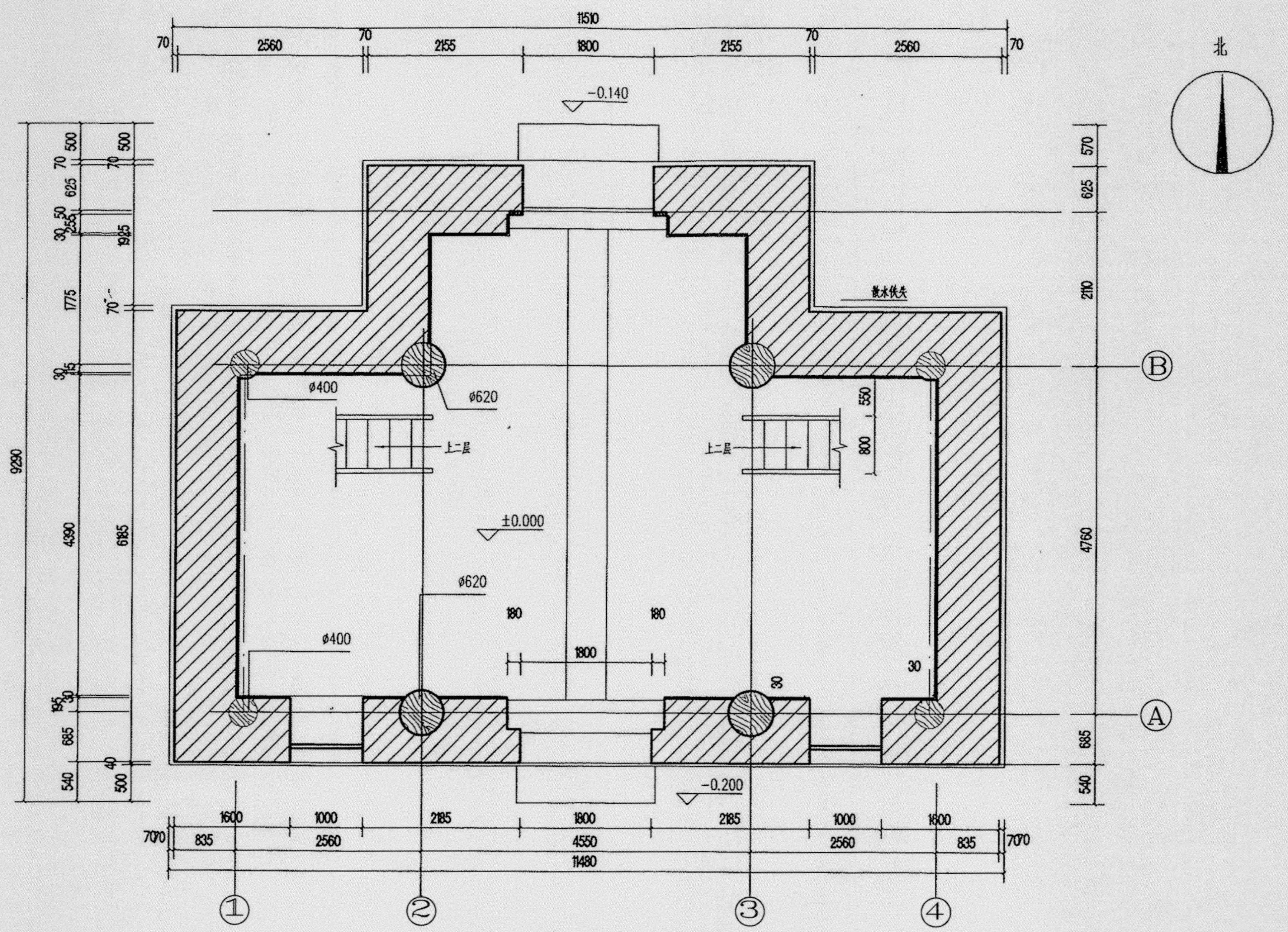

图九三　一层平面图

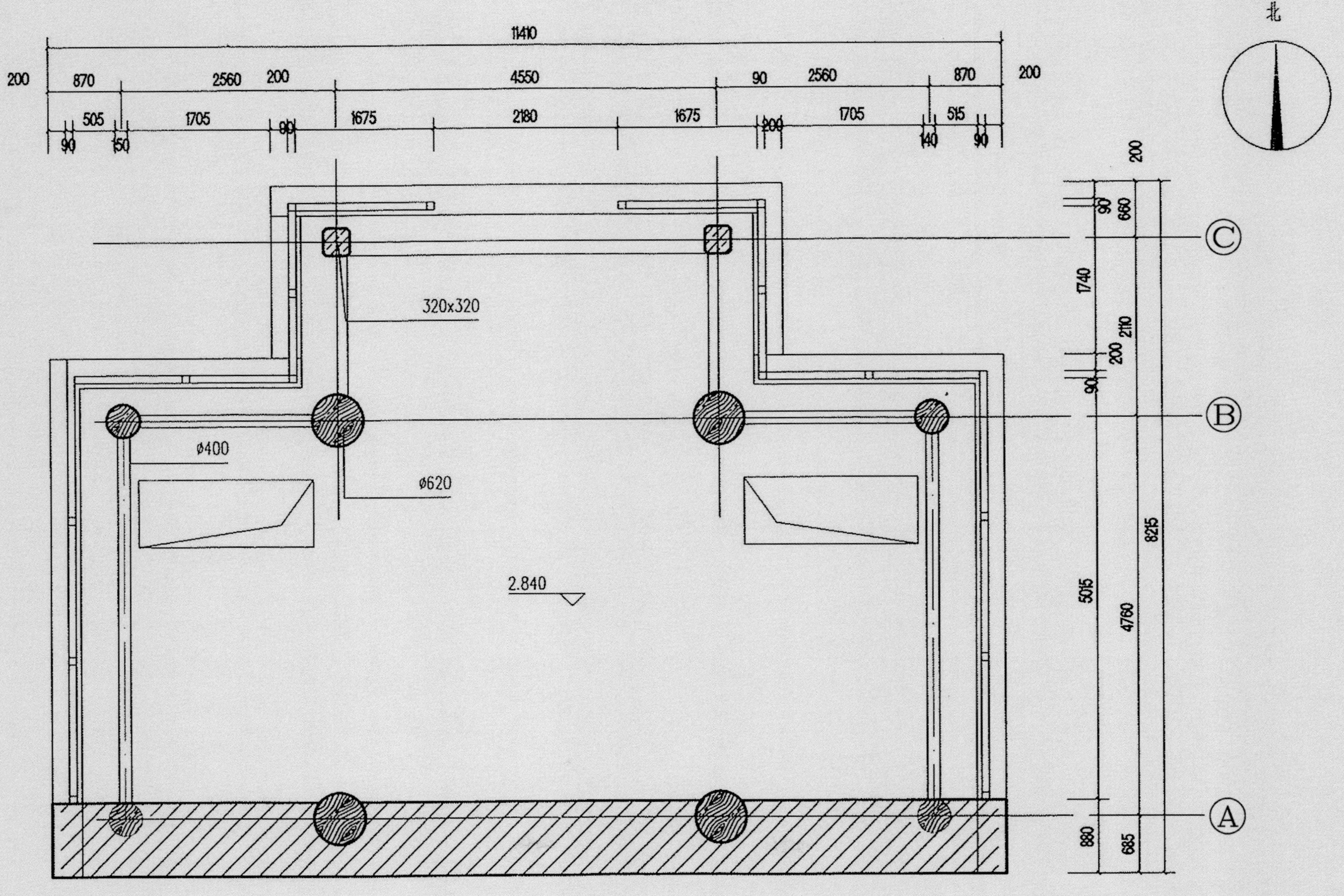
北
11410
200
870
2560
200
4550
90
2560
870
200
505
1705
90
1675
2180
1675
200
1705
515
90
150
140
90
320x320
ϕ400
ϕ620
2.840
C
B
A
200
90
660
1740
2110
200
90
5015
4760
8215
880
685

图九四　二层平面图

三、立面

正脊至地面10.82米，其中台基高0.2米。

前腰檐部分面阔进深均一间，二架椽，乱搭头，方椽方飞。抱头梁一端置于前檐石柱上，后端插于前金柱，其上用柁墩承金檩。抱头梁梁下设随枋。檐下施一斗二升交耍头平身科二朵，与三柁墩相间布列，斗口约为72毫米，为九等斗口。明间方形抹角石柱刻有“雍正乙卯”（雍正十三年，1735年）楹联：“传出幽明报应彰天道，演来生死轮回醒世人。”

屋面以蓝绿筒板瓦覆盖，正脊两端置龙吻，脊中部饰宝瓶，正脊饰二龙戏珠。垂脊饰以卷草纹，下端置垂兽。戗脊上置仙人、龙、凤、狮等走兽，瑞兽姿态各异，栩栩如生。

图九五　侧立面

图九六　侧立面

上／图九七　背立面
下左／图九八　圆窗
下右／图九九　券门

图一〇〇　脊刹

图一〇一　龙吻

图一〇二　龙吻

图一〇三　套兽

图一〇四　龙吻

图一〇五　垂兽

图一〇六　戗脊

图一〇七　垂脊

图一〇八　平身科

图一〇九　明间

图一一〇　戗脊

图一一一　雀替

图一一二　雀替

图一一三　翼角

图一一四　仙人

图一一五　垂兽

图一一六　垂脊

图一一七 悬鱼

图一一八 楹联

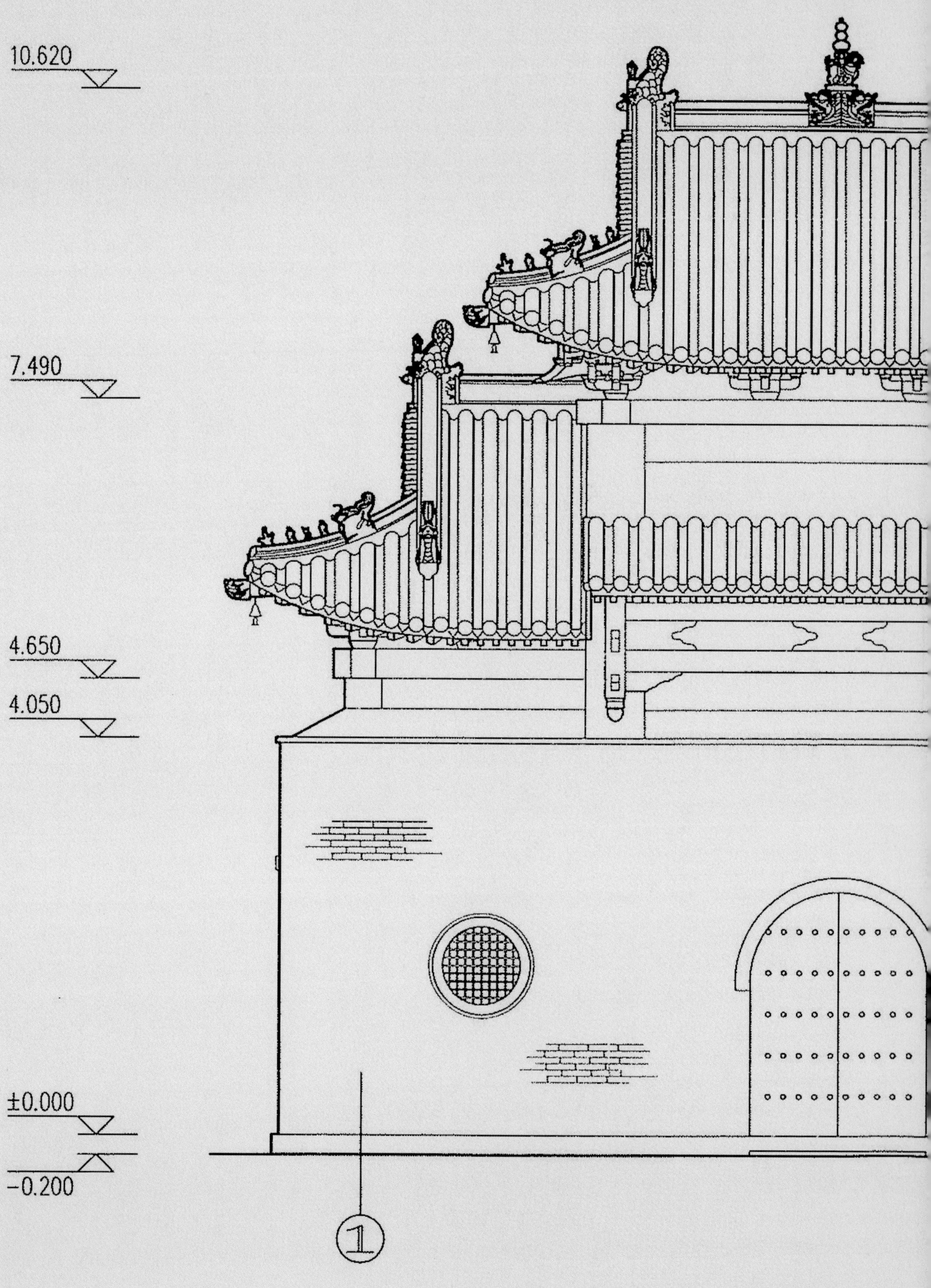
10.620
7.490
4.650
4.050
±0.000
−0.200
①

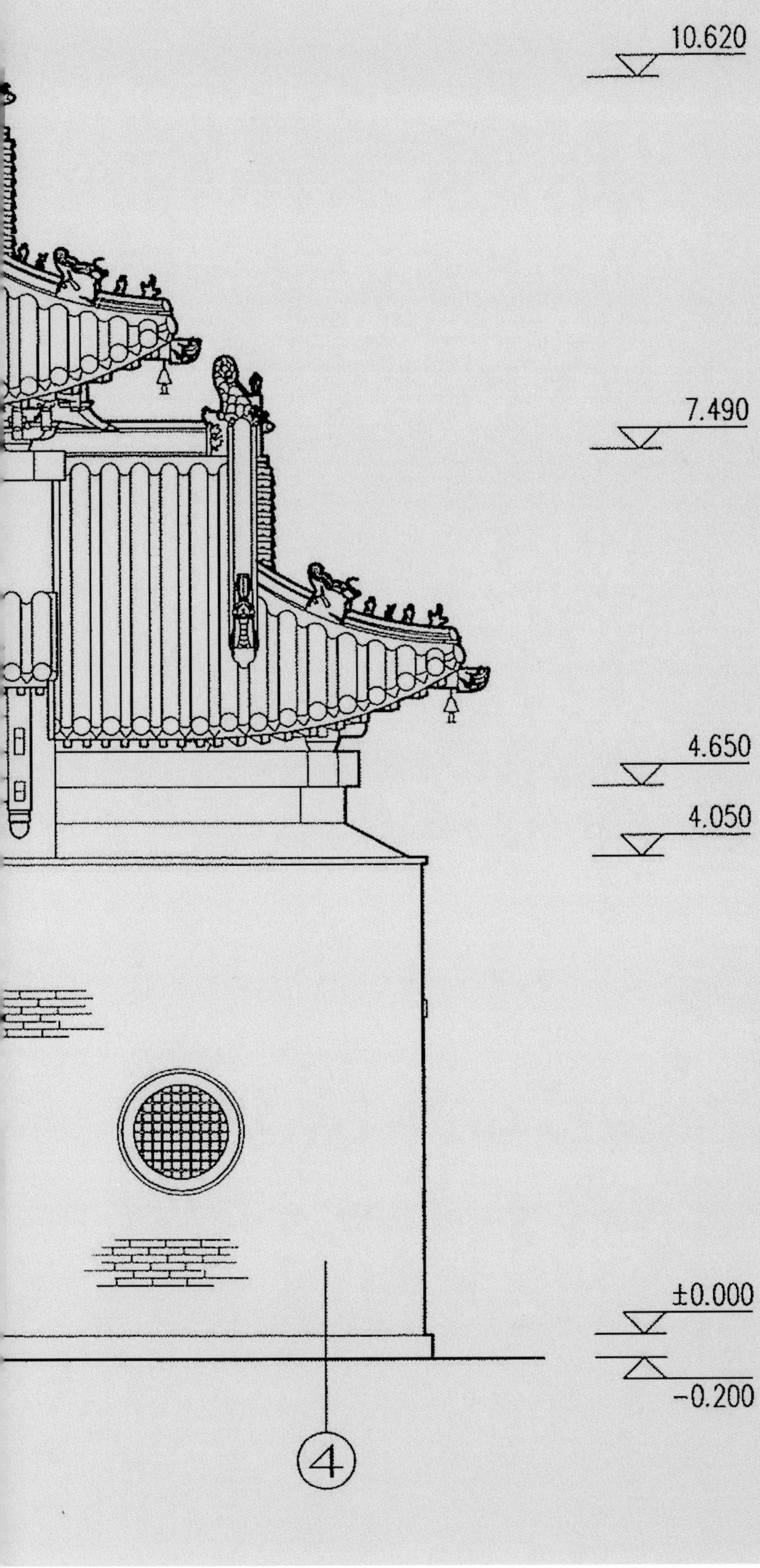

图一一九　南立面图

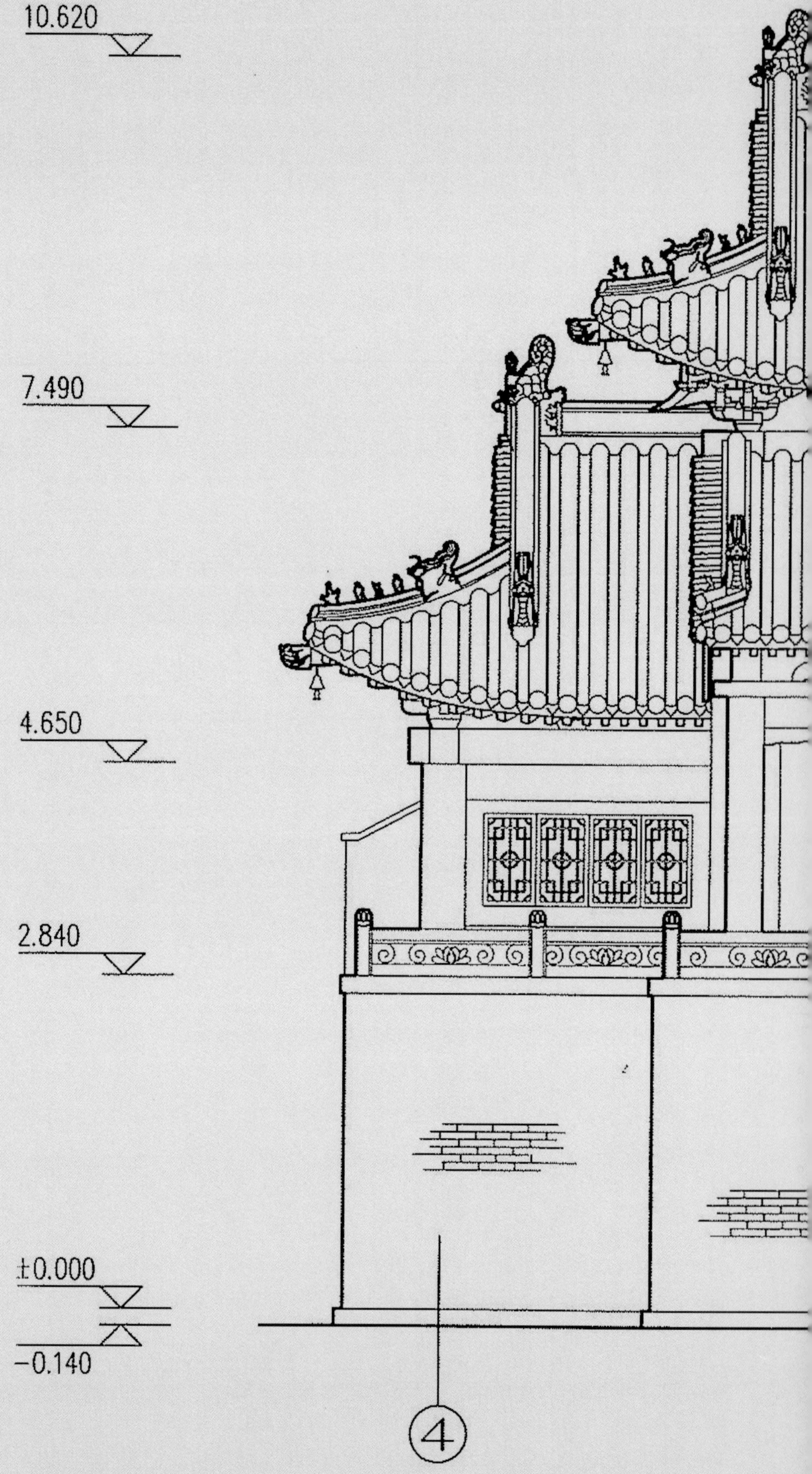

图一二〇　北立面图

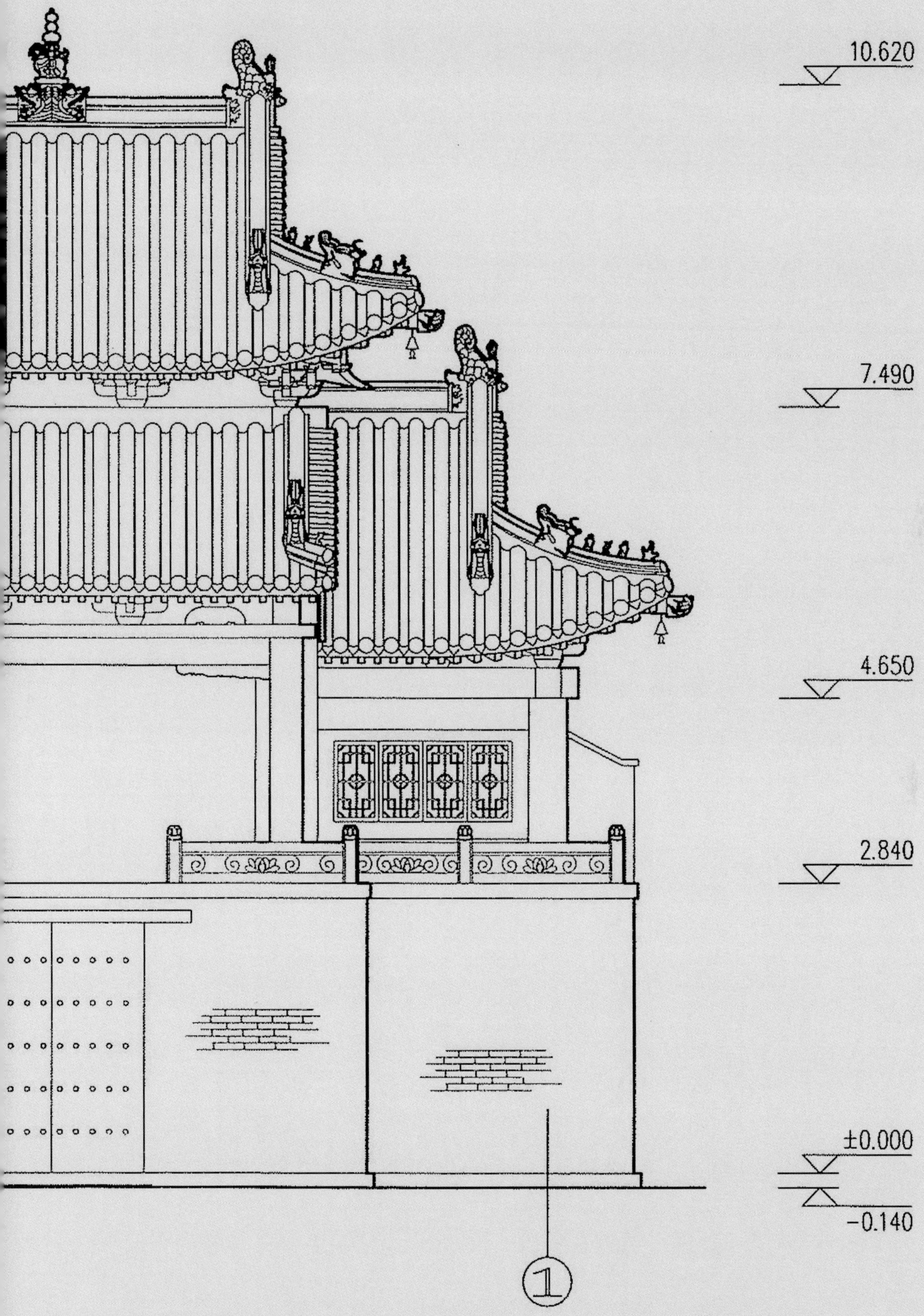

10.620
7.490
4.650
2.840
±0.000
−0.140
①

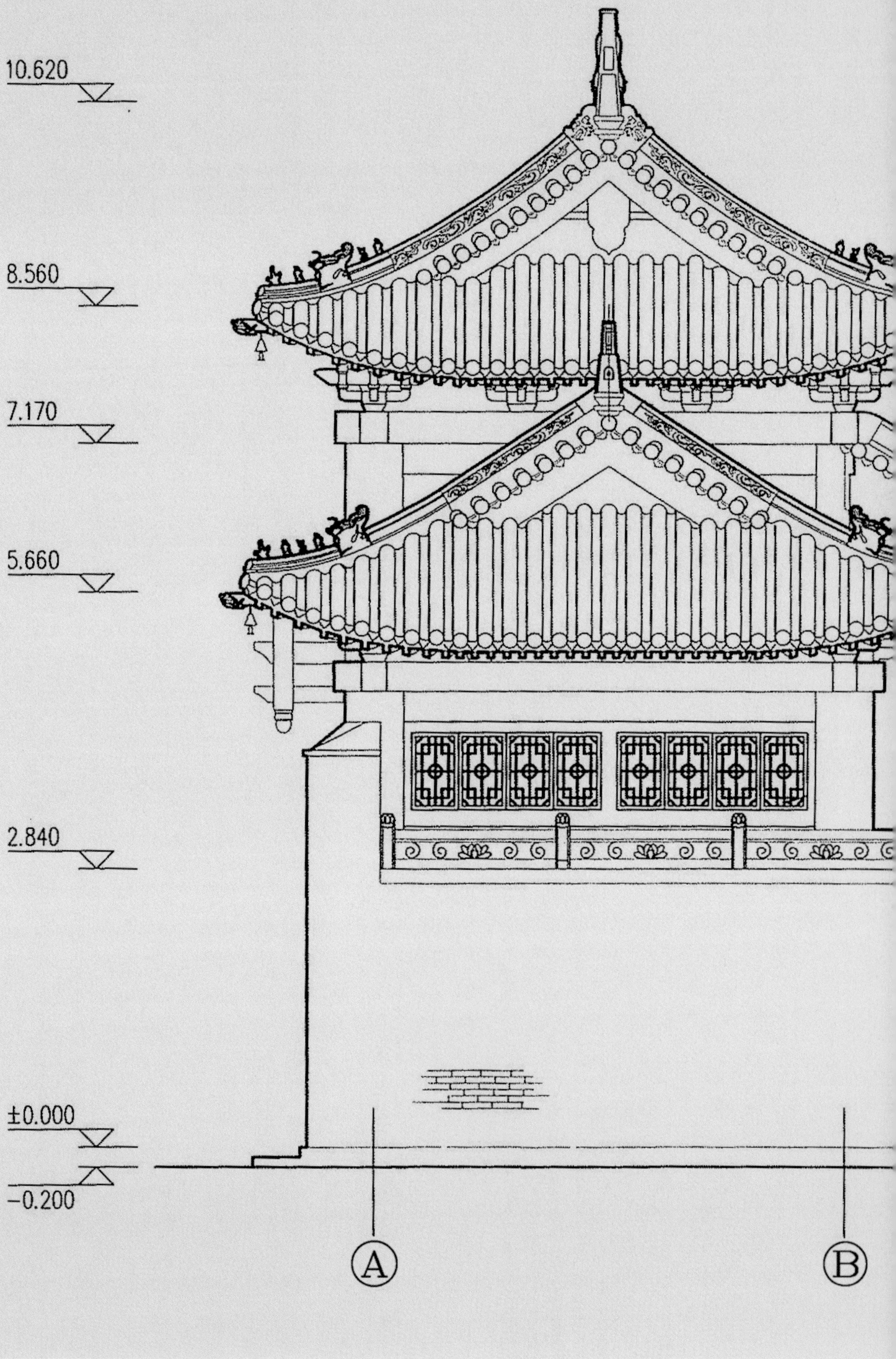

10.620
8.560
7.170
5.660
2.840
±0.000
−0.200
A
B

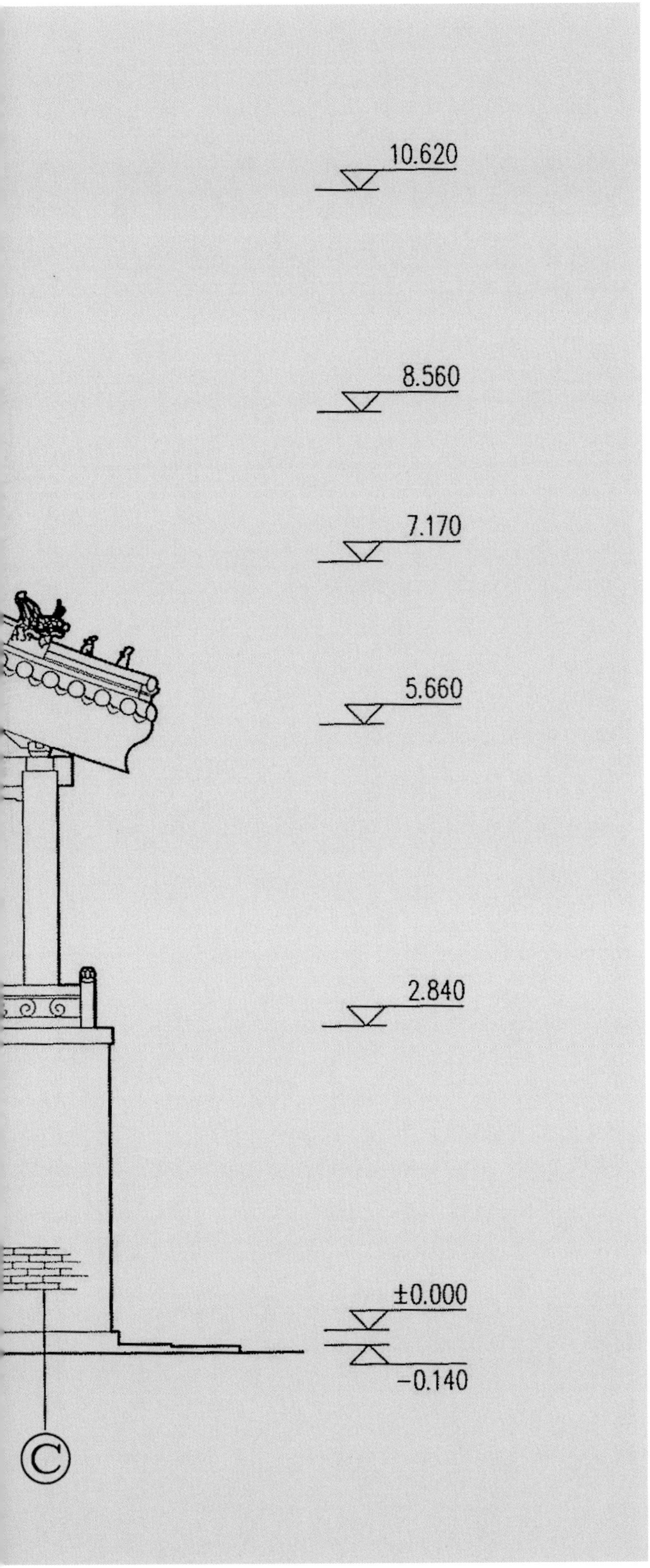

图一二一　东立面图

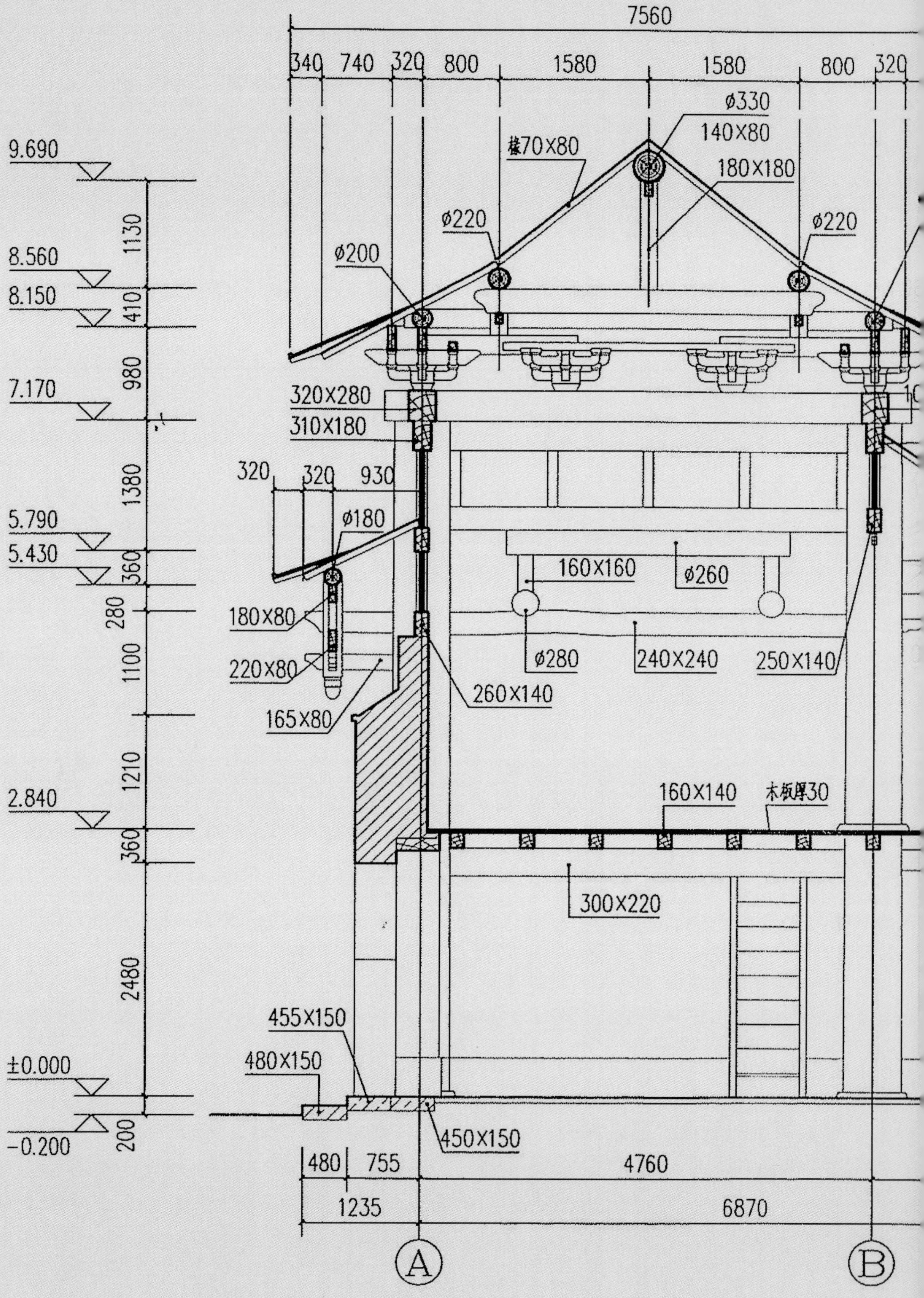

7560
340
740
320
800
1580
1580
800
320
ø330
140X80
椽70X80
180X180
ø220
ø220
ø200
9.690
1130
8.560
8.150
410
980
7.170
320X280
310X180
320
320
930
1380
ø180
5.790
5.430
360
280
180X80
160X160
ø260
1100
220X80
165X80
ø280
240X240
250X140
260X140
1210
2.840
160X140
木板厚30
360
300X220
2480
455X150
480X150
±0.000
-0.200
200
450X150
480
755
4760
1235
6870
A
B

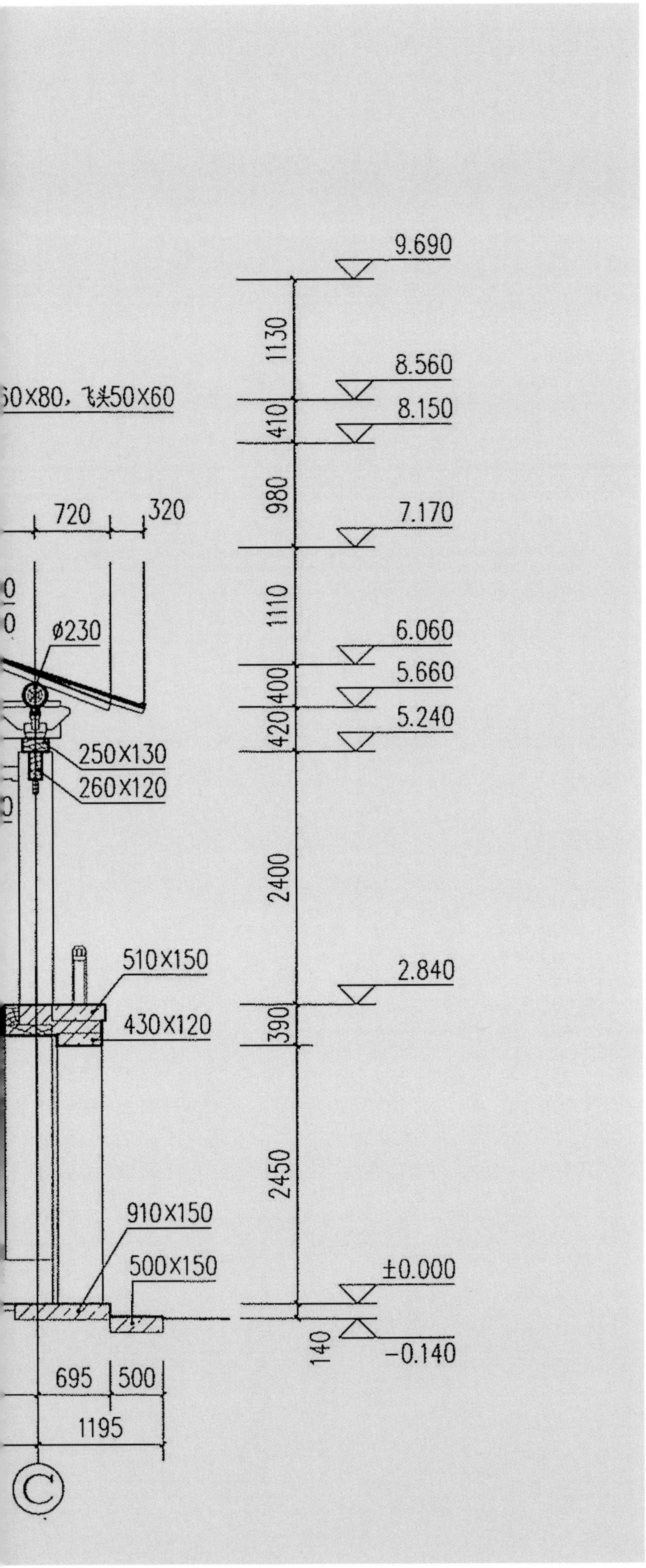
9.690
8.560
8.150
7.170
6.060
5.660
5.240
2.840
±0.000
-0.140
1130
410
980
1110
400
420
2400
390
2450
140
0X80，飞头50X60
720
320
ø230
250X130
260X120
510X150
430X120
910X150
500X150
695
500
1195
C
图一二二　1-1剖面图

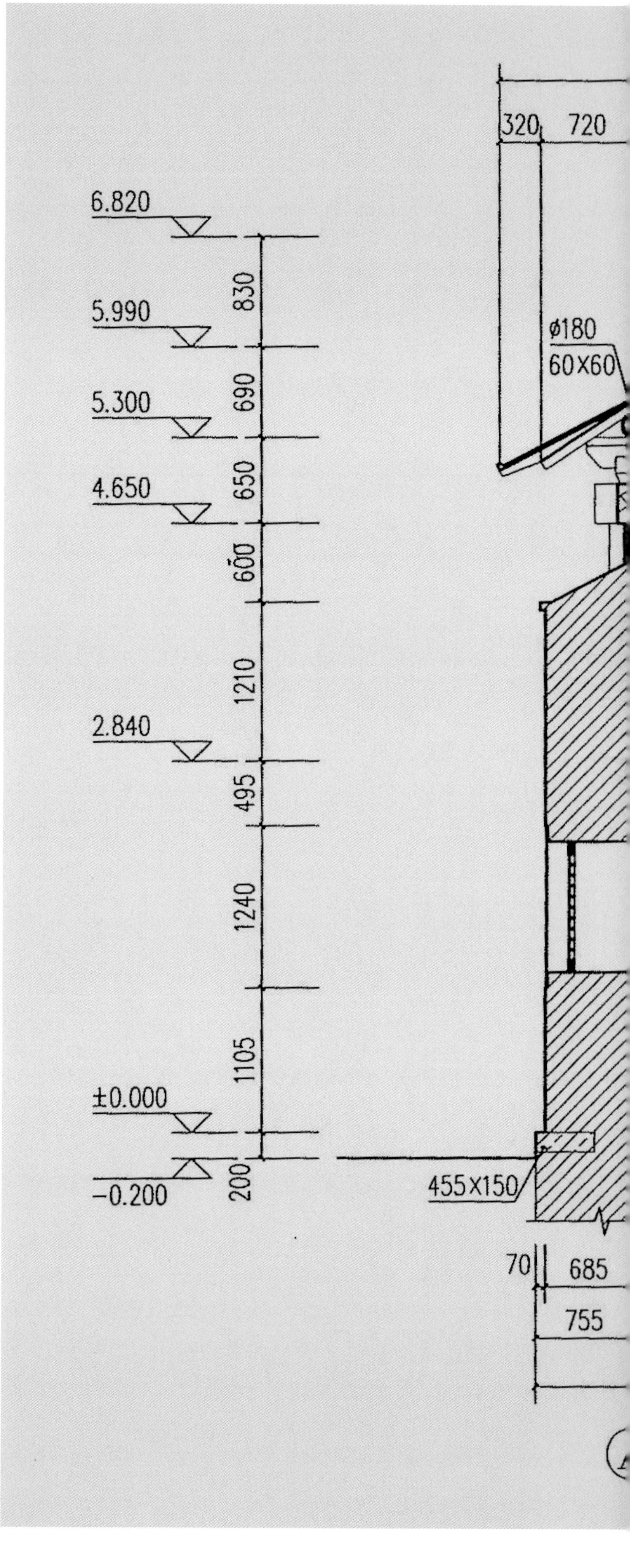

320
720
6.820
830
5.990
ø180
60X60
690
5.300
650
4.650
600
1210
2.840
495
1240
1105
±0.000
200
-0.200
455X150
70
685
755

图一二三　2-2剖面图

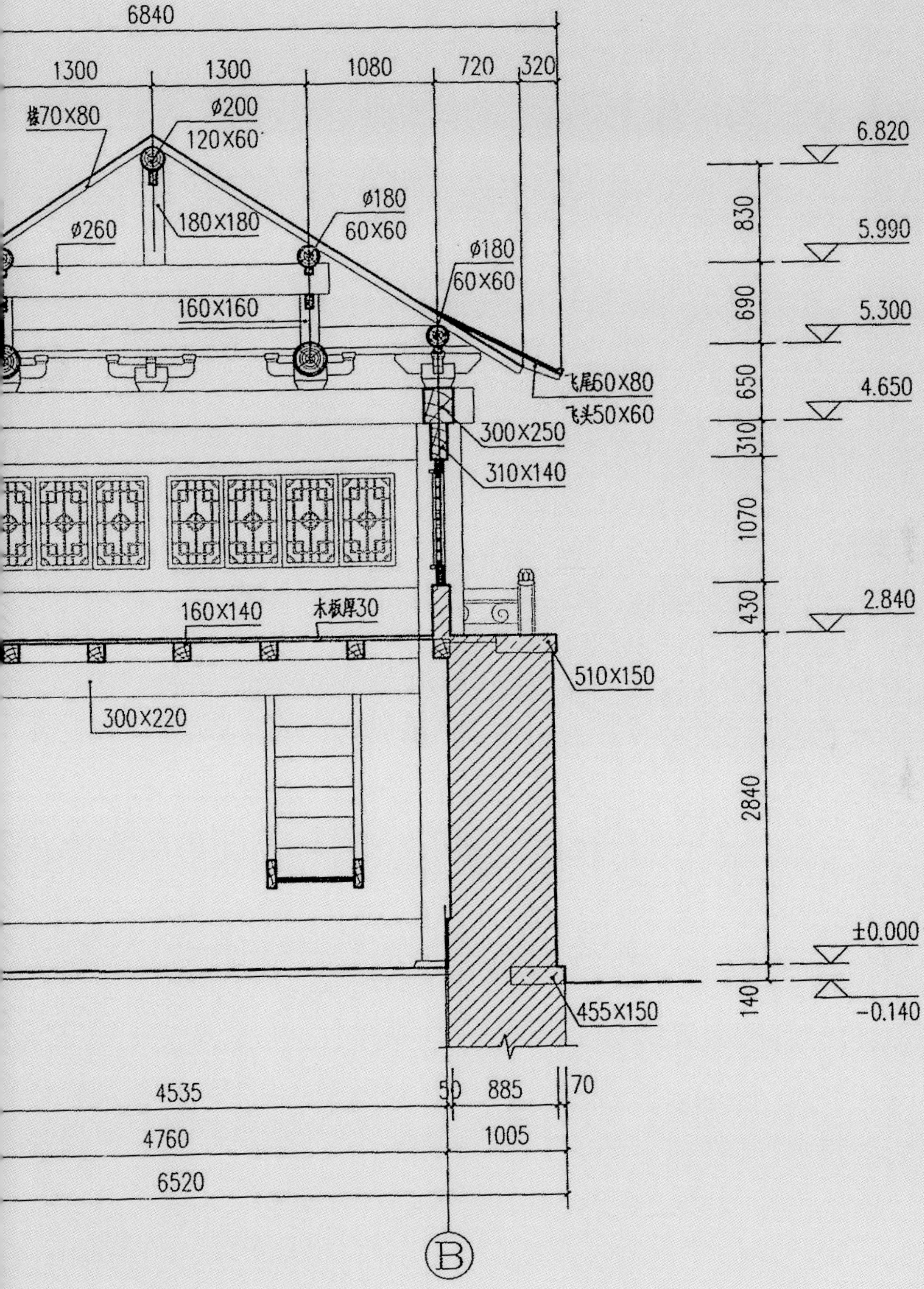

6840
1300
1300
1080
720
320
椽70X80
Ø200
120X60
Ø180
60X60
180X180
Ø260
Ø180
60X60
160X160
飞尾60X80
飞头50X60
300X250
310X140
160X140
木板厚30
510X150
300X220
455X150
6.820
5.990
5.300
4.650
2.840
±0.000
-0.140
830
690
650
310
1070
430
2840
140
4535
50
885
70
4760
1005
6520
B

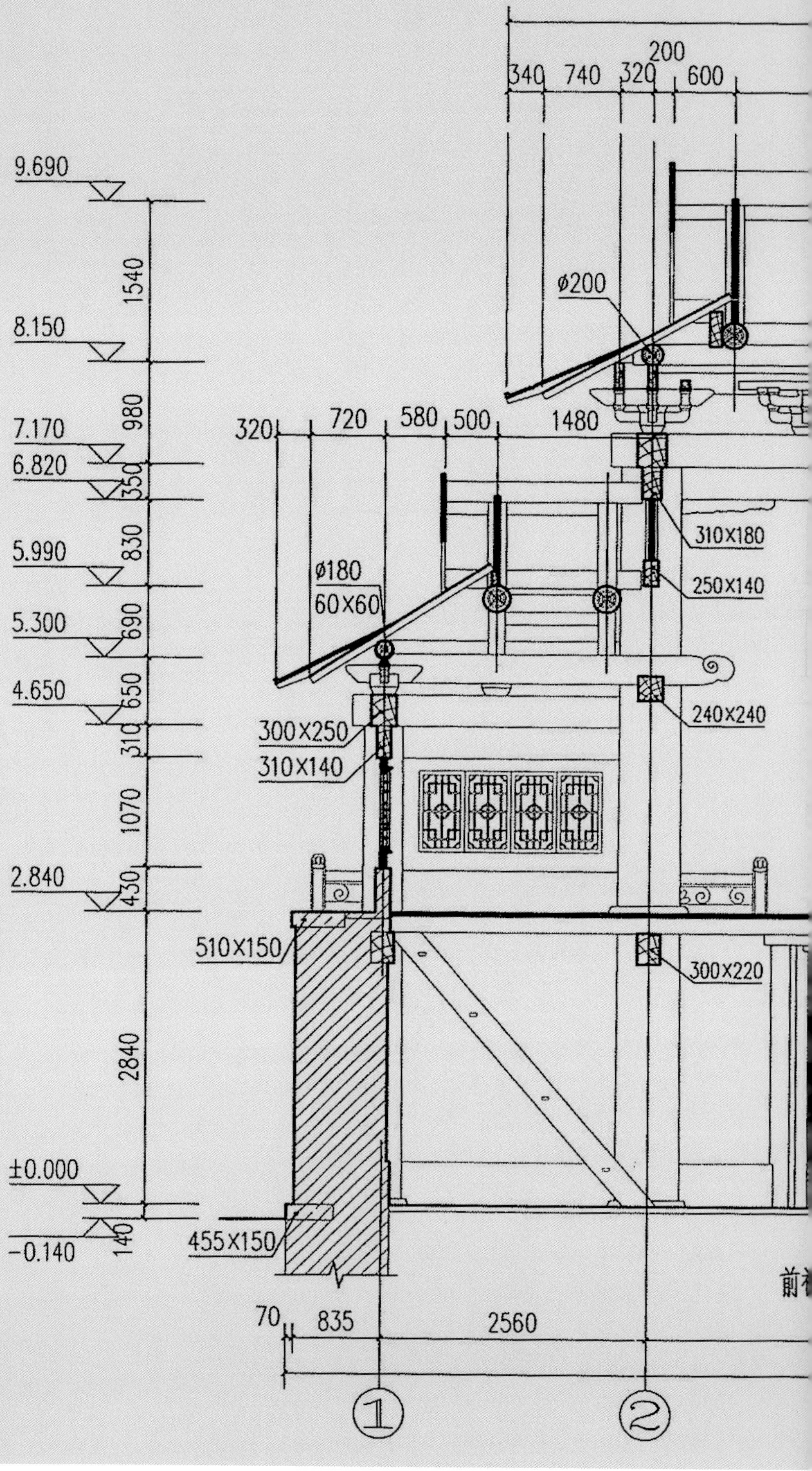

9.690
8.150
7.170
6.820
5.990
5.300
4.650
2.840
±0.000
-0.140
1540
980
350
830
690
650
310
1070
430
2840
140
340
740
320
200
600
320
720
580
500
1480
ø200
ø180
60X60
310X180
250X140
240X240
300X250
310X140
510X150
300X220
455X150
70
835
2560
①
②

图一二四　3-3剖面图

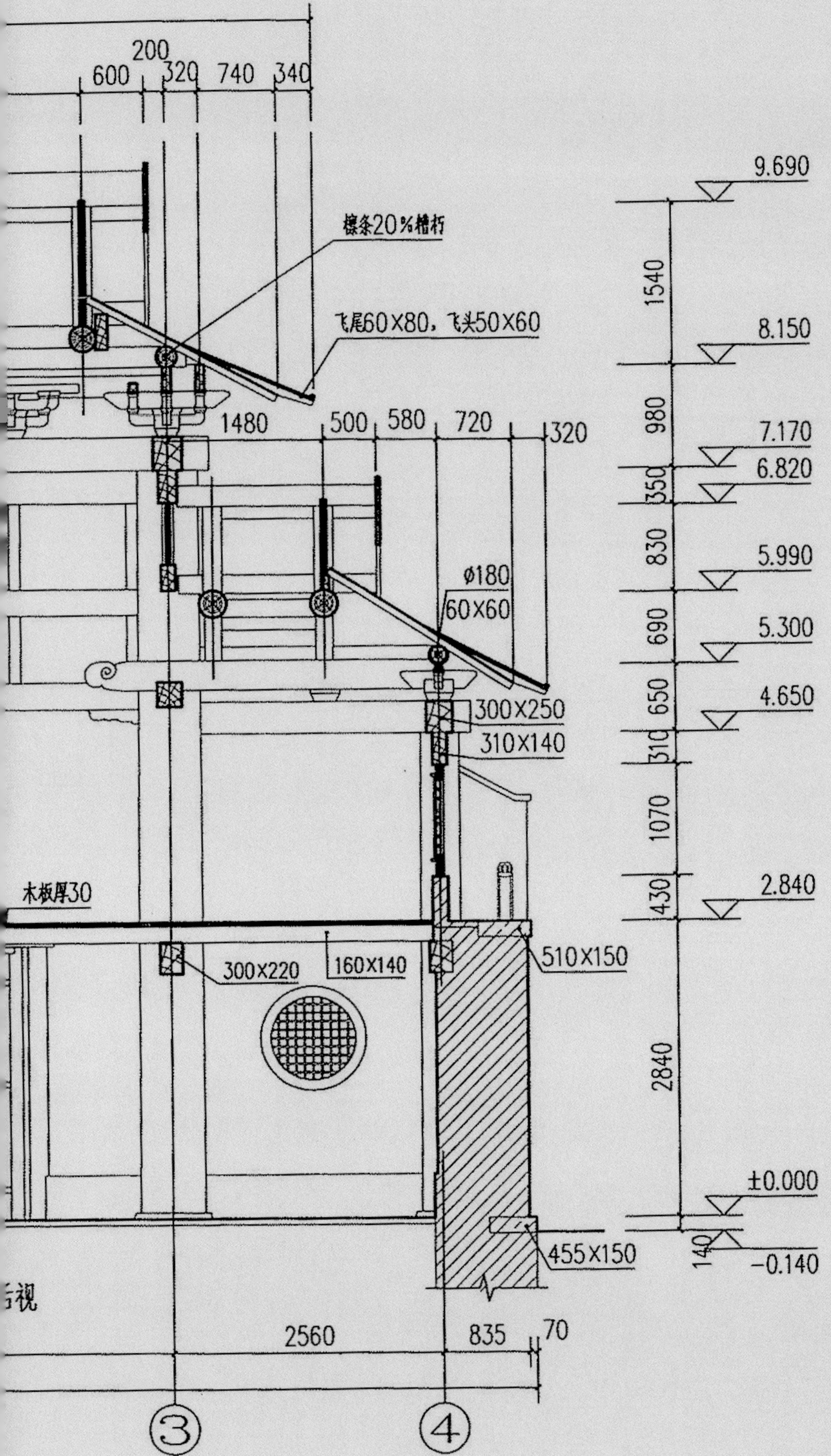

200
600
320
740
340
9.690
檩条20%檐桁
1540
飞尾60X80，飞头50X60
8.150
980
1480
500
580
720
320
7.170
6.820
350
830
5.990
ø180
60X60
690
5.300
650
300X250
4.650
310X140
310
1070
430
2.840
木板厚30
510X150
300X220
160X140
2840
±0.000
140
455X150
-0.140
2560
835
70
③
④

图一二五　二层平身科

图一二六　二层平身科

图一二七　二层角科仰视

四、材栔尺寸

明间歇山顶檐下施单昂三踩平身科二朵；角科为单昂三踩斗栱出45°角昂，昂背平直，机枋直承椽望而无挑檐檩。两抱厦檐下施一斗二升交耍头平身科角科。斗栱斗口约为82毫米，为八等斗口。耍头下斜面甚大且内幽明显。

材栔尺寸：

平身科第一层材高11.5厘米，材宽8厘米，栔高4.5厘米；第二层耍头材高11.5厘米，材宽8厘米，栔高4.5厘米。

角科第一层材高11.5厘米，材宽8厘米，栔高4.5厘米；第二层耍头材高11.5厘米，材宽8厘米，栔高4.5厘米。

图一二八　二层角科45°

图一二九　二层角科正立面

图一三〇　二层角科侧立面

图一三一　一层明间

图一三二　驼墩

图一三三　平身科

图一三四　抱厦平身科

图一三五　抱厦斗栱

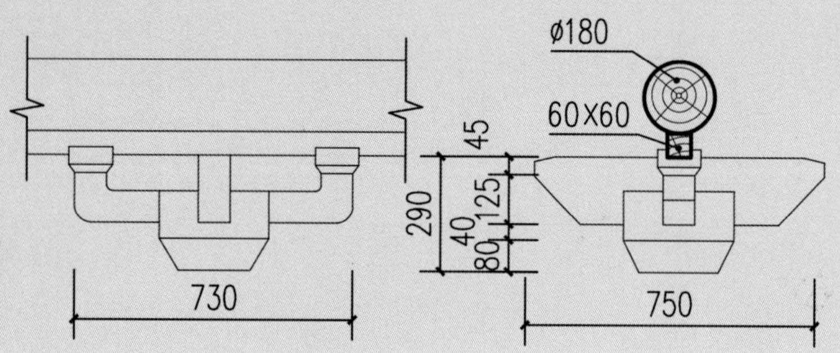

斗栱表

斗口：80　单位：mm

名称	上宽	上深	下宽	下深	耳	腰	底	备注
坐斗	285	240	220	170	100	30	80	
小斗	110	110	80	80	20	25	20	
瓜栱	730 × 190 × 80							

图一三六　一层斗拱详图

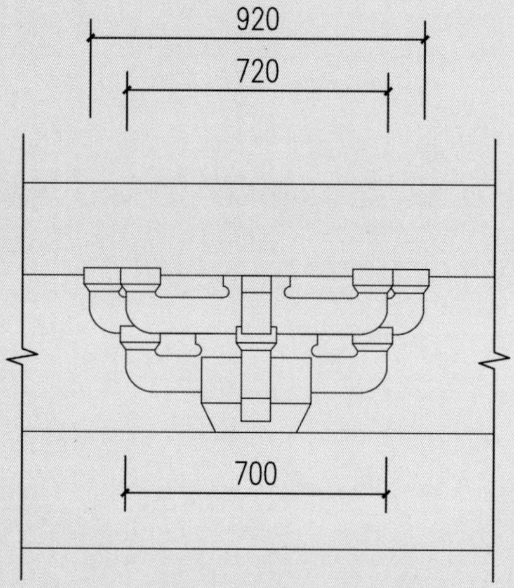

立面

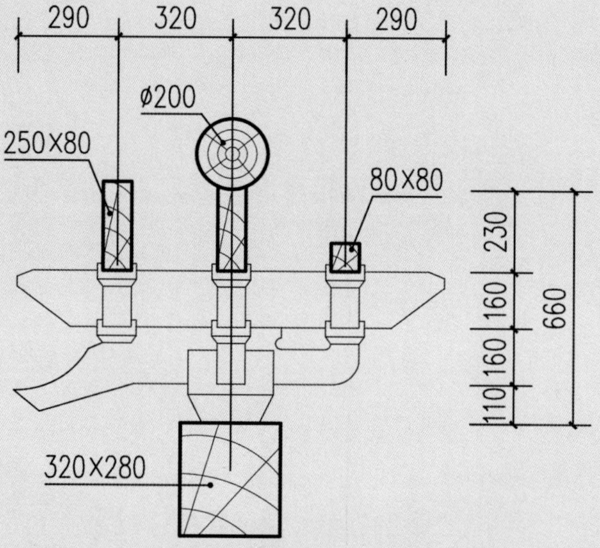

剖面

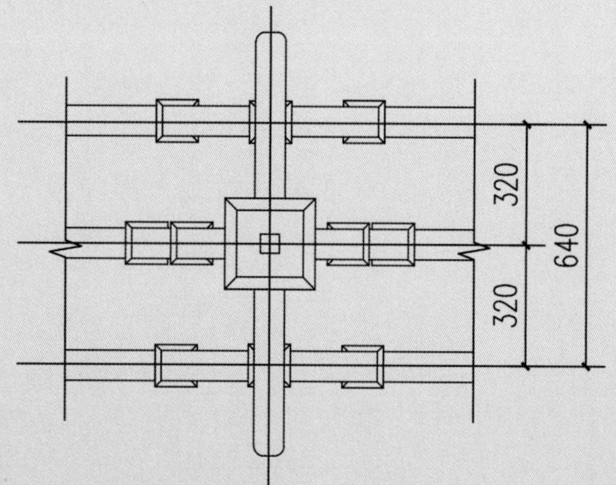

仰视

斗栱表

斗口：80　单位：mm

名称	上宽	上深	下宽	下深	耳	腰	底	备注
坐斗	285	240	220	170	100	30	80	
槽升子	110	110	80	80	20	25	20	
三才升	110	110	80	80	20	25	20	
十八斗	110	110	80	80	20	25	20	
瓜栱	700 × 190 × 80							
万栱	920 × 190 × 80							
厢栱	720 × 160 × 80							

图一三七　二层平身科斗拱详图

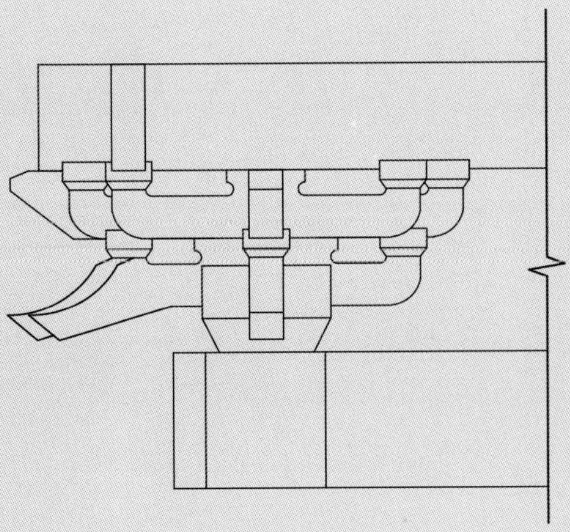

立面

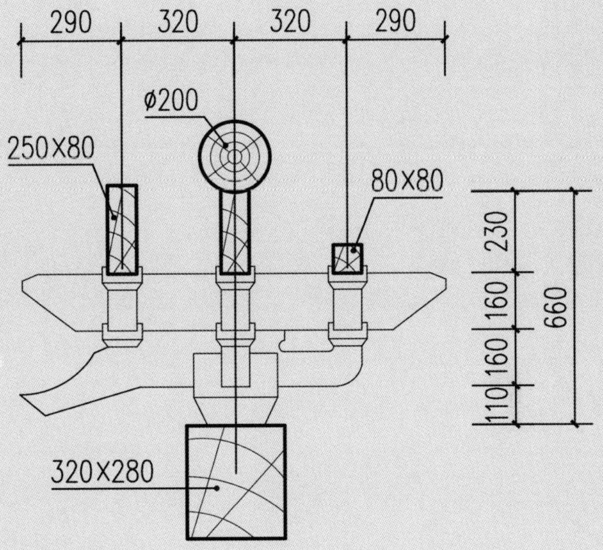

剖面

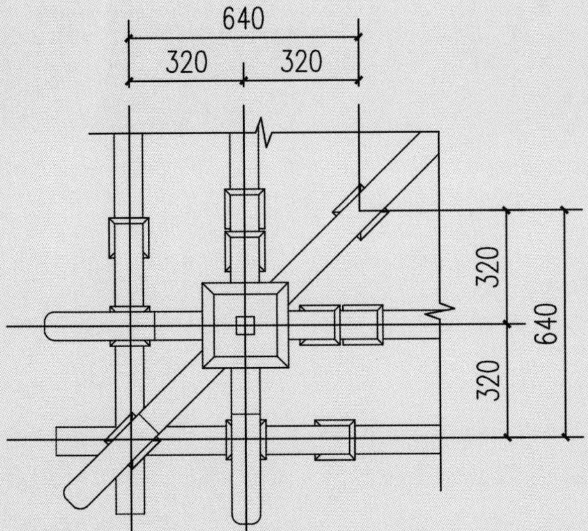

仰视

斗拱表

斗口：80　单位：mm

名称	上宽	上深	下宽	下深	耳	腰	底	备注
坐斗	285	240	220	170	100	30	80	
槽升子	110	110	80	80	20	25	20	
三才升	110	110	80	80	20	25	20	
十八斗	110	110	80	80	20	25	20	
瓜栱	700 × 190 × 80							
万栱	920 × 190 × 80							
厢栱	720 × 160 × 80							

图一三八　二层角科斗拱详图

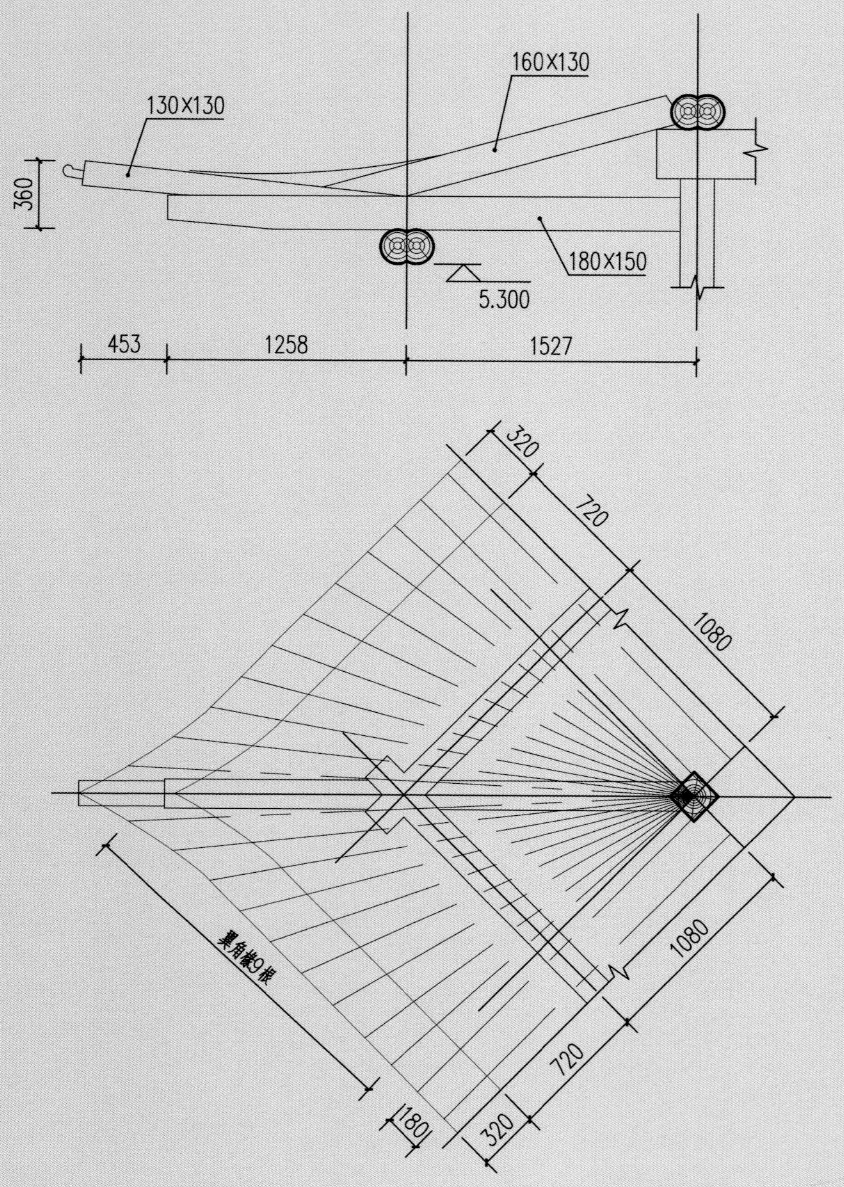

图一三九　一层角梁详图

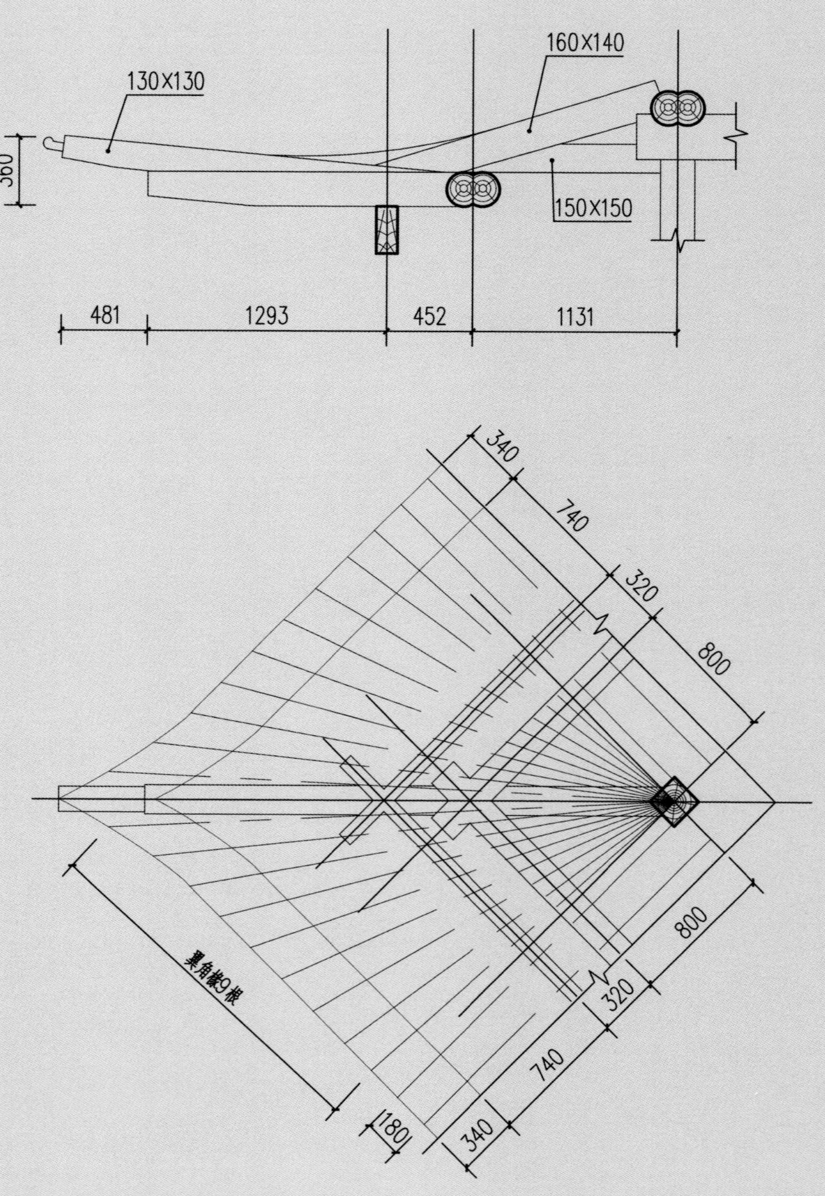

图一四〇　二层角梁详图

五、梁架结构

檐下两方形石檐柱高2.4米，柱径0.32米，柱高与柱径之比10∶1.3，有明显的侧脚与收分。平板枋宽度大于额枋宽度，成“T”字形，平板枋左端头刻成海棠纹，右端头平切。额枋下施卷草纹雀替。

后歇山式部分面阔三间，各间均为五架梁用二柱。二抱厦五架梁插于明间歇山檐下二金柱。

方椽方飞，斜搭掌，飞子收杀明显，梁枋粗壮。四根通柱高7.17米，其中二层部分高4.33米，柱径0.62米，柱高与柱径之比10∶1.4，上檐出1.4米，下檐出0.755米，上檐出与檐柱之比接近于10∶3.2。平板枋巨大，0.32×25米，抱厦同之，为同期乐楼建筑中普遍做法。斗栱大斗斗幽明显，头昂嘴宽大于高，昂背平直，檩下只用枋，具有明显的明代官式风格。

屋架为彻上明造，明栿造。脊瓜柱有麻叶头以承脊檩。在脊檩与三架梁之间有支撑脊檩的纤小的叉手，三架梁上无角背，檩下设随梁枋，无隔架科。

明间舞台上方斗栱上施抹角梁，形成一个简略的斗八藻井，有效地起到拢音作用。

图一四一　明间梁架仰视

图一四二　明间

上／图一四三　抱厦梁架（山缝）
中／图一四四　抱厦梁架（中缝）
下／图一四五　前腰檐梁架

图一四六　明间前檐柱头

图一四七　明间前檐驼墩

图一四八　垂花柱

图一四九 明间后檐

图一五〇　大殿

图一五一　侧立面

第五节 大殿

一、概述

大殿，城隍庙中轴线主体建筑，是奉祀城隍纪信的殿堂，始建年代不详，明弘治、嘉靖、隆庆重修，清顺治十五年（1658年）重建，乾隆、光绪，民国，屡加修葺。

大殿，歇山式建筑，面阔三间（明三暗五），进深八架椽，覆绿色琉璃瓦。

它位于二进院落北部居中位置，坐北面南，冠于全庙，大殿的建筑形制、构造方法，为河南古代乡土建筑的重要案例。檐下用重昂五踩斗栱，机枋直承椽望，而无挑檐檩。七架梁前后对单步梁用四柱，单步梁过正心后砍制成耍头，屋架为彻上明造，明栿造，方椽方飞，乱搭头。屋面覆盖绿色琉璃瓦，九条屋脊上是黄绿琉璃脊饰。

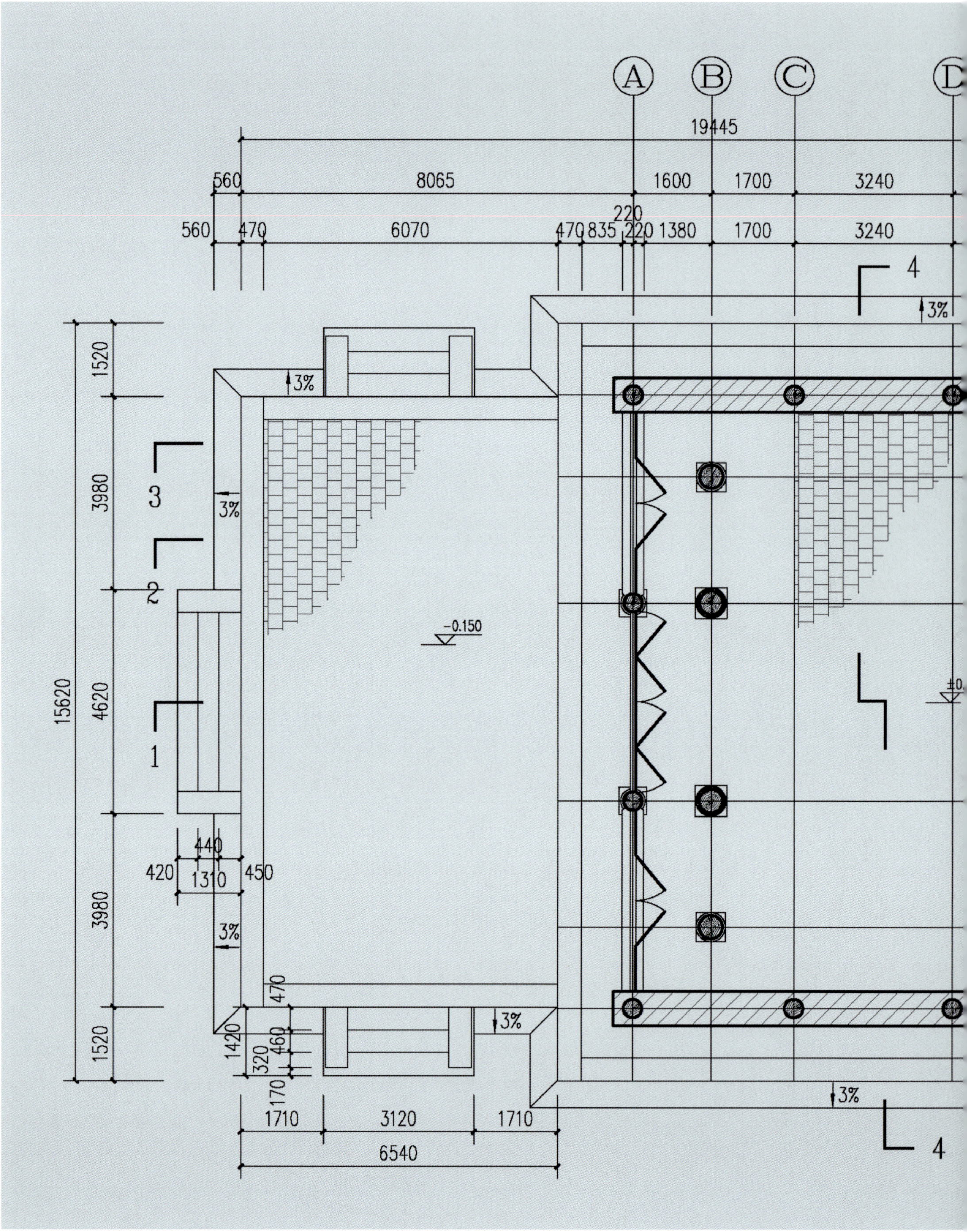
A
B
C
D
19445
560
8065
1600
1700
3240
220
560
470
6070
470
835
220
1380
1700
3240
4
3%
1520
3980
4620
3980
1520
15620
3
2
1
3%
3%
-0.150
440
420
1310
450
3%
470
1420
320
460
170
3%
3%
1710
3120
1710
6540
4

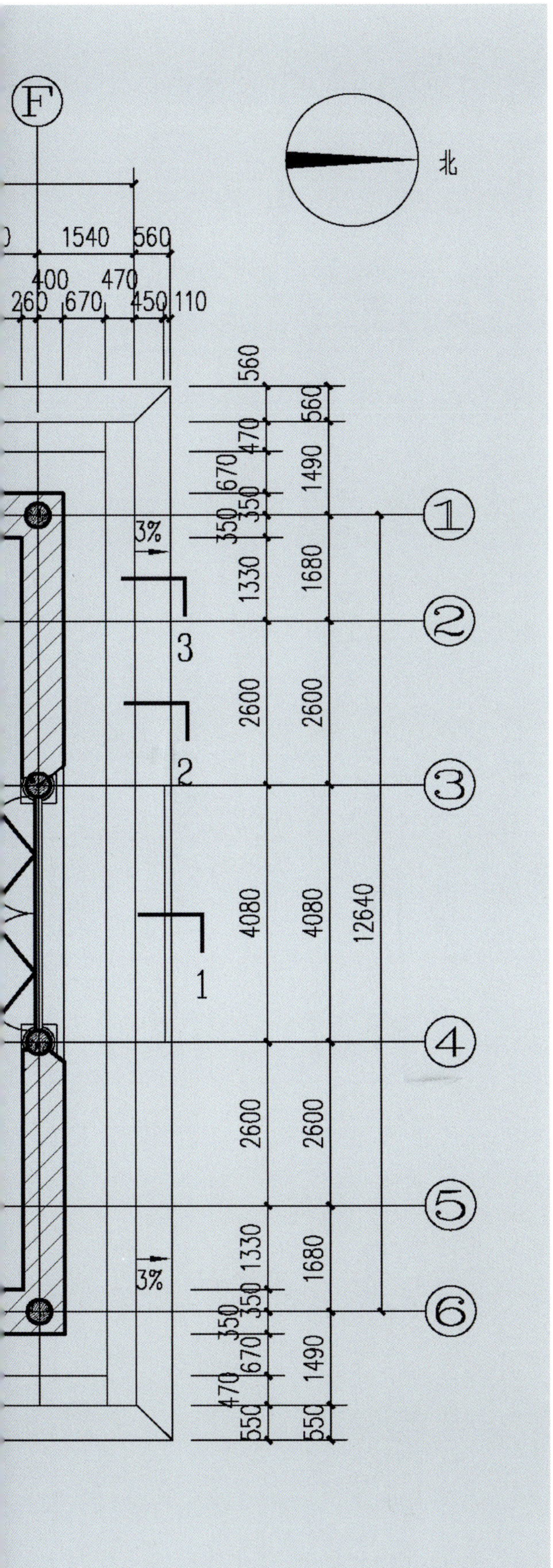

图一五二　平面图

二、平面

大殿，歇山式建筑，面阔三间，进深八架椽。台阶到正脊高9.7米，台基高0.15米。明间宽4.08米，次间2.6米，尽间1.68米，通面阔12.64米。进深三间，七架六椽栿，6.64米，加上前后廊9.38米。

平面上，山面两金柱，与室内并无横向延续之柱，而是金柱向外移动顶在七架梁下，中心正对下金檩中线；檐柱，减去次间外缝二檐柱。柱网近似金箱斗底槽，从手法上看，与乐楼亦为同为清早期建筑。

大殿前为宽阔的月台，适应了祭祀活动的需要。

三、立面

柱身圆形直柱，四周檐柱侧脚明显。檐柱高4.09米，柱径0.32米，柱径0.38米，柱高与柱径之比10：0.9，金柱高5.625米，柱径0.4米，柱径0.48米，柱高与柱径之比10：0.9，与《清式营造则例》中所规定的10：1相当。脊瓜柱高1.07米，柱径0.3米。上檐出1.735米，下檐出1.415米，上檐出与檐柱之比接近于10：4.2。机枋到正心檩之距离为0.62米。

檐下用重昂五踩斗栱，机枋直承椽望，而无挑檐檩，斗栱与柱高比例较小。正立面明为三间，明间次间檐下较密施重昂五踩平身科均为2朵；进深三间施重昂五踩平身科各1攒。角科为重昂五踩斗栱出45° 角昂，施把臂厢拱，由昂背平直。明间前檐平身科为溜金斗栱，耍头后尾挑于

图一五三　正脊正立面（局部）

下金檩之下，其余插于金柱柱身或柱间枋子上。耍头下斜面甚大，方椽方飞，乱搭头，飞子收杀明显。斗栱大斗斗颤明显，头昂嘴宽大于高，昂背平直，具有明显的明代特征。

斗栱斗口约为98毫米，为七等斗口。平板枋宽度大于额枋宽度，成“T”字形。

屋面覆盖绿色琉璃瓦，九条屋脊上是黄绿琉璃脊饰。大殿正脊两端设有龙吻，正中立狮子宝瓶，宝瓶两侧配以龙、凤、宝瓶、狮等脊兽。正脊两侧刻有行龙、人物等图案。垂脊饰有花卉卷草，下端置垂兽，戗脊饰仙人及龙、凤、狮等走兽。

图一五四　正脊背立面

图一五五　戗脊

图一五六　垂兽

图一五七　垂脊

图一五八　南立面

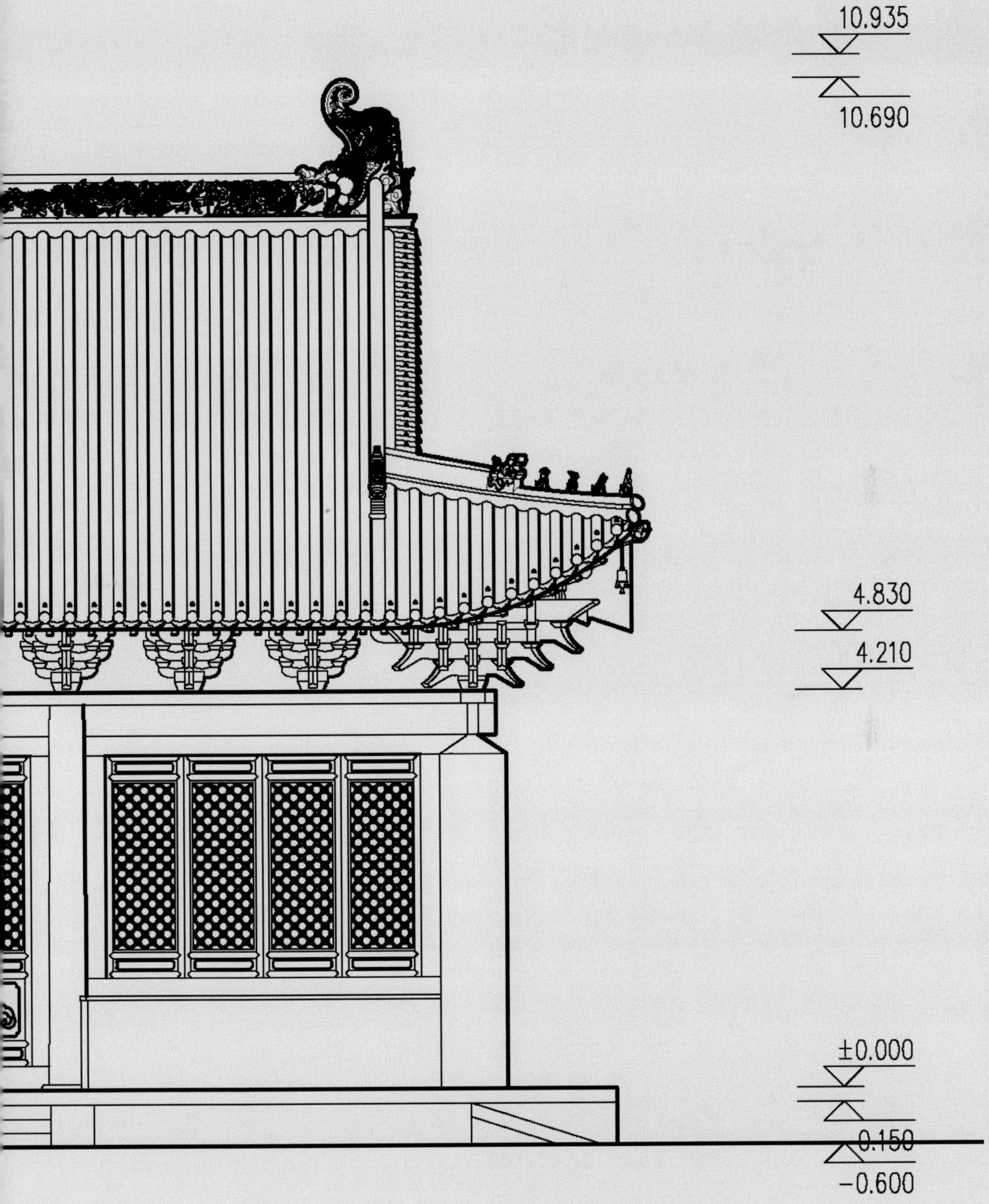
10.935
10.690
4.830
4.210
±0.000
-0.150
-0.600

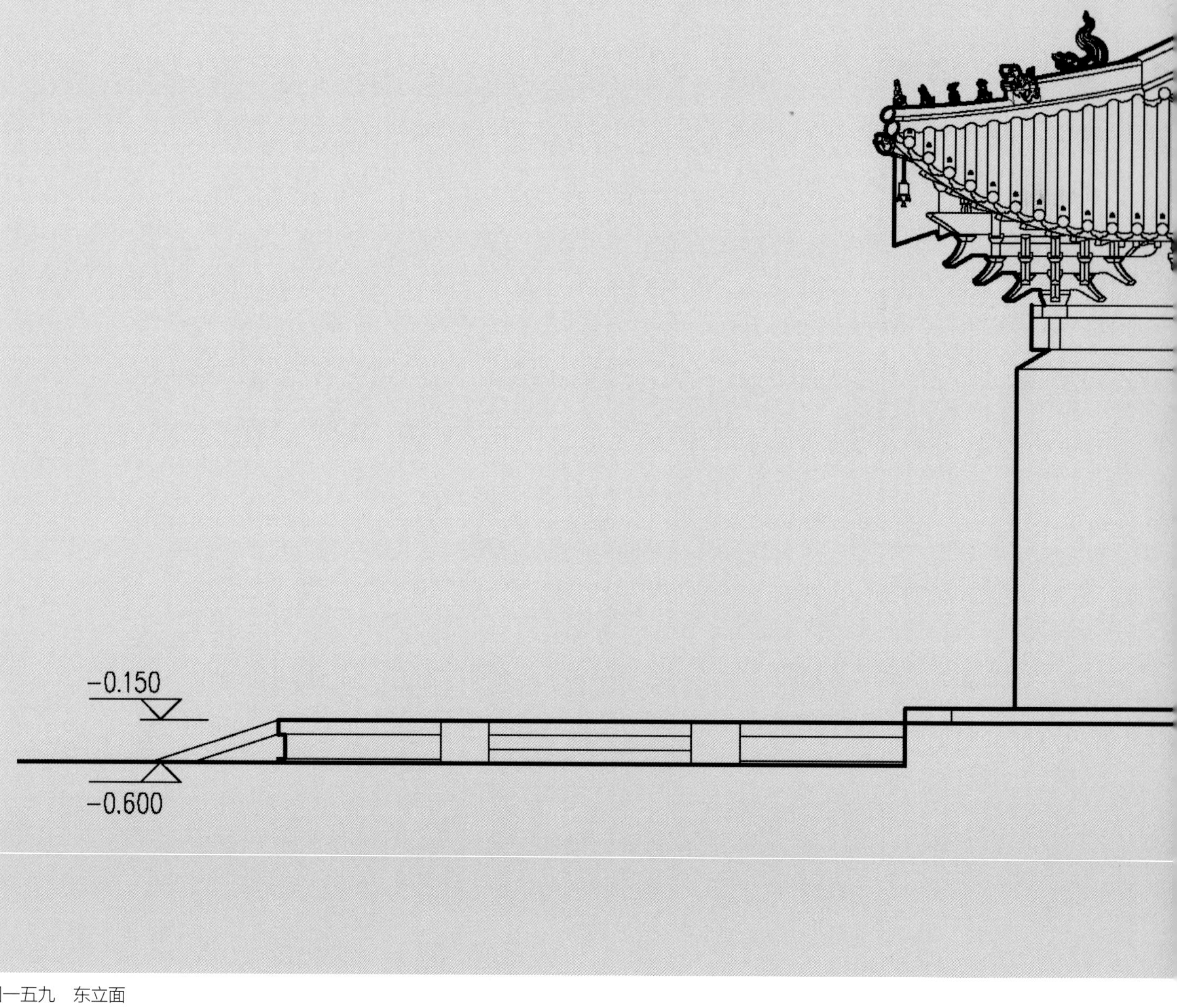

图一五九　东立面

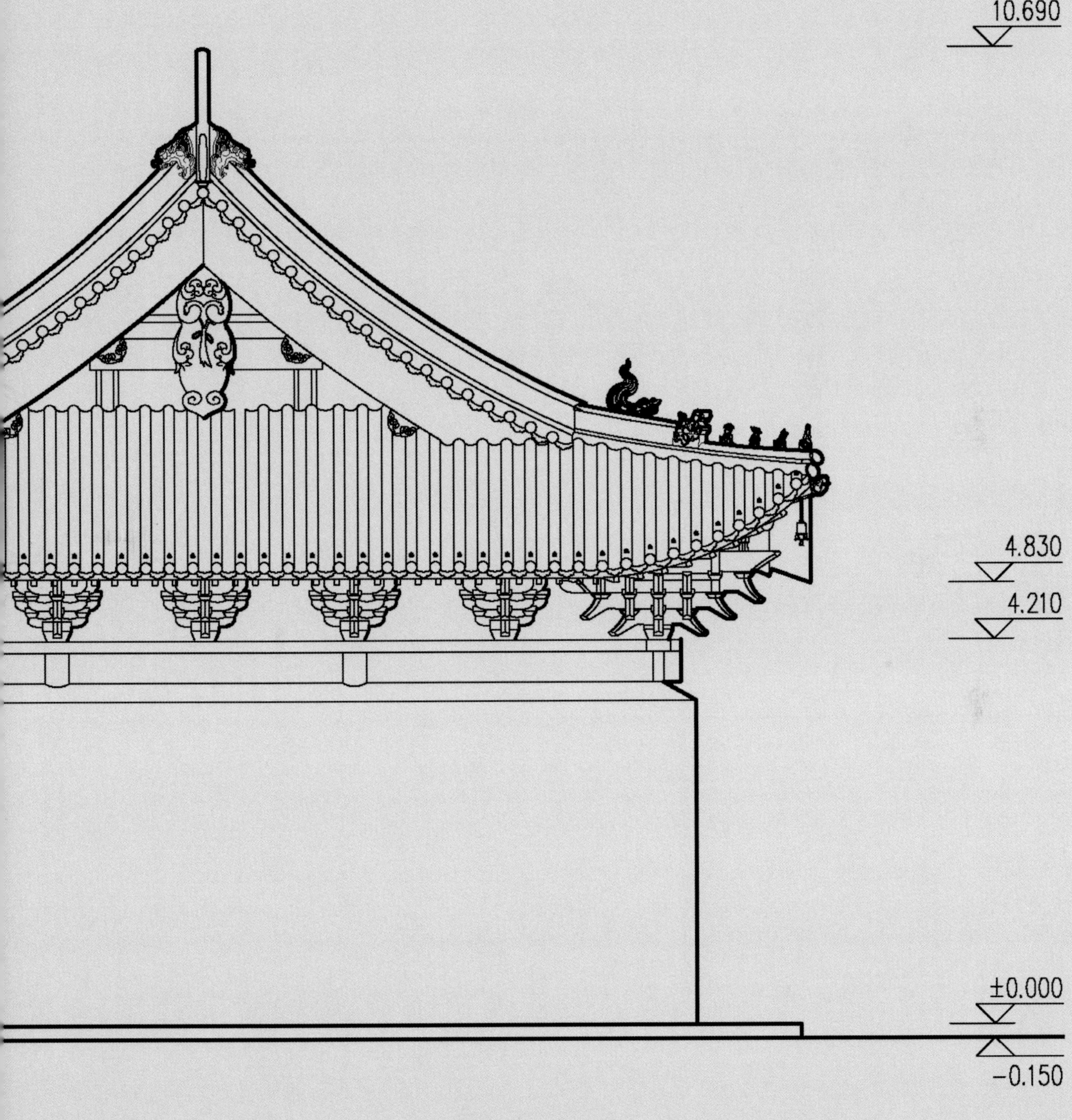

10.690
4.830
4.210
±0.000
-0.150

注：网格大小50

图一六〇　正脊大样

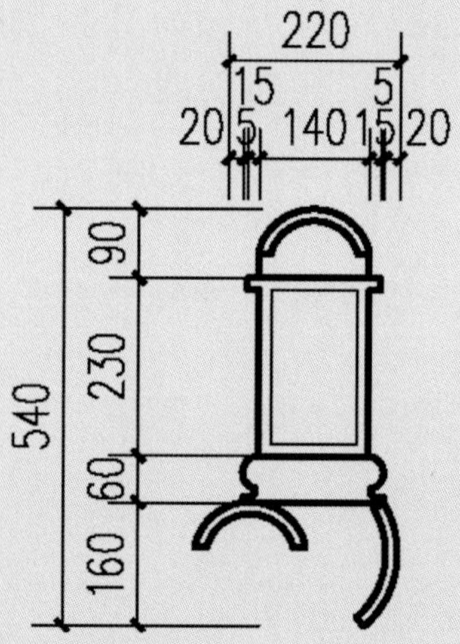

注：网格大小50

图一六一　垂脊大样

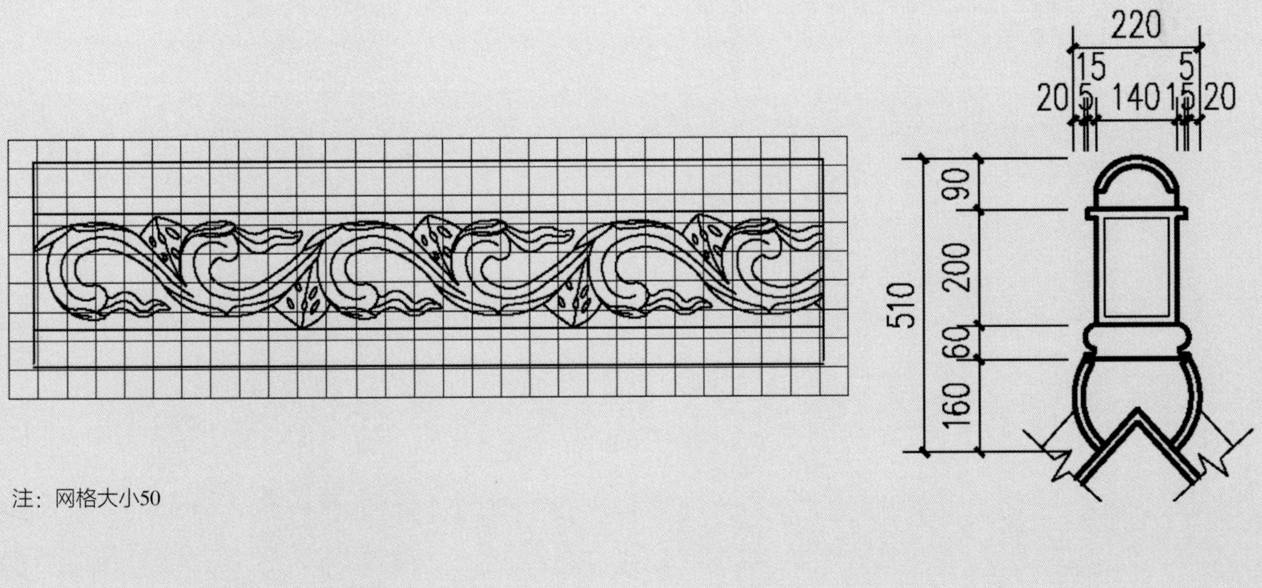

注：网格大小50

图一六二　戗脊大样

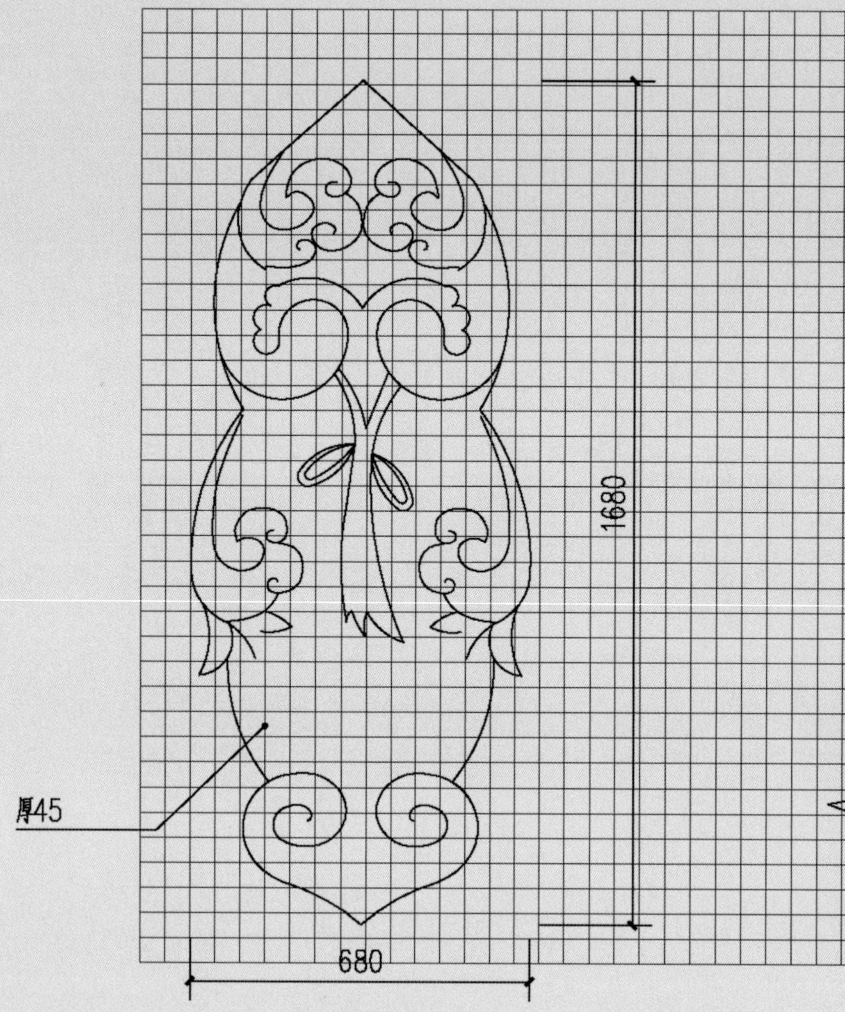

图一六三　悬鱼大样

图一六四　宝顶大样

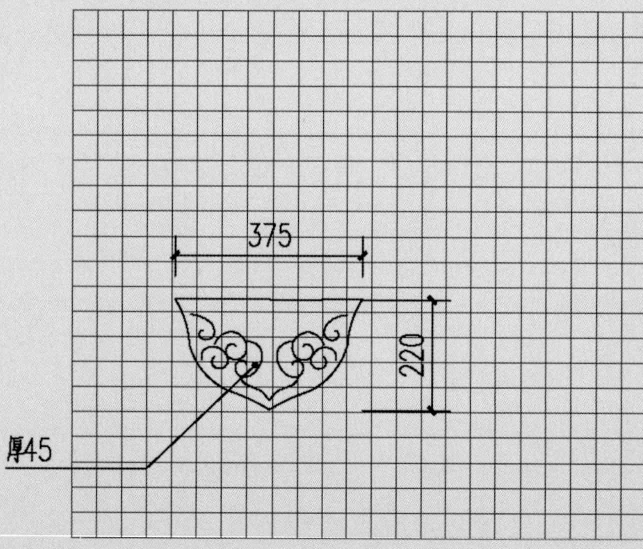

图一六六　惹草大样

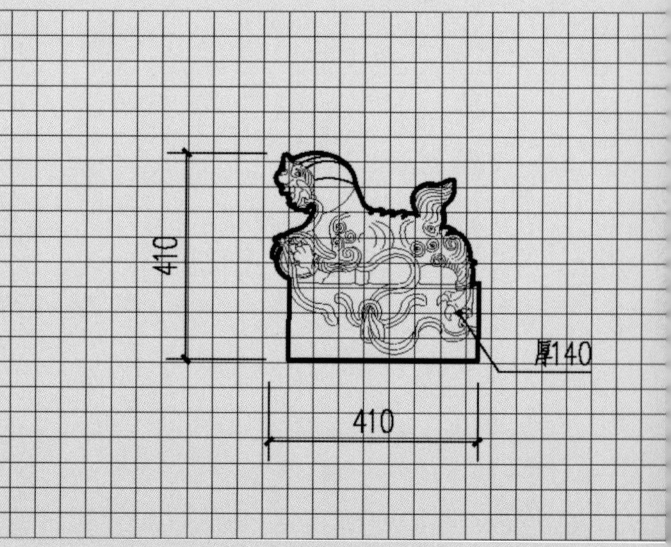

图一六七　戗兽大样

注：网格大小50

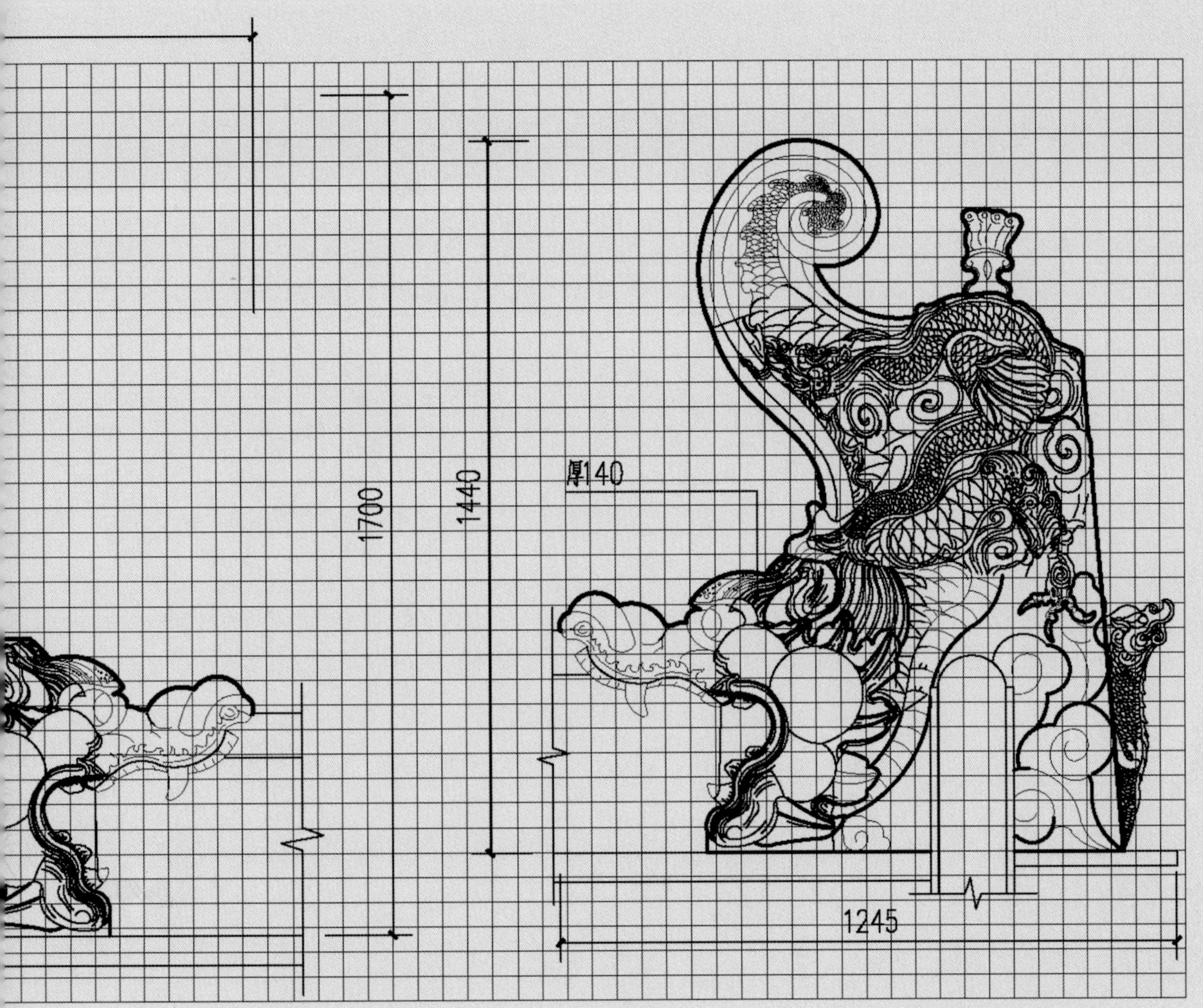

图一六五　吻大样

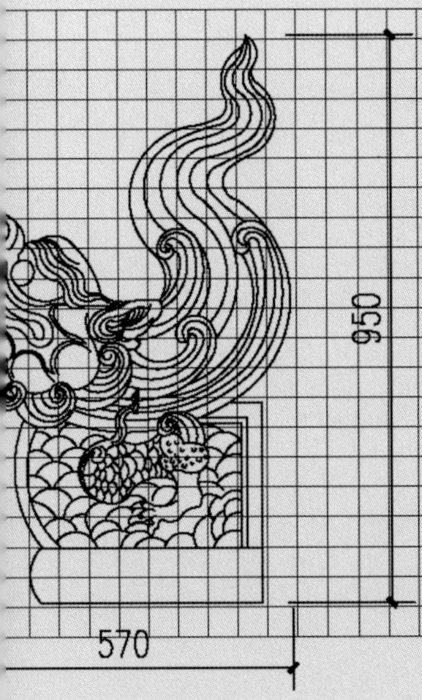

图一六八　垂兽大样

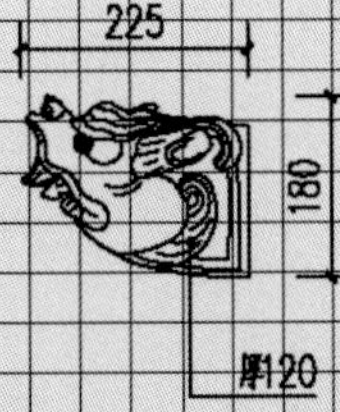

图一六九　套兽大样

图一七〇　小兽大样

四、材栔尺寸

斗栱斗口约为9厘米，为七等斗口。

第一层材高11厘米，材宽9厘米，栔高7厘米；第二层材高11厘米，材宽9厘米，栔高7厘米；第三层耍头高21厘米，材宽9厘米。

图一七一　角科仰视

图一七二　角科正立面

图一七三　角科里转

图一七四 柱头科正立面

图一七五 柱头科侧立面

图一七六 柱头科里转

上左／图一七七　平身科正立面
上右／图一七八　平身科里转
中／图一七九　溜金斗栱里转
下／图一八〇　溜金斗栱里转侧立面

图一八一　后檐斗栱

图一八二　山面斗栱

图一八三　隔架科

图一八四　雀替

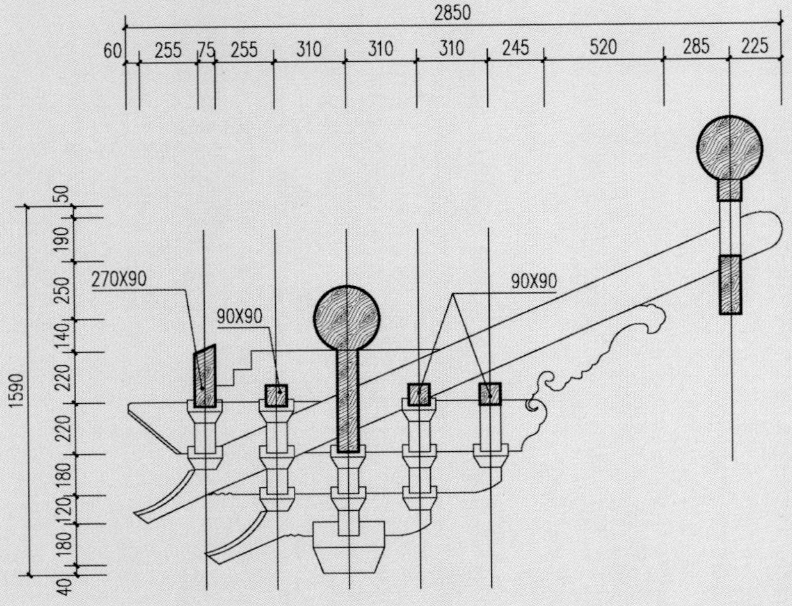

剖面

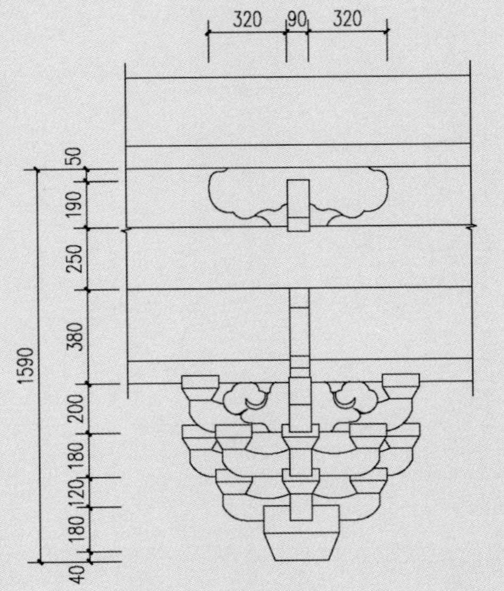

背立面

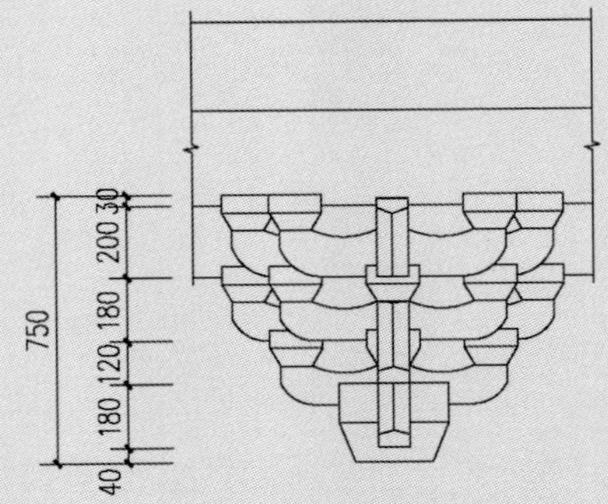

正立面

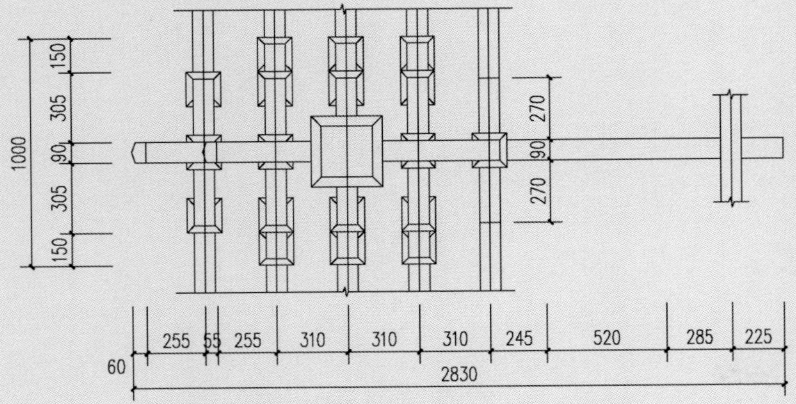

仰视

斗栱表

斗口：90 单位：mm

名称	上宽	下宽	上深	下深	耳	平	欹	备注
座斗	310	220	310	220	60	50	110	单材：110
小斗	150	90	150	90	30	20	50	足材：180
十八斗	150	90	150	90	30	20	50	
厢栱	640×90×130							
瓜栱	640×90×110（180）							
万栱	940×90×110（180）							

图一八五　前檐明间平身科

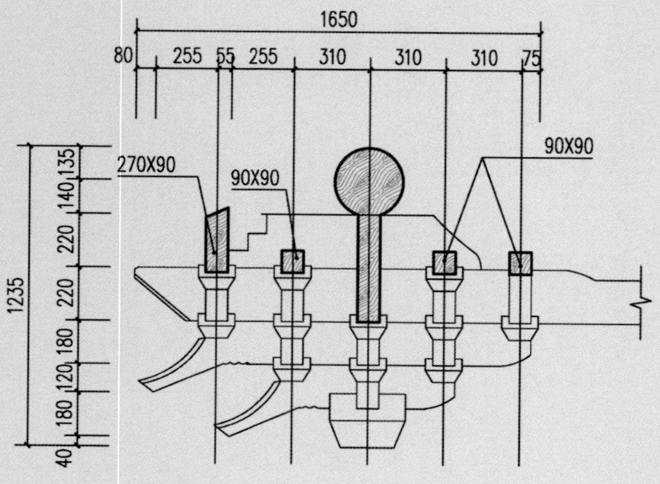

剖面

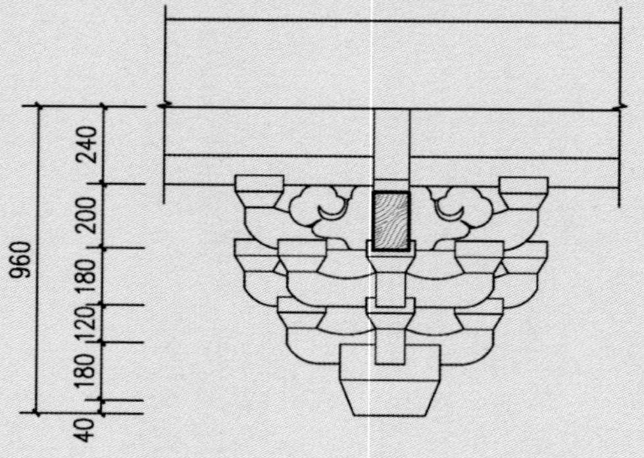

背立面

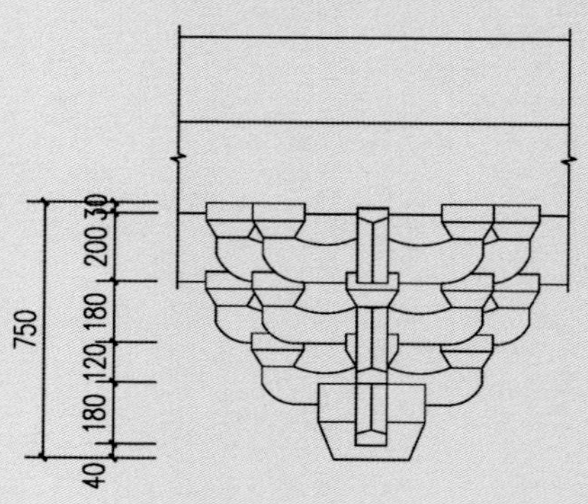

正立面

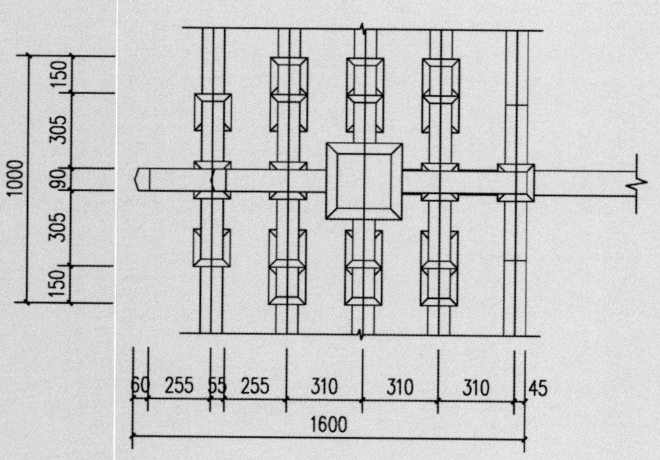

仰视

斗栱表

斗口：90　单位：mm

名称	上宽	下宽	上深	下深	耳	平	敧	备注
座斗	310	220	310	220	60	50	110	单材：110
小斗	150	90	150	90	30	20	50	足材：180
十八斗	150	90	150	90	30	20	50	
厢栱	640×90×130							
瓜栱	640×90×110（180）							
万栱	940×90×110（180）							

图一八六　柱头科大样

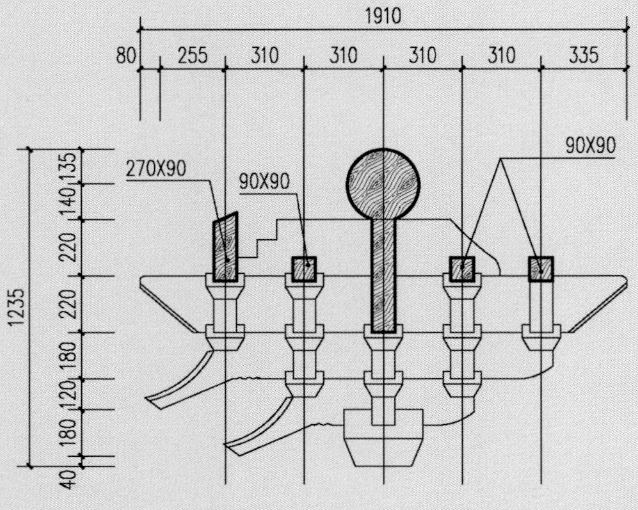

剖面

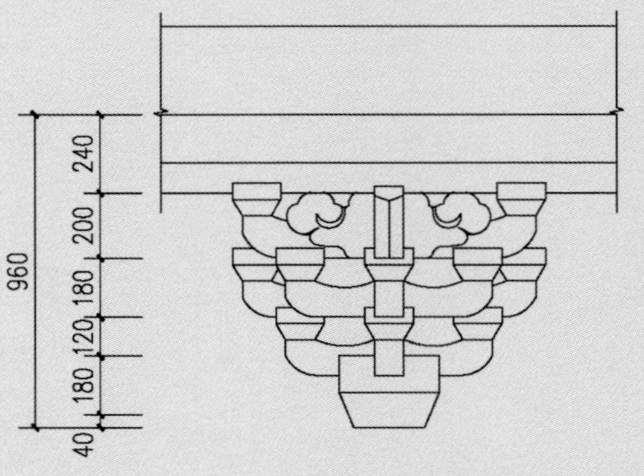

背立面

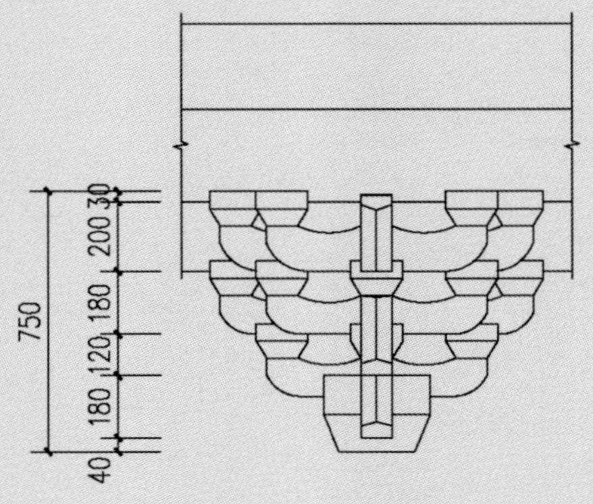

正立面

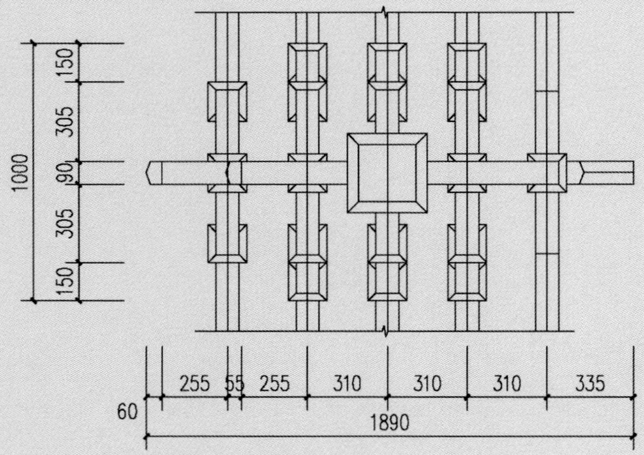

仰视

斗栱表

斗口：90　单位：mm

名称	上宽	下宽	上深	下深	耳	平	欹	备注
座斗	310	220	310	220	60	50	110	单材：110 足材：180
小斗	150	90	150	90	30	20	50	
十八斗	150	90	150	90	30	20	50	
厢栱	640 × 90 × 130							
瓜栱	640 × 90 × 110（180）							
万栱	940 × 90 × 110（180）							

图一八七　平身科大样

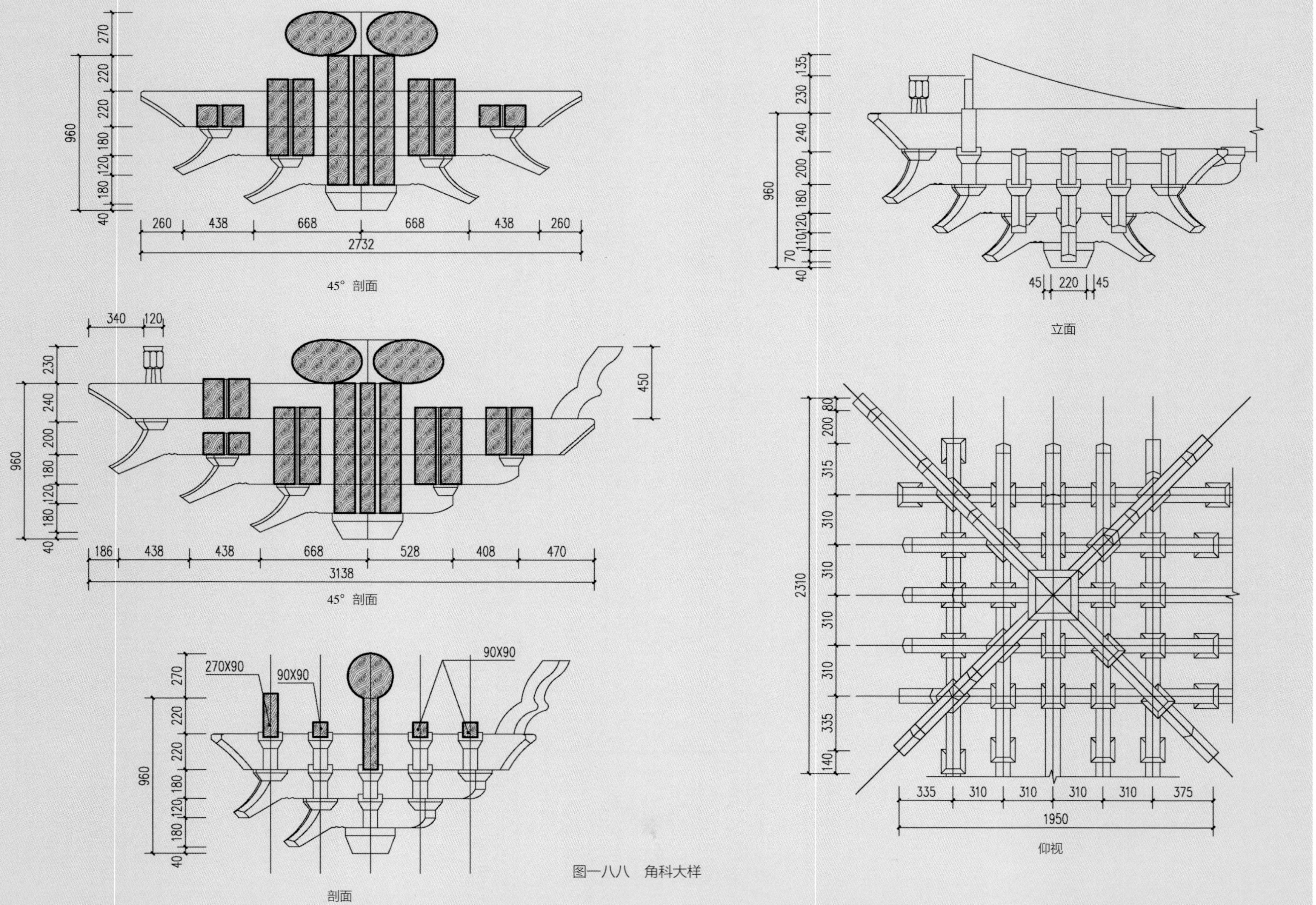

图一八八　角科大样

五、梁架结构

七架梁前后对单步梁用四柱，单步梁过正心后砍制成耍头，屋架为彻上明造，明栿造。这是中原地区的一种普遍做法。三五梁架上设有瓜柱，五七梁架间设有驼峰。七架梁下设柁墩，枋狭长。梁粗壮。脊檩下施一斗二升交耍头隔架科，明间二朵，次间一朵，金檩为一檩三件式结构。前金柱柱础为早期风格之宝装莲花。

图一八九　次间脊檩隔架科

图一九〇　明间脊檩隔架科

图一九一　明间梁架

图一九二　次间梁架

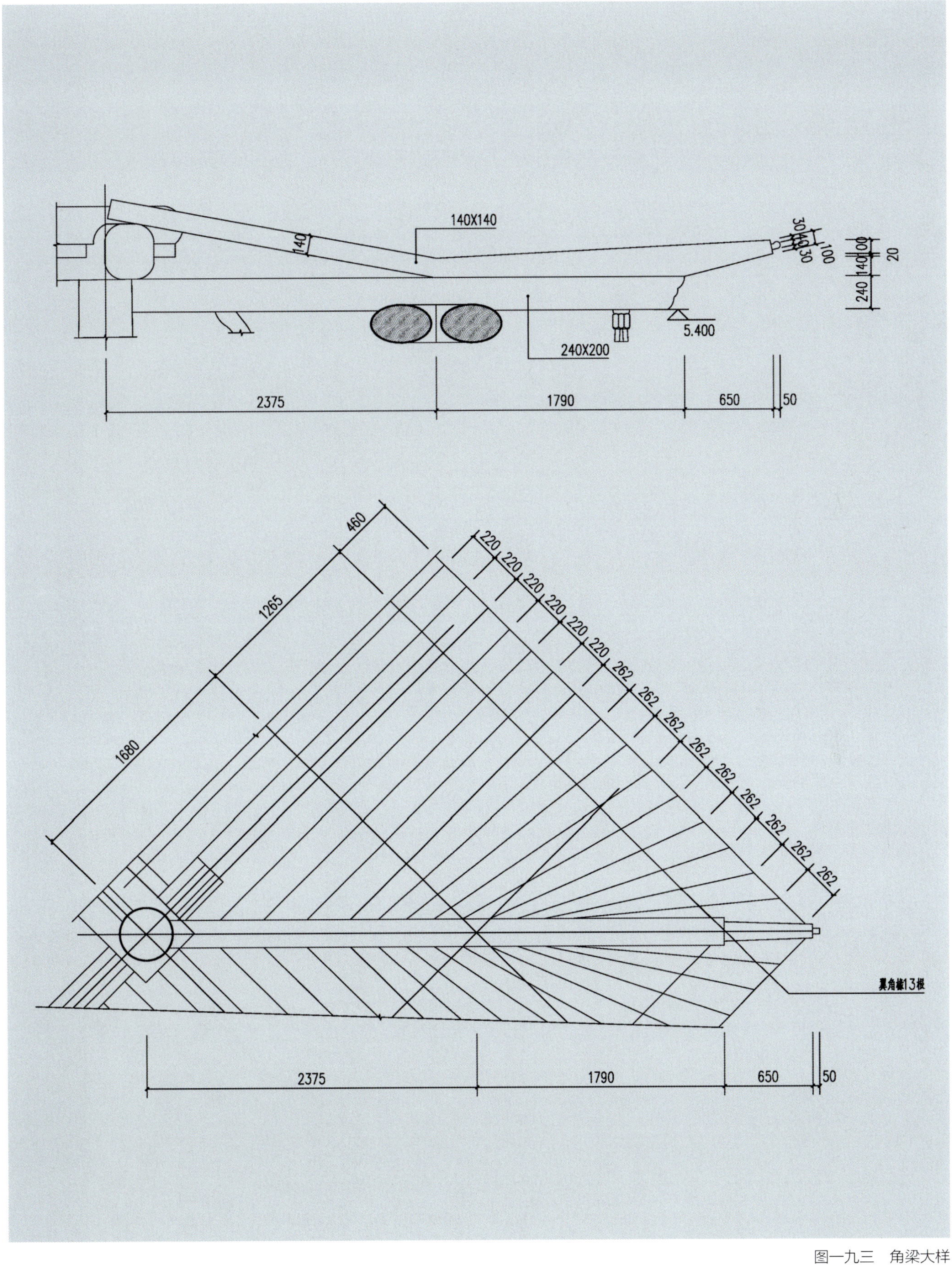
140X140
140
30
40
30
100
100
140
240
20
5.400
240X200
2375
1790
650
50
460
1265
1680
220
220
220
220
220
220
262
262
262
262
262
262
262
262
262
262
翼角椽13根
2375
1790
650
50

图一九三　角梁大样

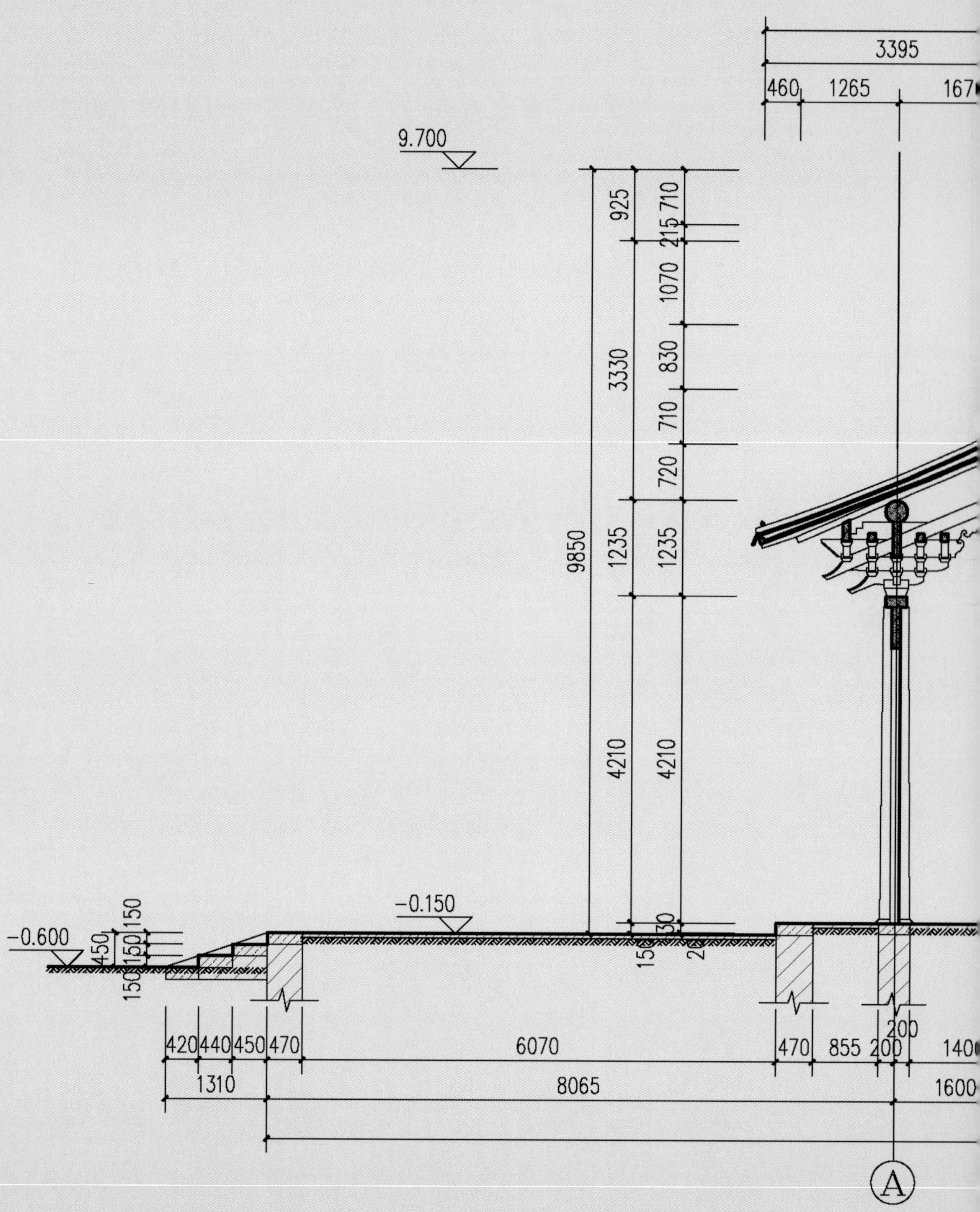
3395
460
1265
167
9.700
925
710
215
1070
830
3330
710
720
9850
1235
1235
4210
4210
-0.150
-0.600
150
450
150
150
30
150
20
420
440
450
470
6070
470
855
200
200
140
1310
8065
1600
A

图一九四　1-1剖面

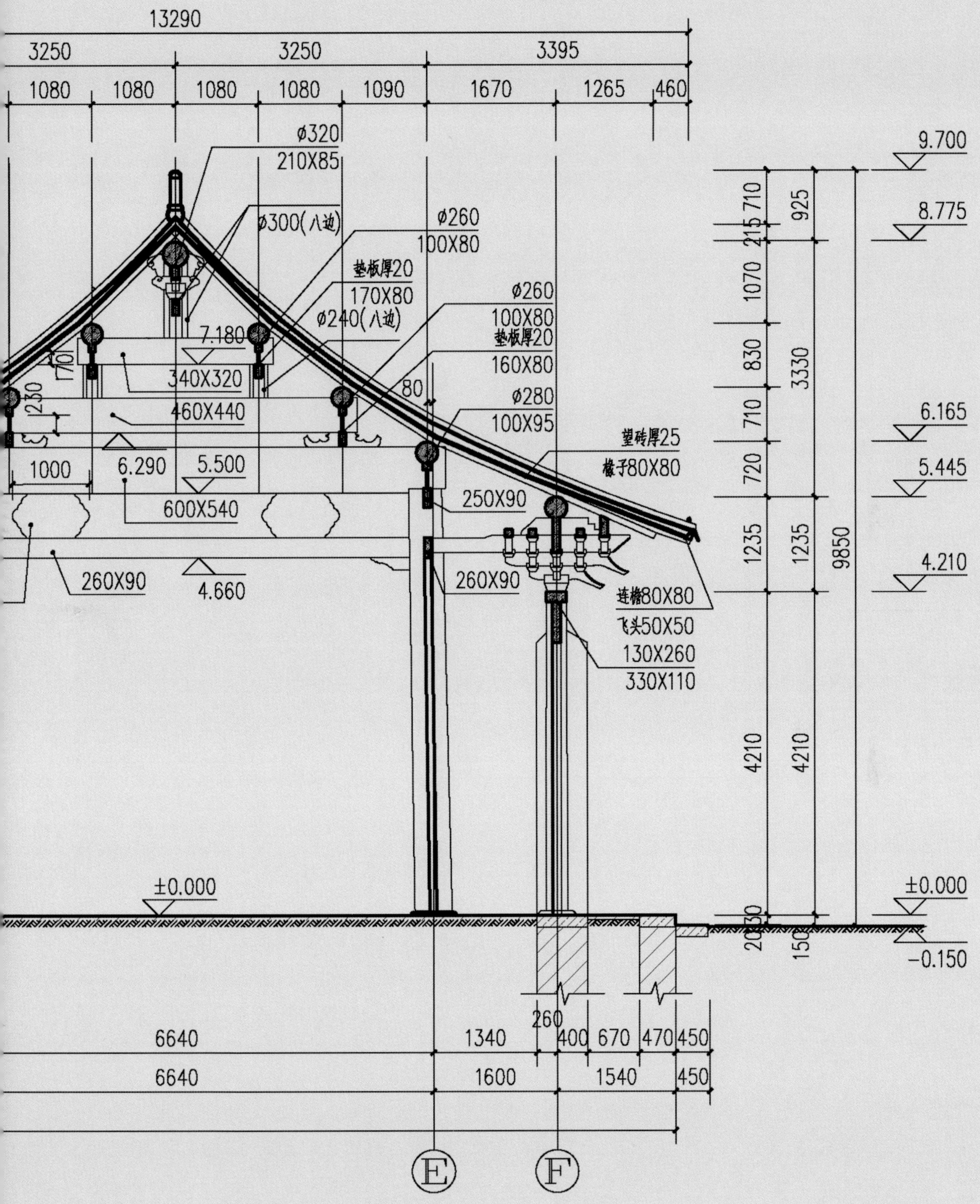

13290
3250
3250
3395
1080
1080
1080
1080
1090
1670
1265
460
ø320
210X85
ø300(八边)
ø260
100X80
垫板厚20
170X80
ø240(八边)
ø260
100X80
垫板厚20
160X80
ø280
100X95
7.180
340X320
460X440
6.290
5.500
600X540
1000
250X90
260X90
260X90
4.660
望砖厚25
椽子80X80
连檐80X80
飞头50X50
130X260
330X110
9.700
8.775
6.165
5.445
4.210
±0.000
±0.000
-0.150
9850
3330
925
1235
4210
150
6640
1340
400
670
470
450
6640
1600
1540
450
260
E
F

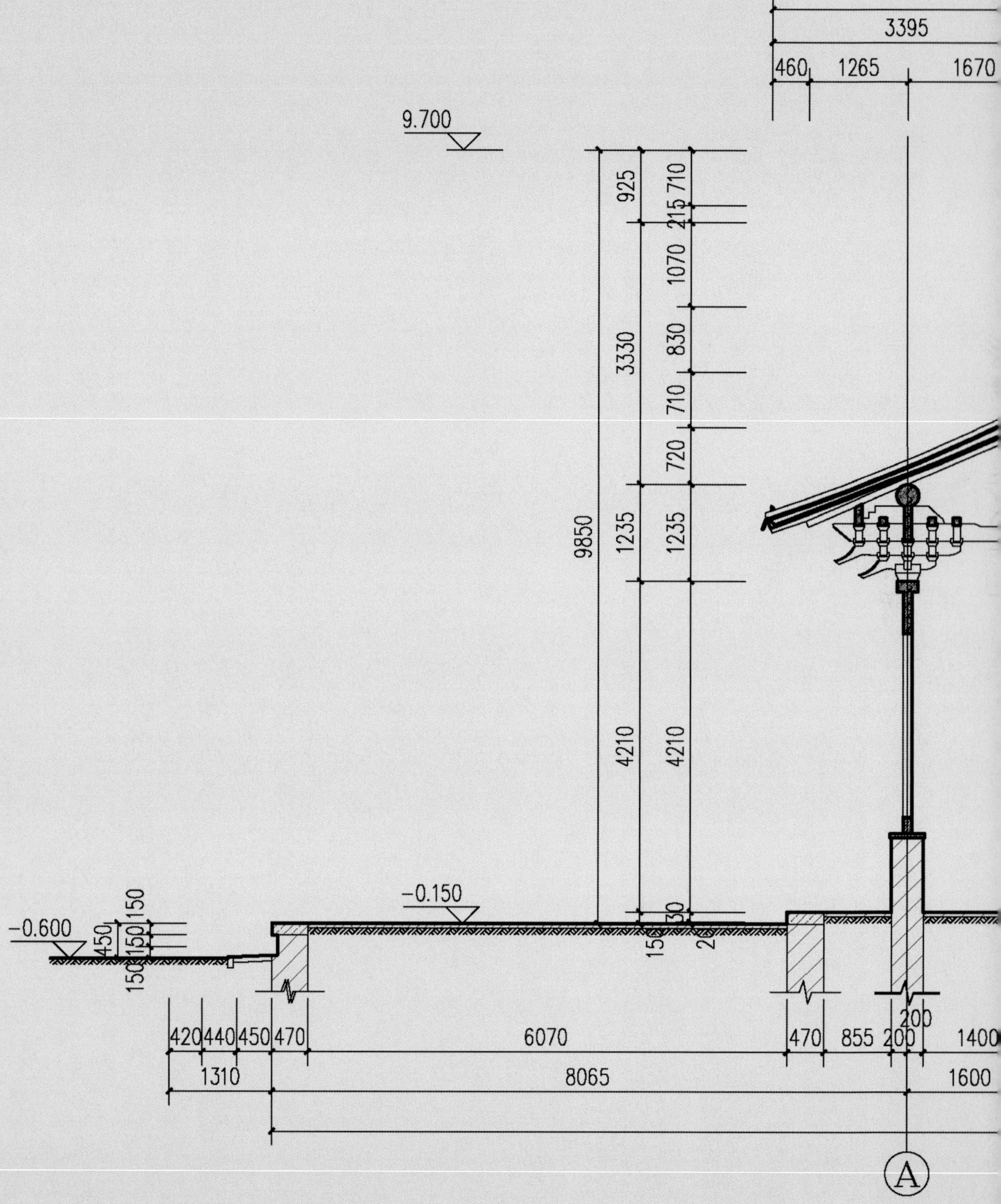
3395
460
1265
1670
9.700
925
215
710
1070
3330
830
710
720
9850
1235
1235
4210
4210
-0.150
-0.600
150
450
150
150
150
30
420
440
450
470
6070
470
855
200
1400
1310
8065
1600
200
A

图一九五 2-2剖面

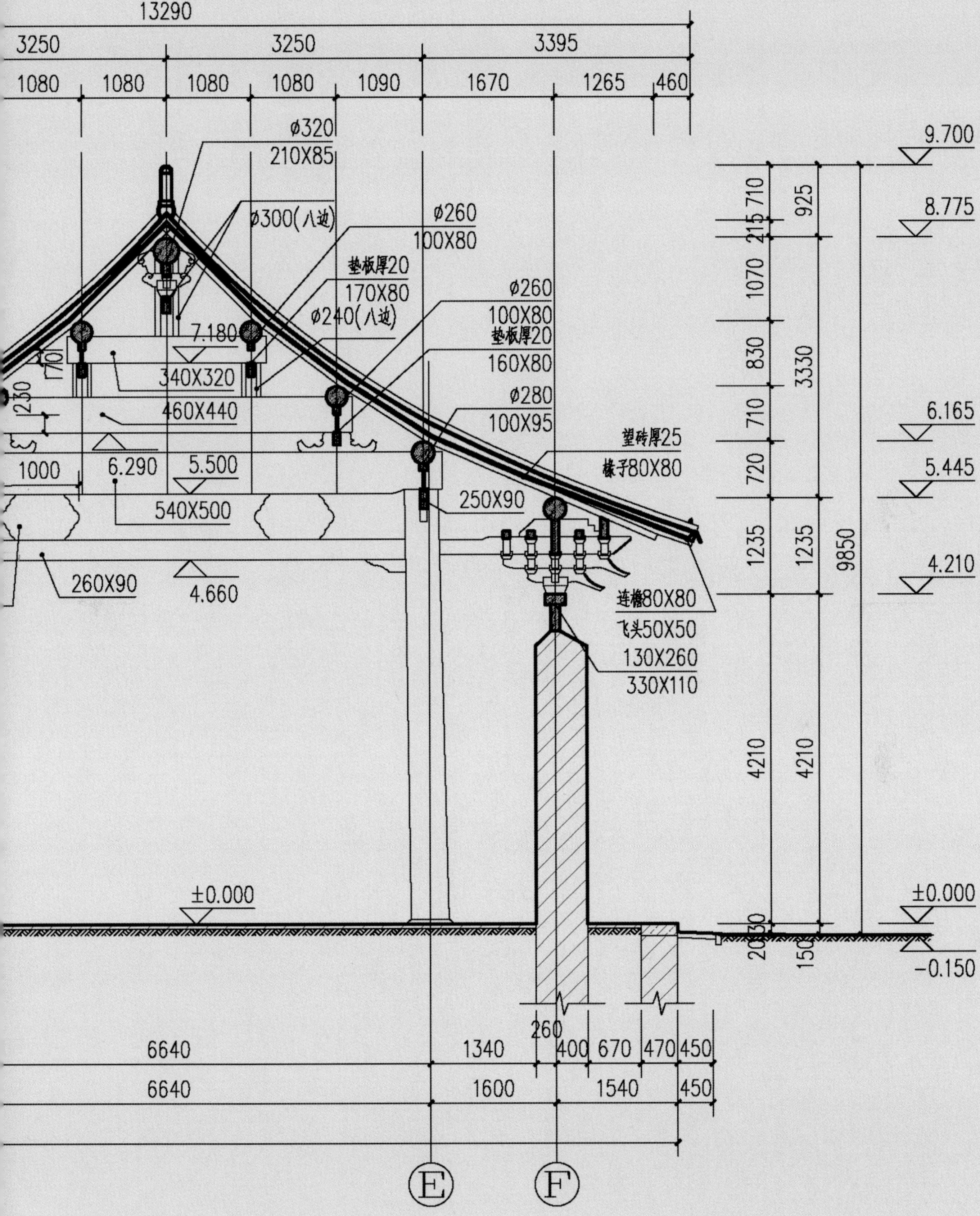
13290
3250
3250
3395
1080
1080
1080
1080
1090
1670
1265
460
ø320
210X85
ø300(八边)
ø260
100X80
垫板厚20
170X80
ø240(八边)
ø260
100X80
垫板厚20
160X80
ø280
100X95
7.180
340X320
460X440
230
170
6.290
5.500
1000
540X500
250X90
望砖厚25
椽子80X80
260X90
4.660
连檐80X80
飞头50X50
130X260
330X110
9.700
8.775
6.165
5.445
4.210
±0.000
±0.000
-0.150
710
215
925
1070
830
3330
710
720
1235
1235
9850
4210
4210
20
30
150
260
6640
1340
400
670
470
450
6640
1600
1540
450
E
F

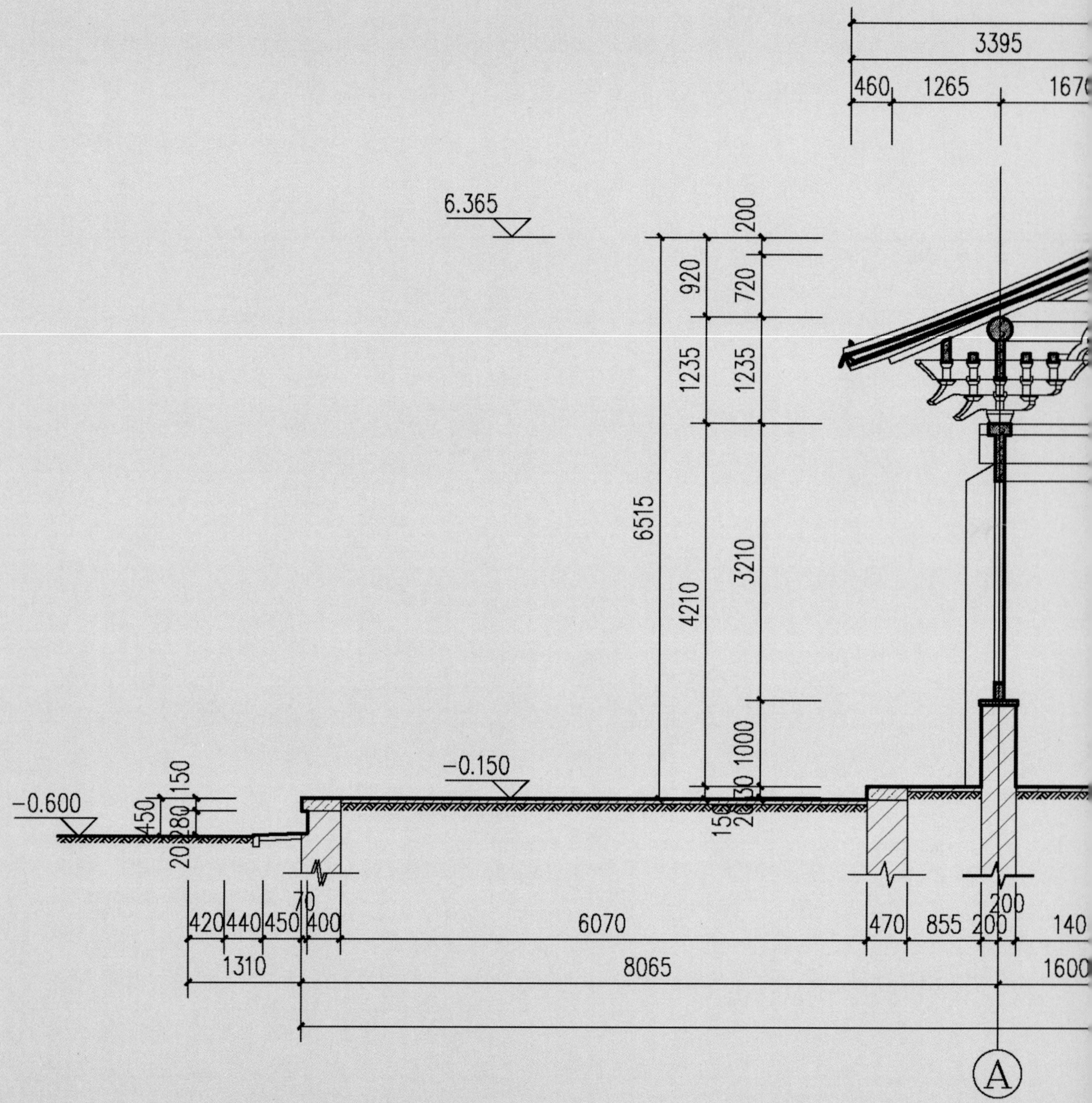

3395
460
1265
1670
6.365
200
920
720
1235
1235
6515
3210
4210
1000
30
-0.150
-0.600
150
450
280
20
150
20
70
420
440
450
400
6070
470
855
200
200
140
1310
8065
1600
A

图一九六　3-3剖面

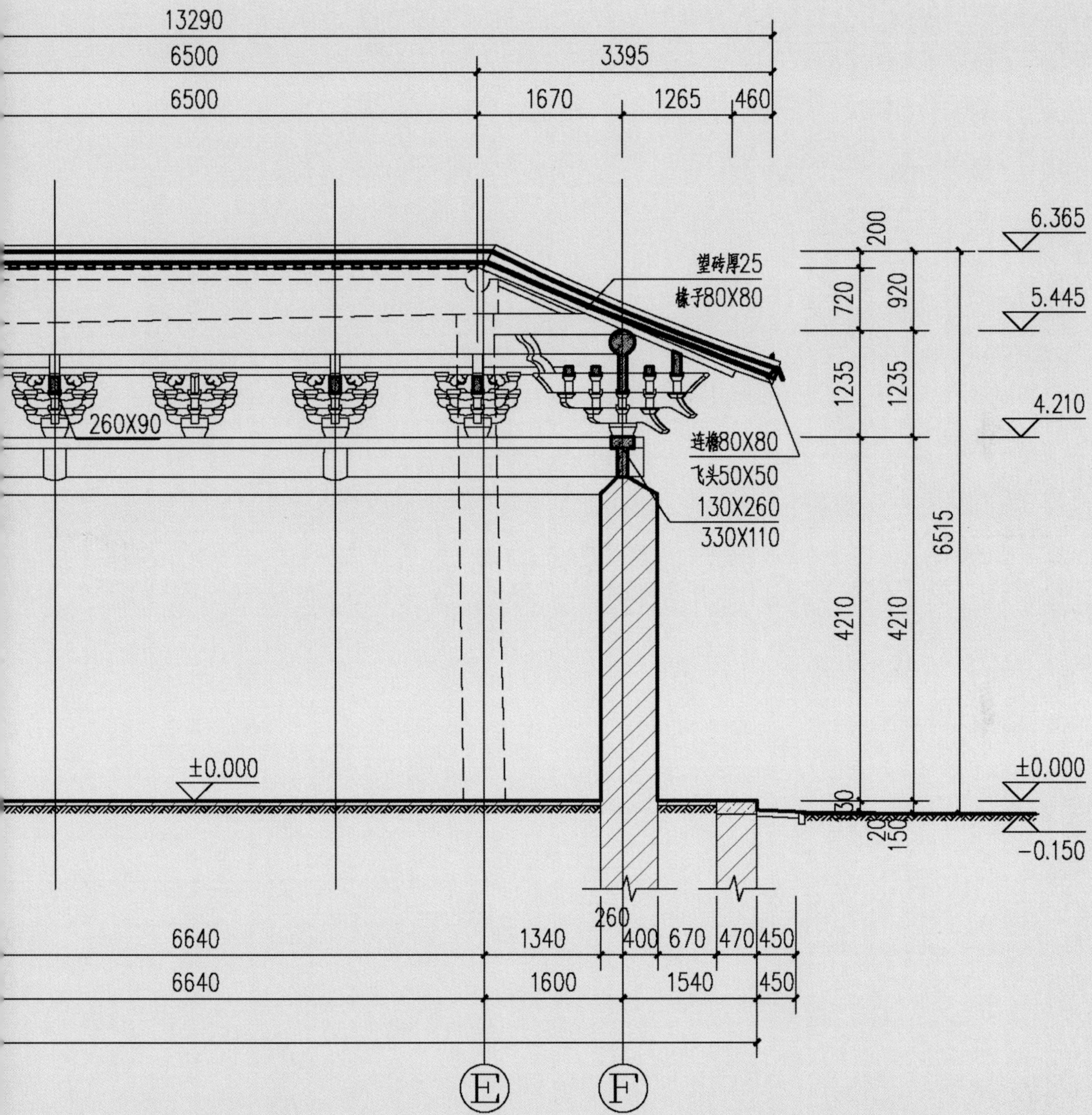

13290
6500
3395
6500
1670
1265
460
塑砖厚25
椽子80X80
连檐80X80
飞头50X50
130X260
330X110
260X90
200
720
920
1235
1235
4210
4210
6515
6.365
5.445
4.210
±0.000
±0.000
−0.150
30
20
150
260
6640
1340
400
670
470
450
6640
1600
1540
450
E
F

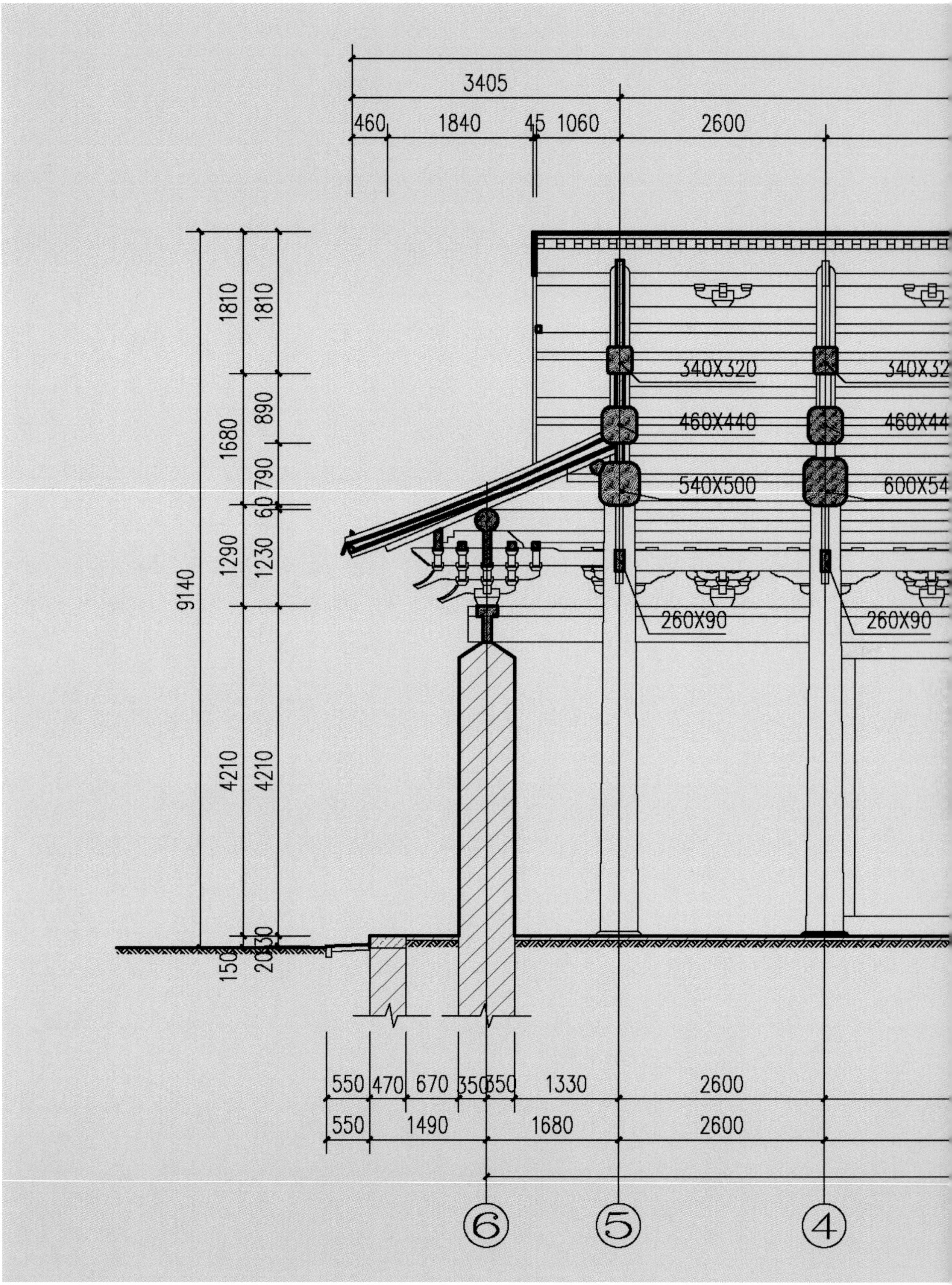
3405
460
1840
45
1060
2600
1810
1810
1680
890
790
60
1290
1230
9140
4210
4210
150
20
30
30
340X320
340X32
460X440
460X44
540X500
600X54
260X90
260X90
550
470
670
350
350
1330
2600
550
1490
1680
2600
6
5
4

图一九七　4-4剖面

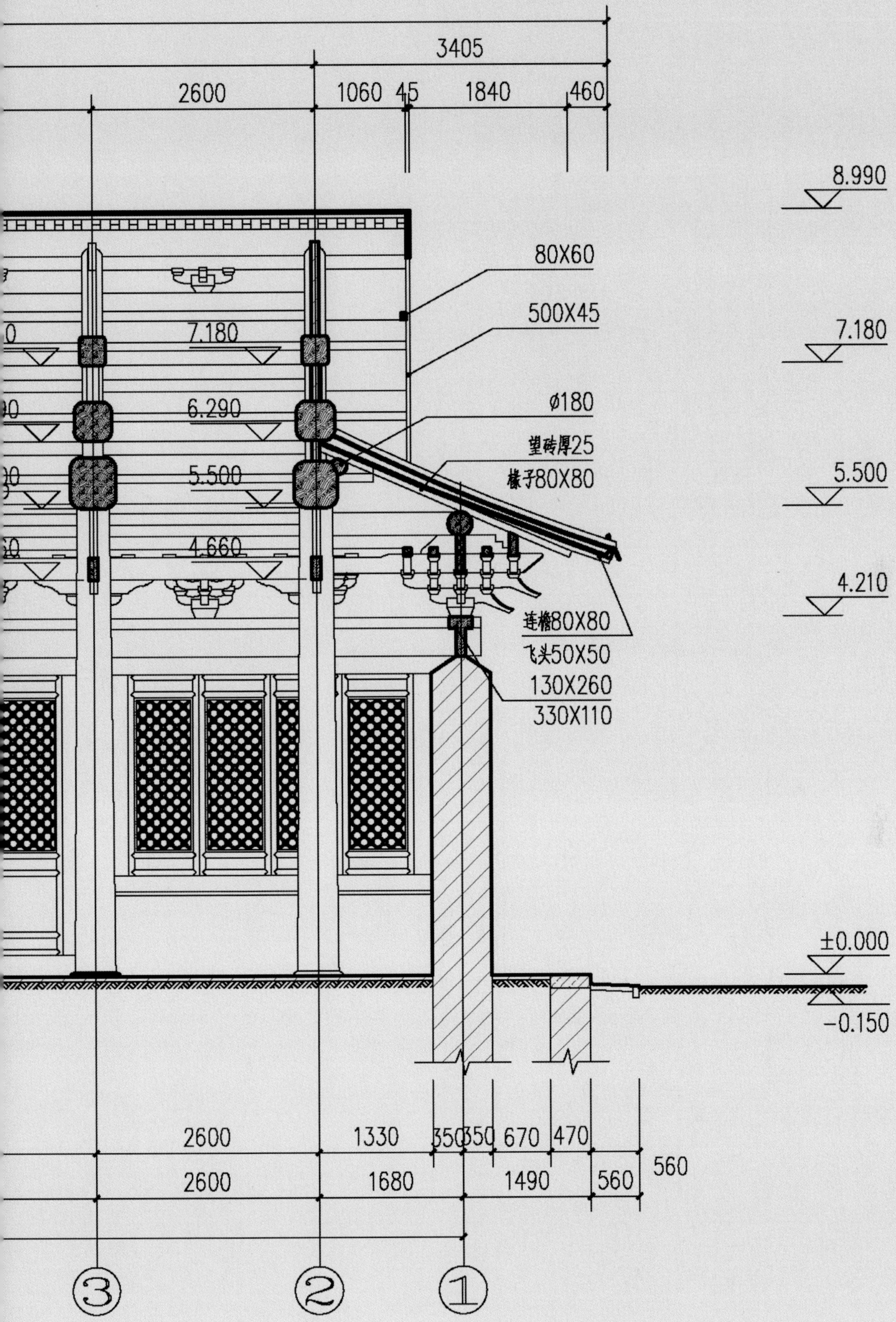
3405
2600
1060
45
1840
460
8.990
80X60
500X45
7.180
6.290
ø180
望砖厚25
椽子80X80
5.500
4.660
4.210
连檐80X80
飞头50X50
130X260
330X110
±0.000
-0.150
2600
1330
350
350
670
470
560
2600
1680
1490
560
③
②
①

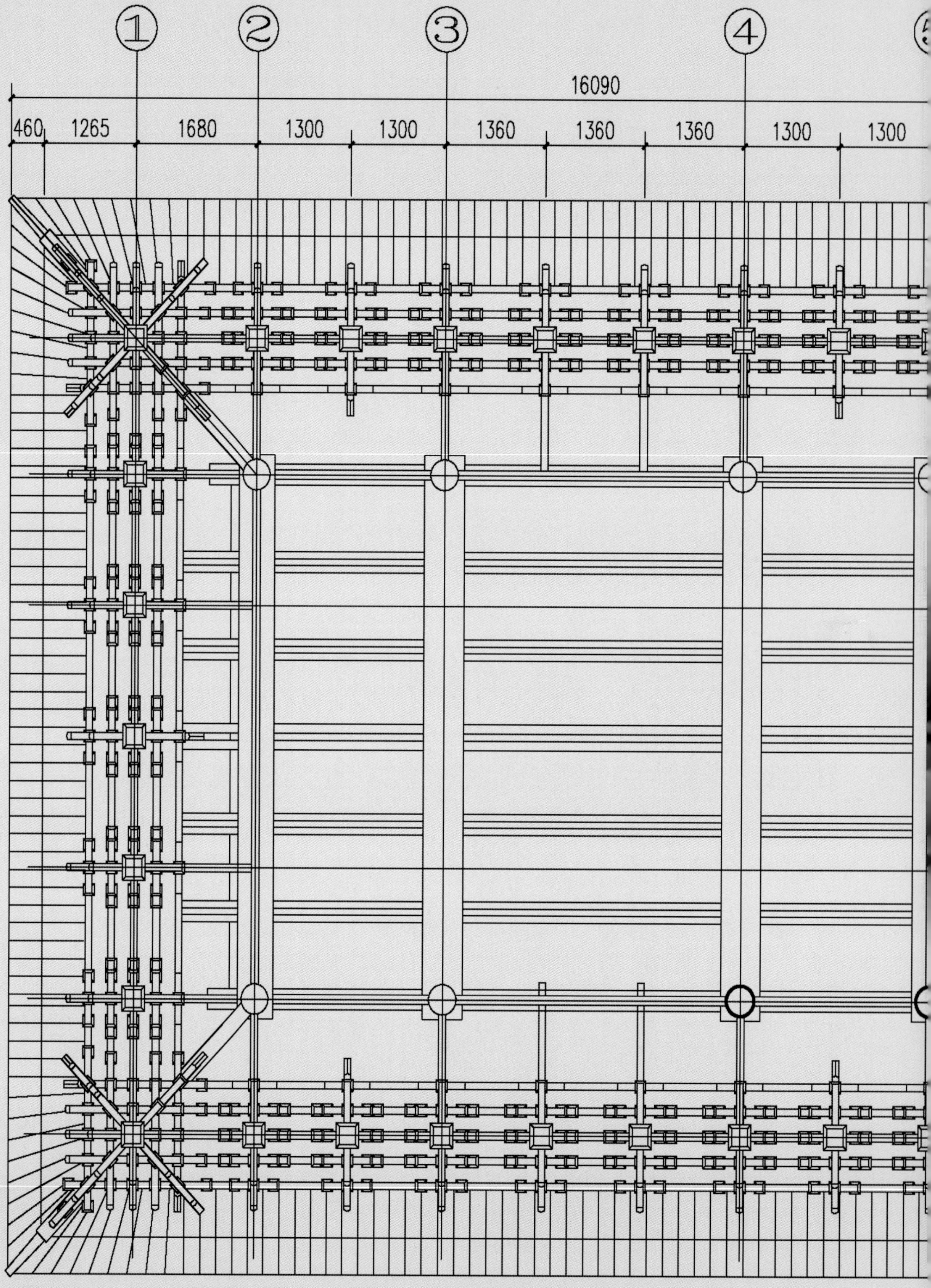

①
②
③
④
16090
460
1265
1680
1300
1300
1360
1360
1360
1300
1300

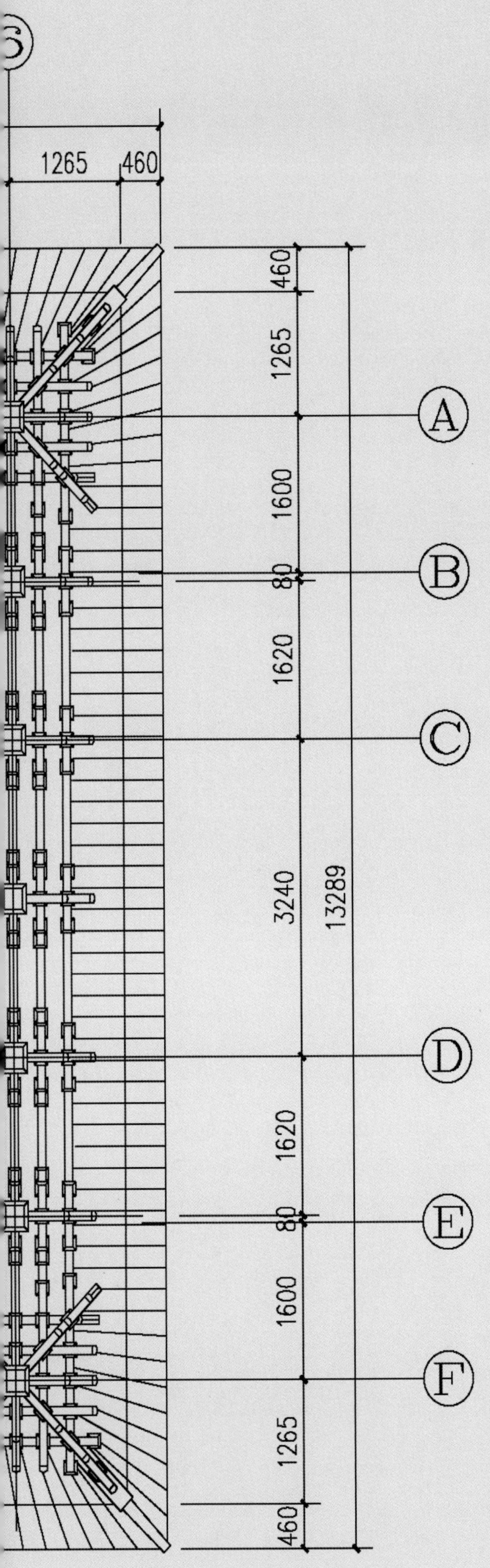

1265
460
460
1265
A
1600
B
80
1620
C
3240
13289
D
1620
E
80
1600
F
1265
460

图一九八　构架仰视

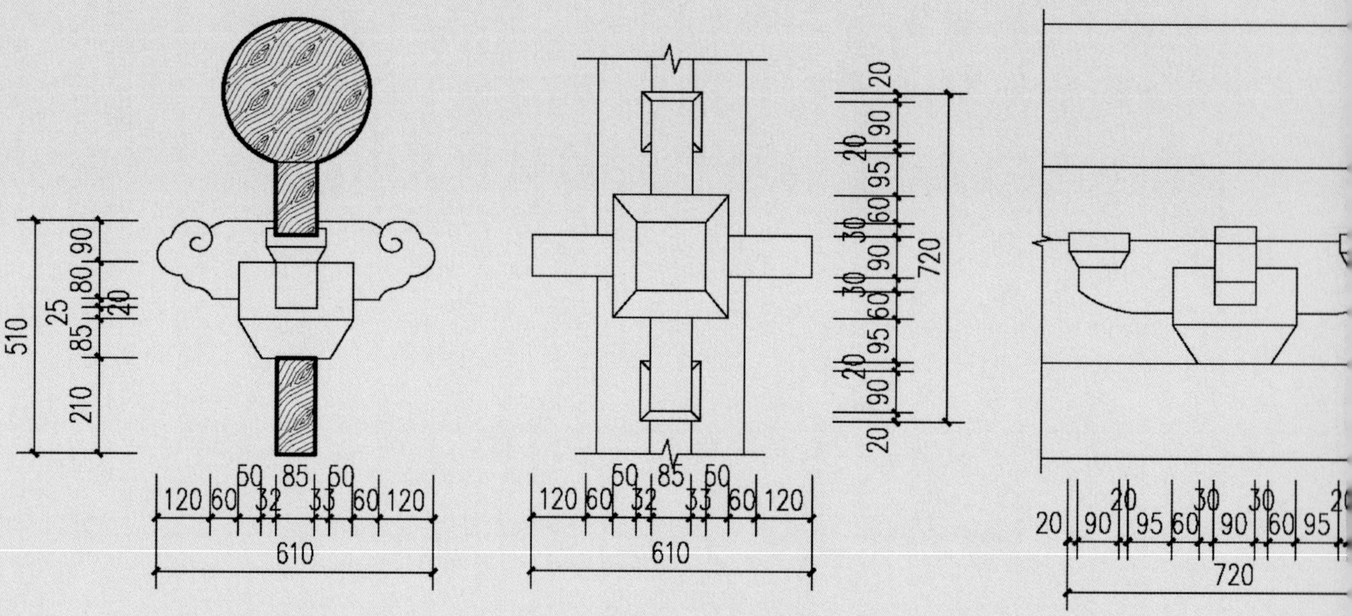

图一九九　隔架科斗拱

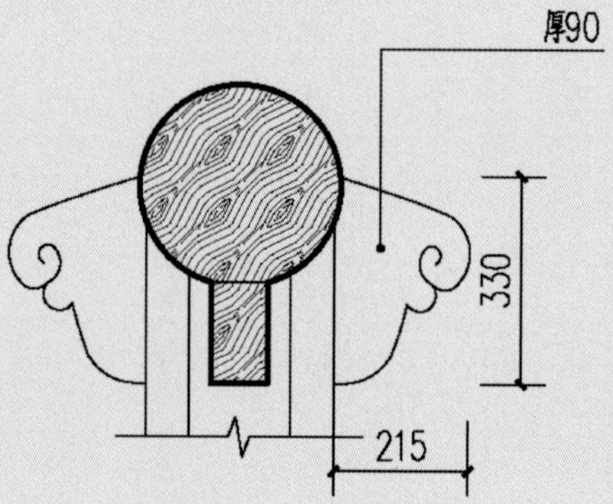

图二〇〇　丁华抹额拱大样

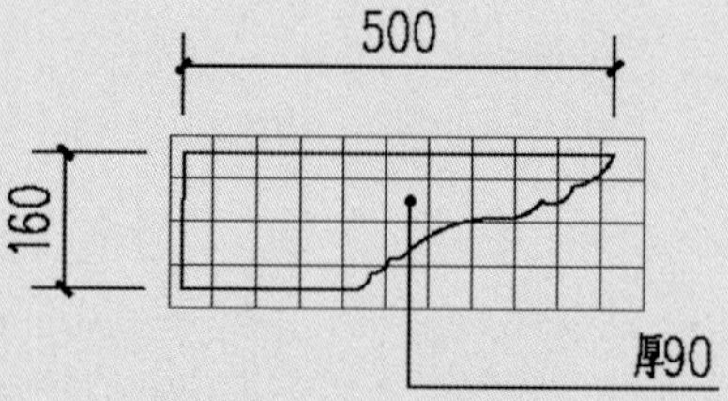

图二〇一　挂落大样

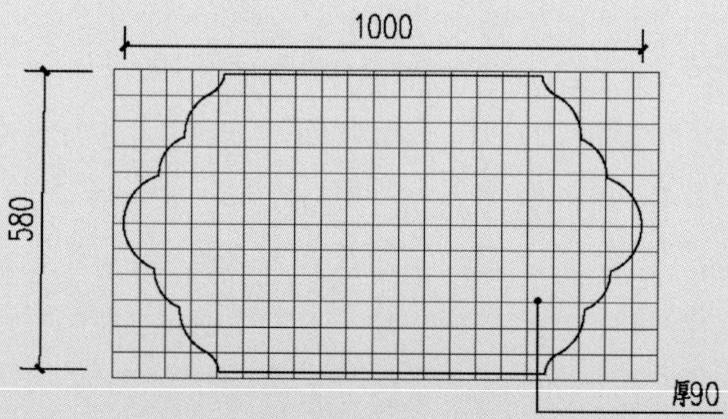

注：网格大小50

图二〇二　梁枋垫板大样

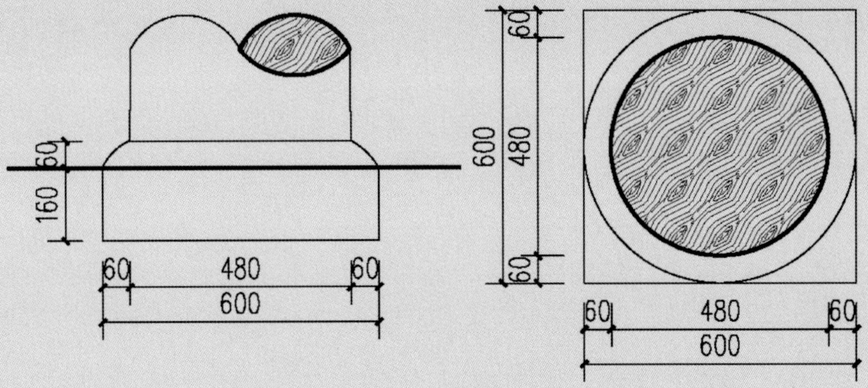

图二〇三　金柱柱础（次间）大样

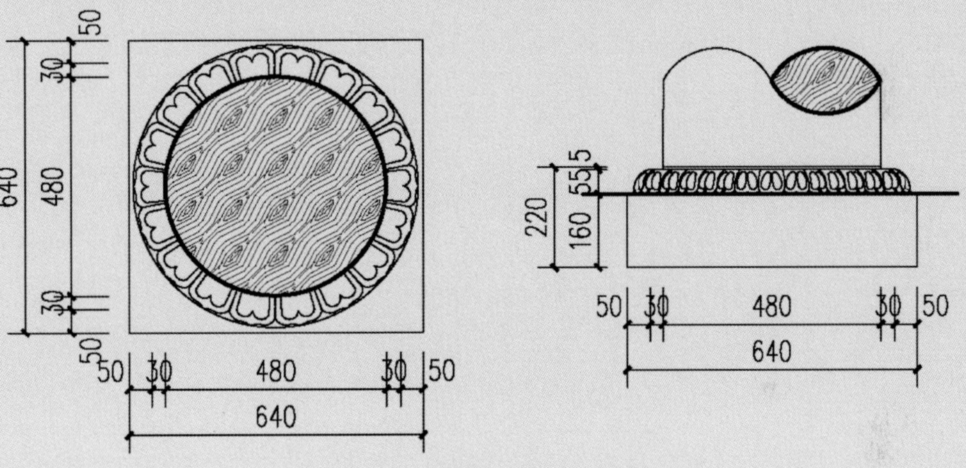

图二〇四　金柱柱础（明间）大样

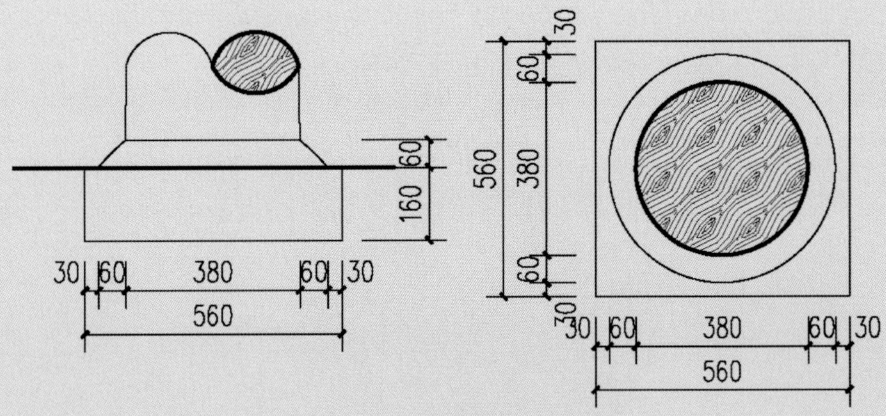

图二〇五　檐柱柱础大样

图二〇六　寝殿

第六节 寝殿

一、概述

寝殿，中轴线上最后一座建筑，坐北面南，始建年代不详，明弘治、嘉靖、隆庆，清康熙、乾隆、光绪，民国，屡加重修。其为勾连搭结构形式，前部采用面阔五间进深四架椽的硬山式建筑，后殿采用面阔五间进深八架椽悬山式建筑，木结构，建筑面积348.36平方米。

后殿为悬山式屋顶，布绿琉璃瓦，台阶到正脊高9.84米，面阔五间，通面阔17.2米。进深三间，9.2米，七架六椽栿前后对单步梁（耍头后尾），三架梁上为脊瓜柱，三五七梁架间设有驼峰。

二、平面

前部为面阔五间进深四架椽硬山式建筑，后殿为面阔五间进深八架椽悬山式建筑，木结构。前硬山式建筑，布绿琉璃瓦，面阔五间，明间宽3.91米，次间3.54米，尽间3.105米，通面阔17.2米。进深一间，3.71米，五架四椽栿。

后殿为悬山式屋顶，面阔五间，通面阔17.2米。进深三间，9.2米。

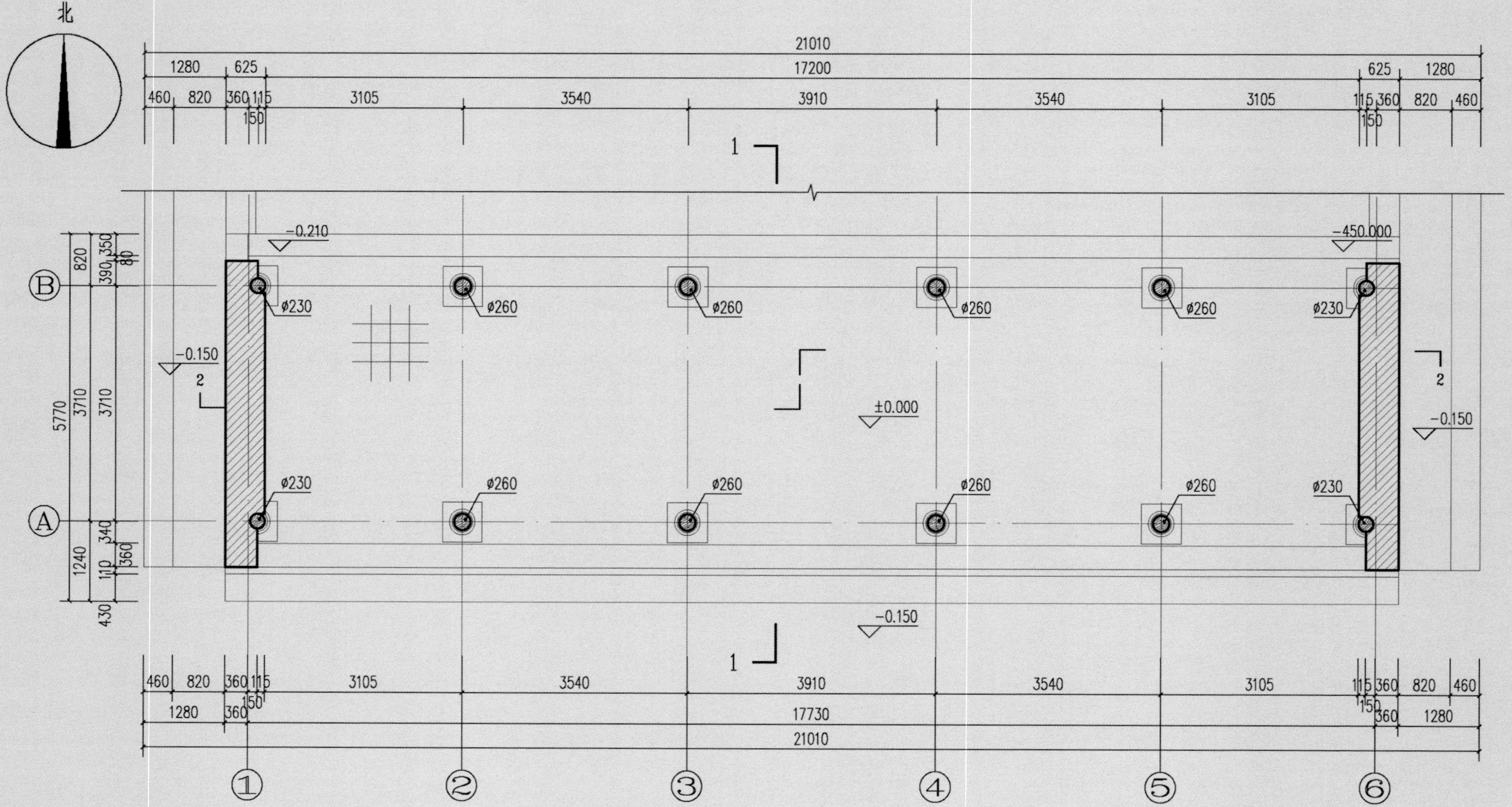
北
21010
17200
1280
625
460
820
360
115
150
3105
3540
3910
17730
5770
3710
1240
390
350
80
340
110
430
ø230
ø260
−0.210
−450.000
−0.150
±0.000
1
2
①
②
③
④
⑤
⑥
A
B

图二〇七　平面图

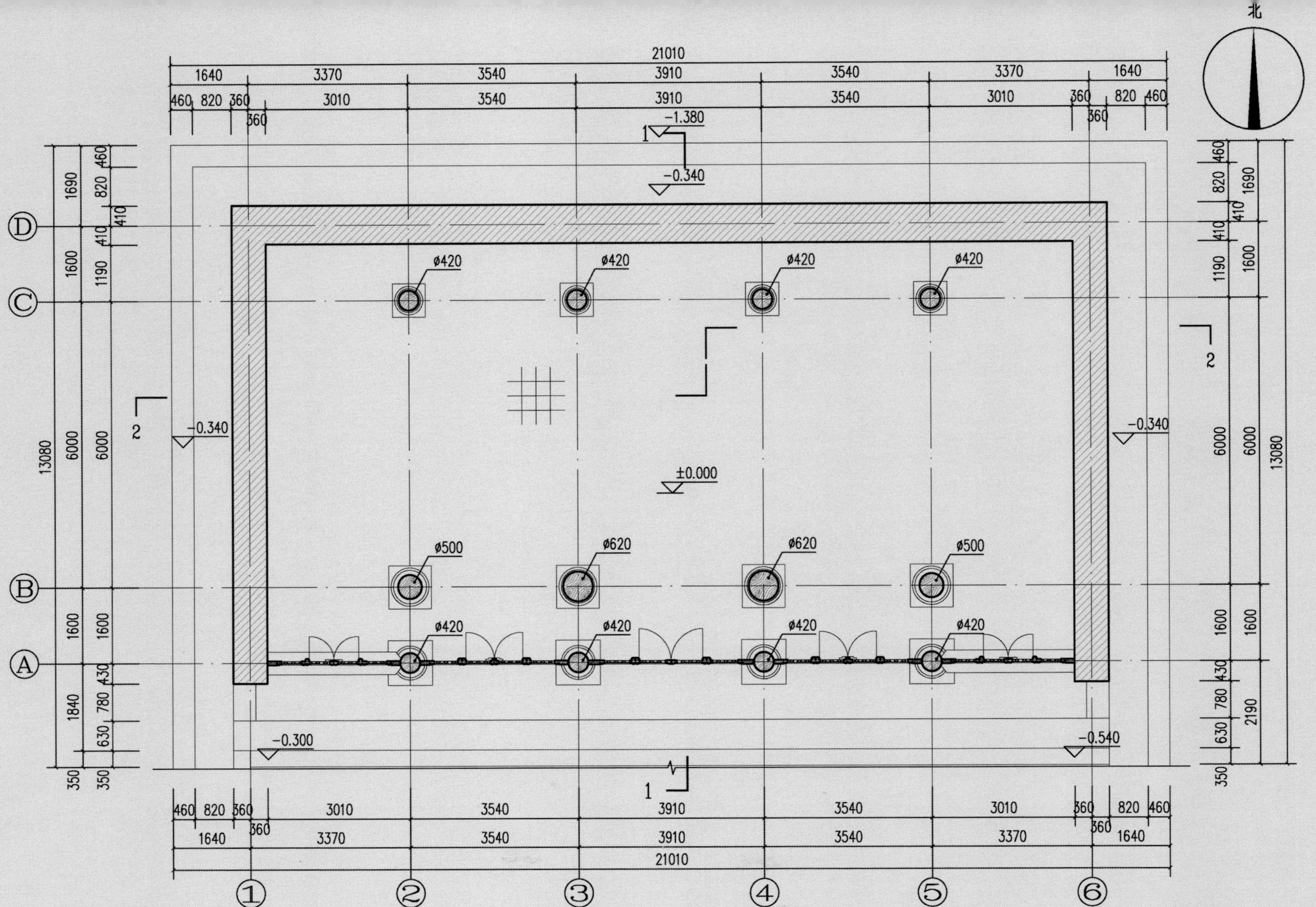
北
21010
1640
3370
3540
3910
3540
3370
1640
460
820
360
3010
3540
3910
3540
3010
360
820
460
−1.380
−0.340
−0.300
−0.540
±0.000
ø420
ø500
ø620
13080
1690
1600
6000
1600
1840
2190
410
1190
430
780
630
350
1
2
Ⓐ
Ⓑ
Ⓒ
Ⓓ
①
②
③
④
⑤
⑥

图二〇八　平面图

图二〇九　正立面

图二一〇　侧立面

三、立面

面阔五间，明间宽3.91米，次间3.54米，尽间3.105米，通面阔17.2米。进深一间，3.71米，台基高0.21米，高一步，前檐下檐出0.81米，柱身圆形直柱，檐柱高3.82米，柱径0.26米，脊瓜柱高0.69米，柱径0.16米。前檐上檐出0.95米，下檐出0.81米，上檐出与檐柱之比接近于10∶2.4。后檐上檐出0.61米，下檐出0.47米，上檐出与檐柱之比接近于10∶1.6。檐柱通高3.54米。

后殿为悬山式屋顶，布绿琉璃瓦，台阶到正脊高9.84米，面阔五间，明间宽3.91米，次间3.54米，尽间3.01米，通面阔17.2米。进深三间，9.2米。台基高0.21米，高一步。

柱身圆形直柱。檐柱高3.8米，柱径0.42米，柱高与柱径之比10∶1.1。脊瓜柱高1.03米，柱径0.24米。前檐上檐出1.81米，下檐出1.21米，上檐出与檐柱之比接近于10∶4.7。后檐上檐出1.81米，下檐出1.69米。

上／图二一一　墀头
下／图二一二　墀头砖雕

图二一三　正脊正立面（局部）

图二一四　正脊背立面（局部）

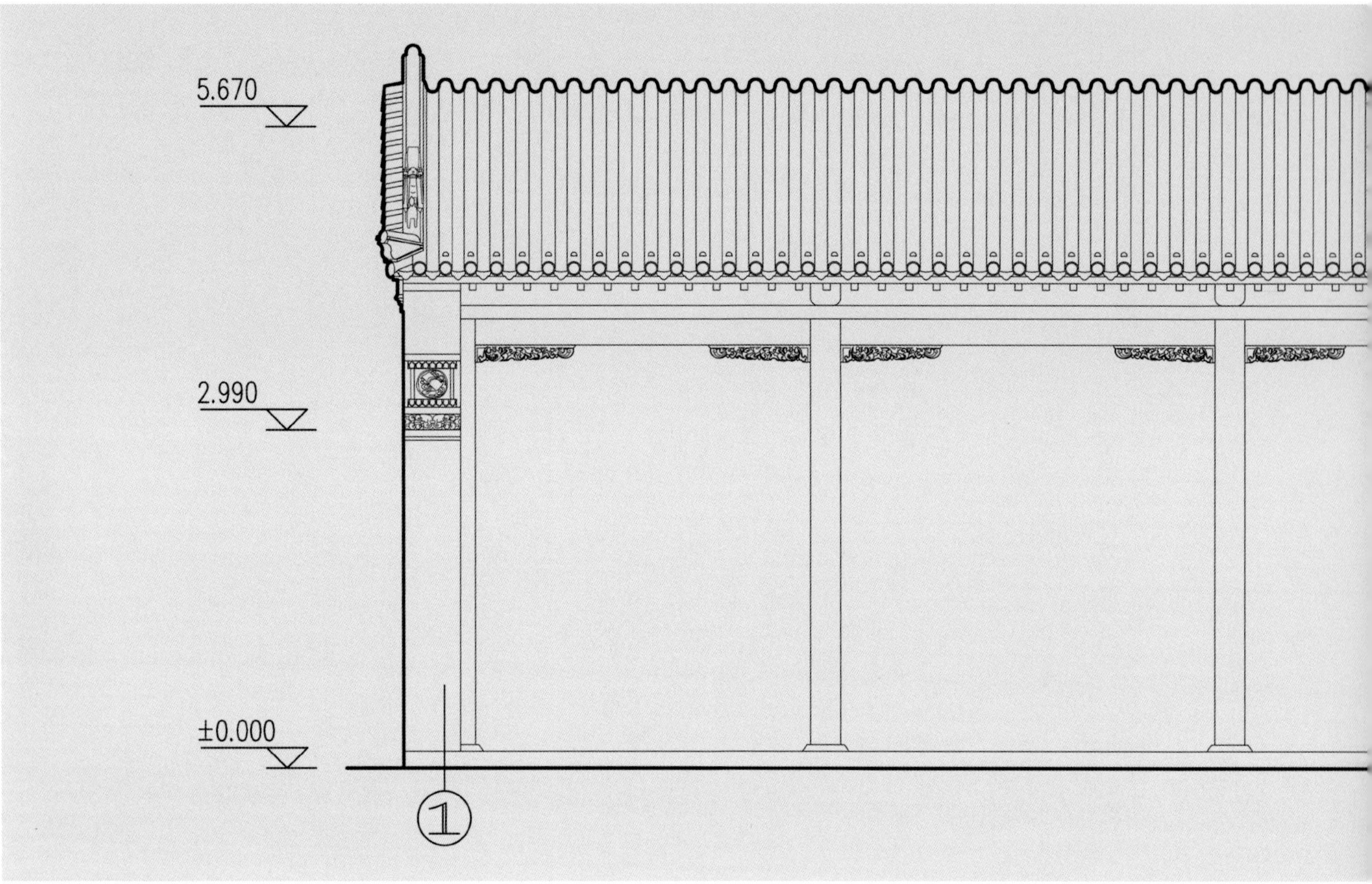

图二一五　正立面图

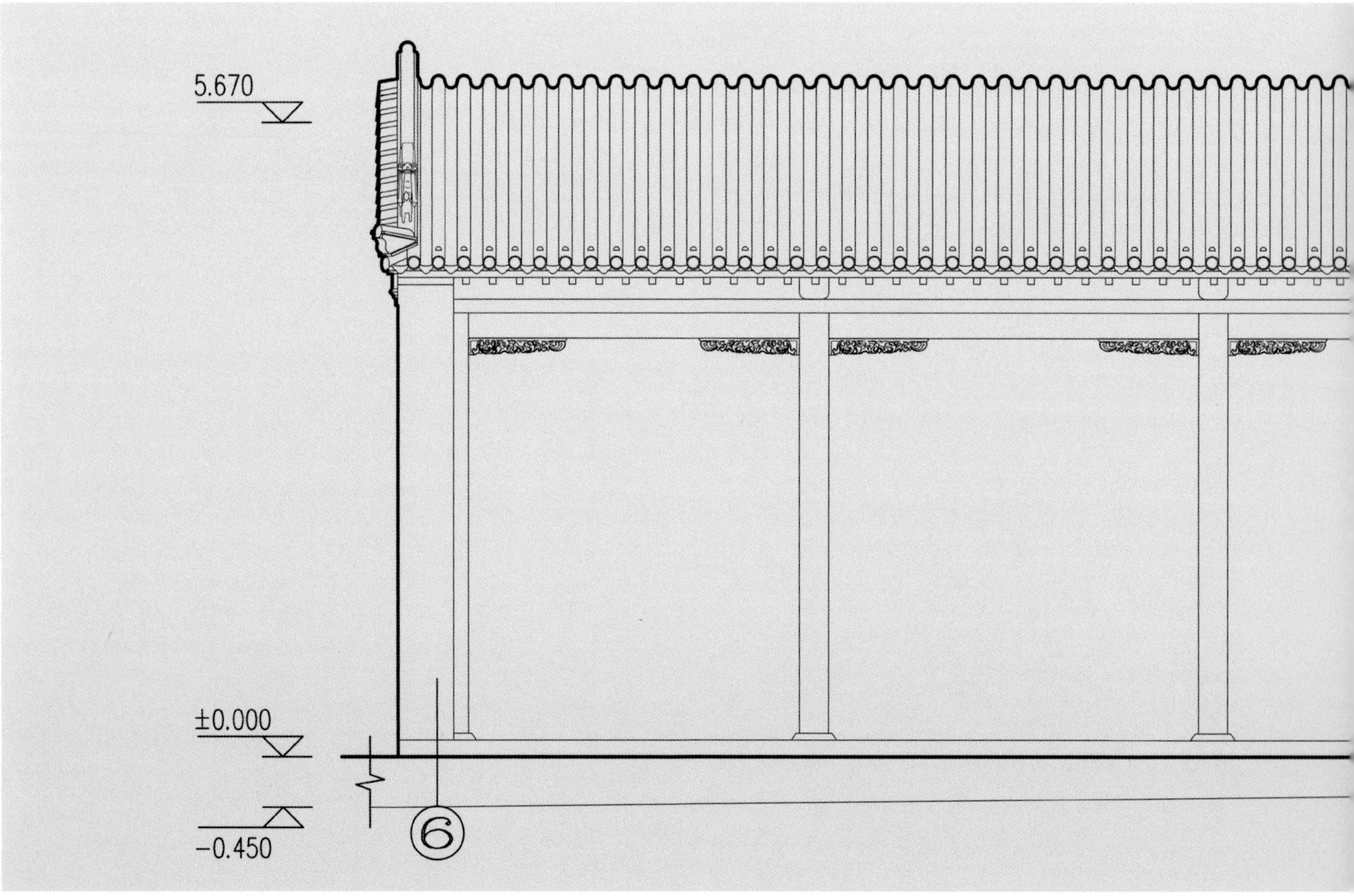

图二一六　背立面图

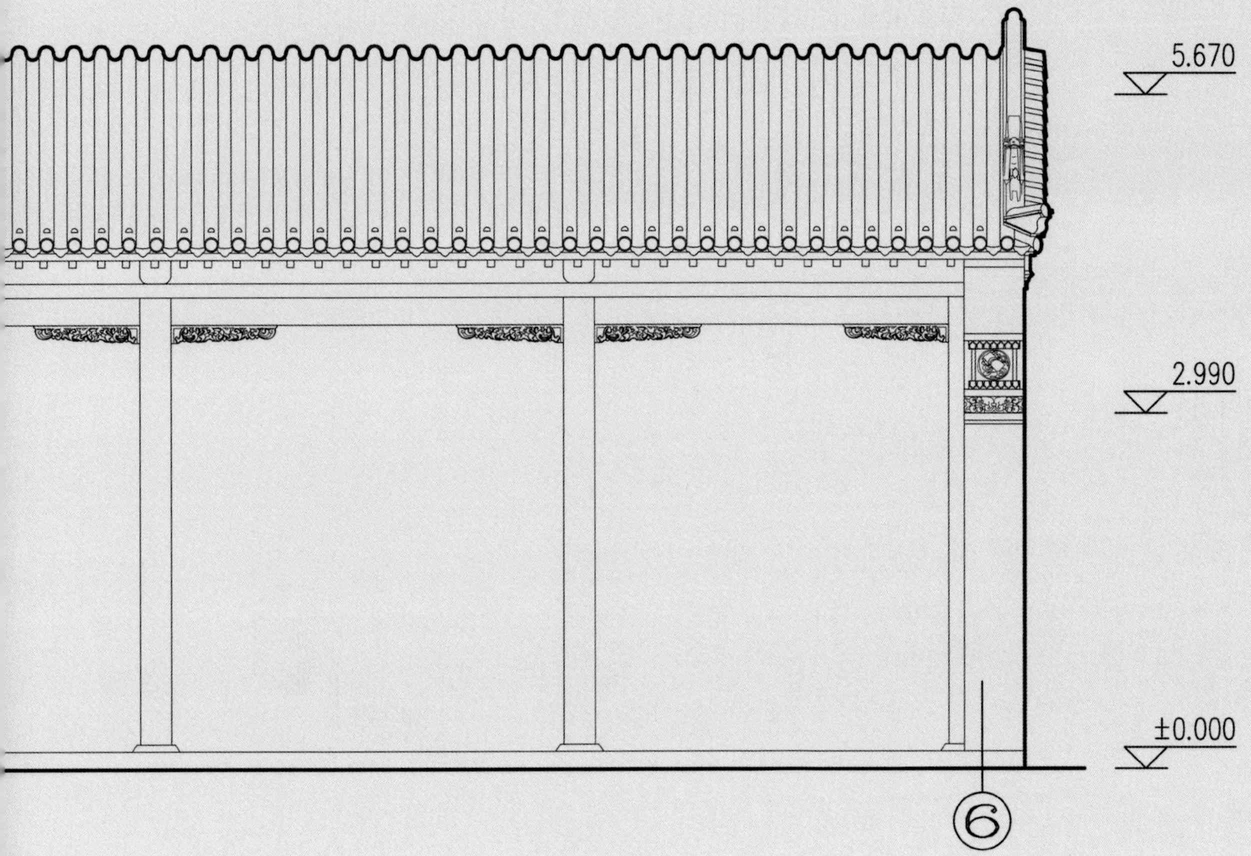
5.670
2.990
±0.000
6

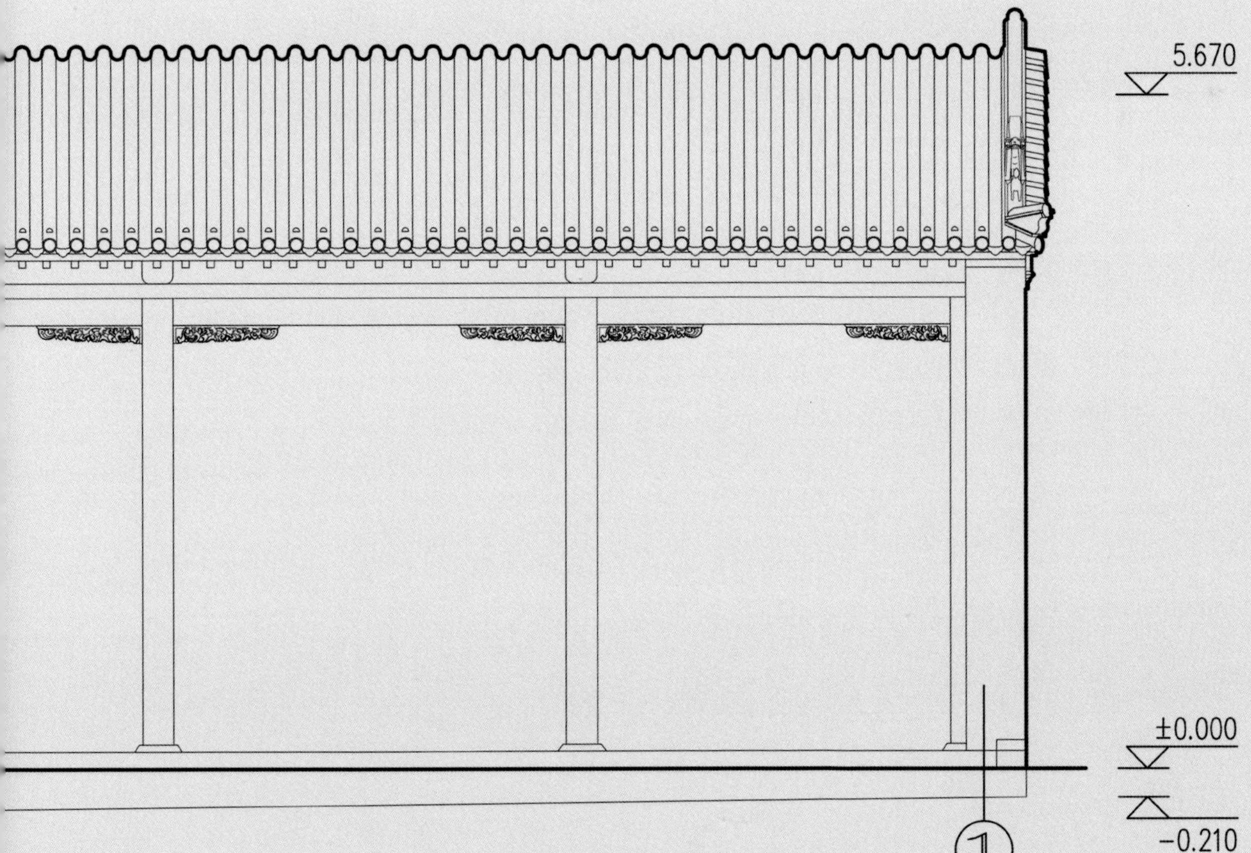
5.670
±0.000
-0.210
1

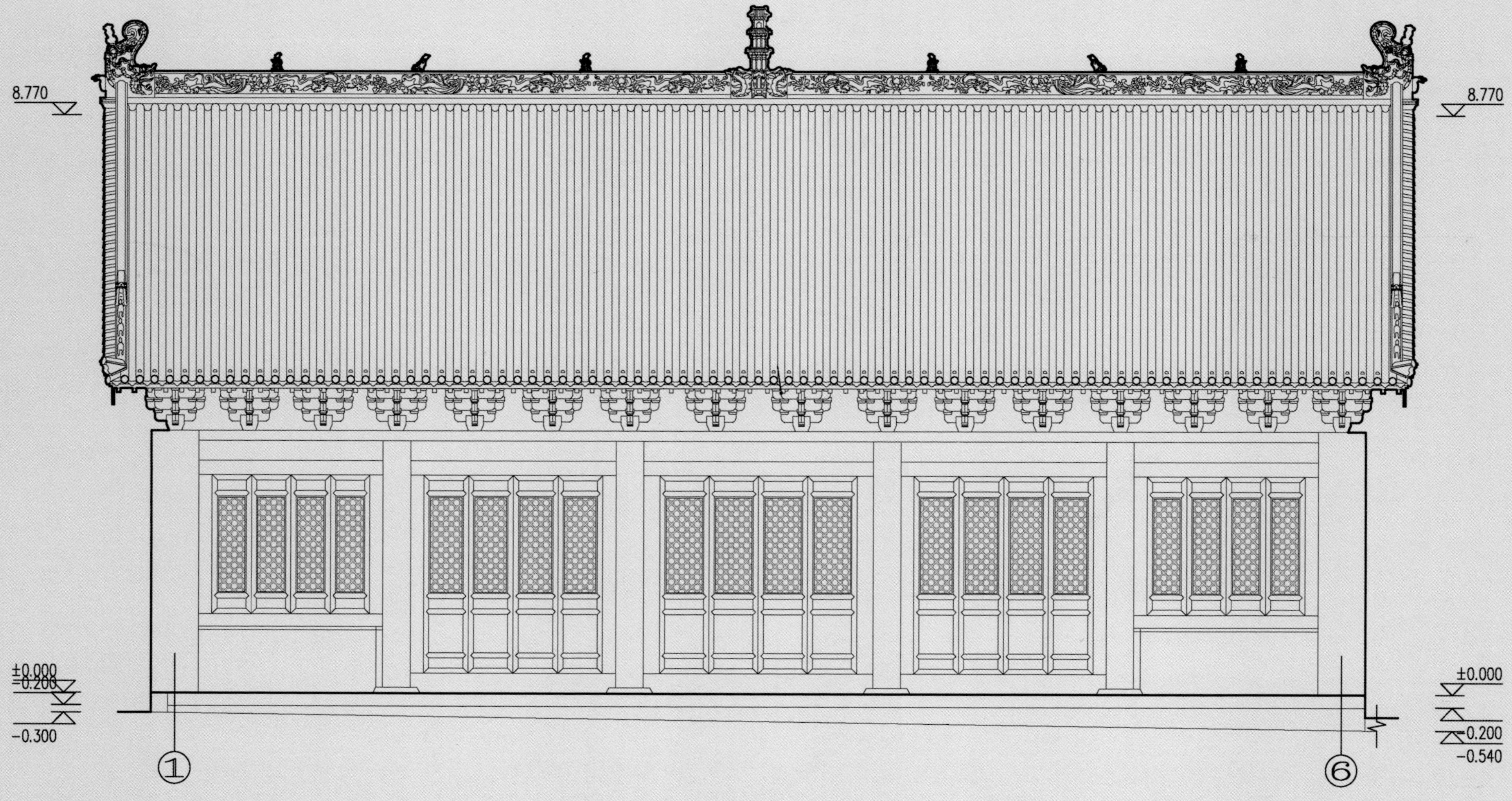

图二一七　正立面图

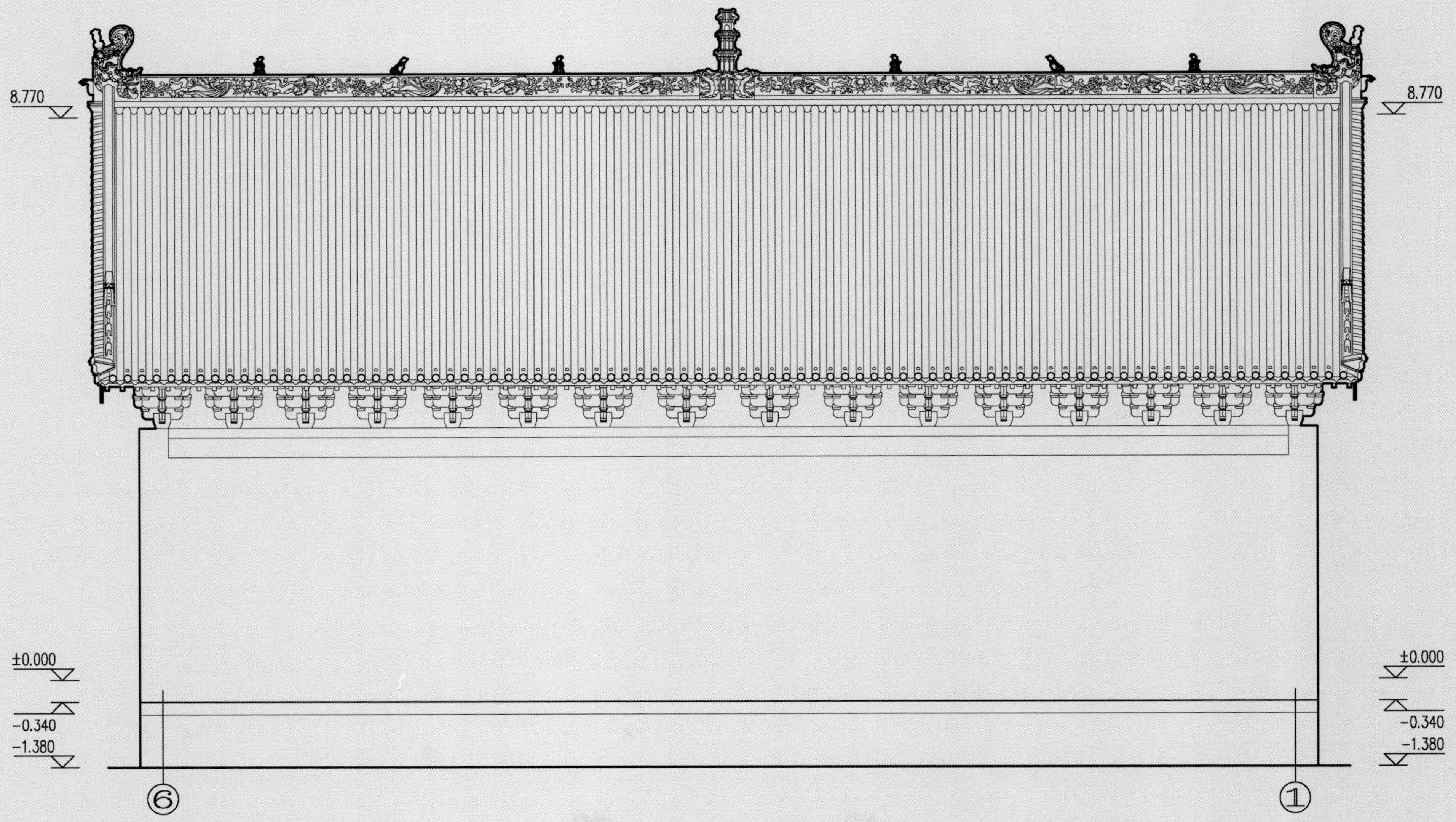

图二一八　背立面图

图二一九　东立面图

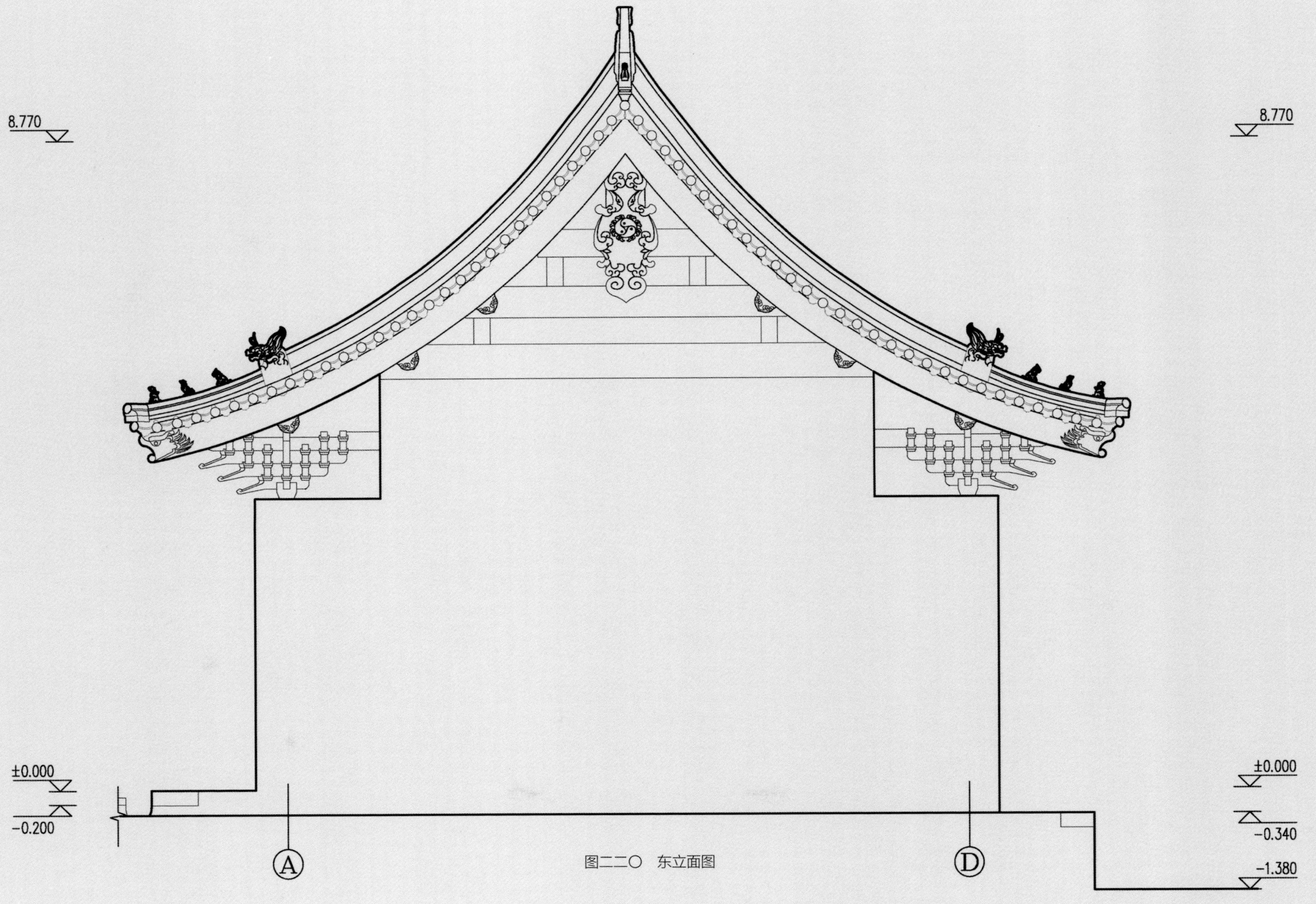

图二二〇　东立面图

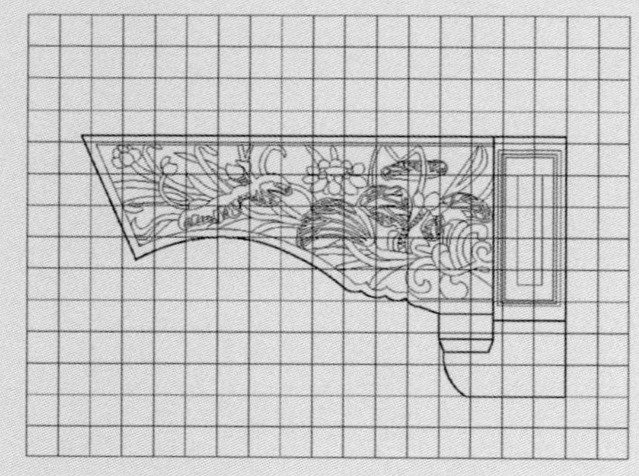
图二二一　明间雀替大样

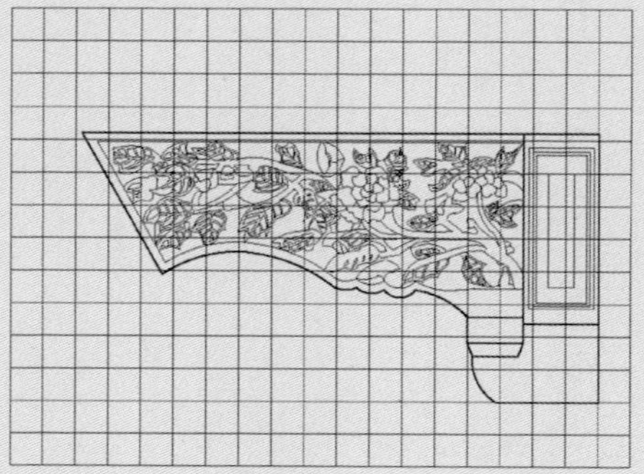
图二二二　次、尽间雀替大样

图二二三　垂兽大样图

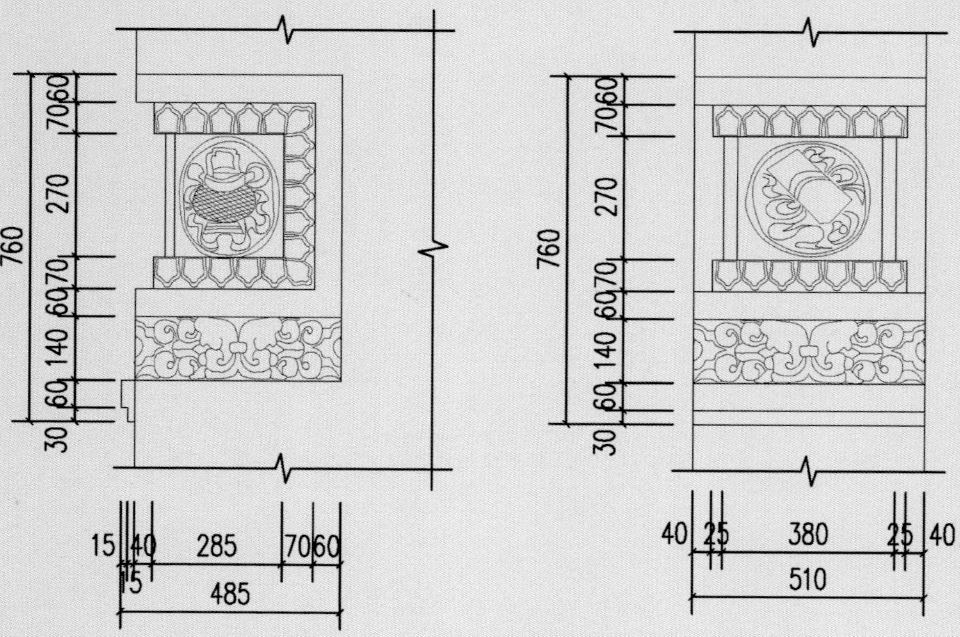

图二二四　盘头大样

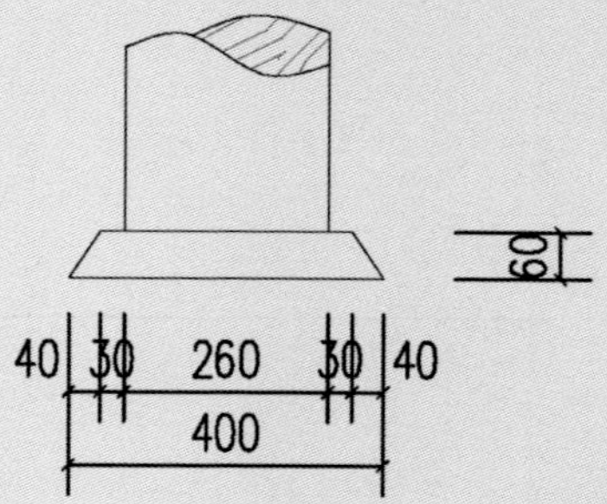

图二二五　柱础大样图

注：网格大小50

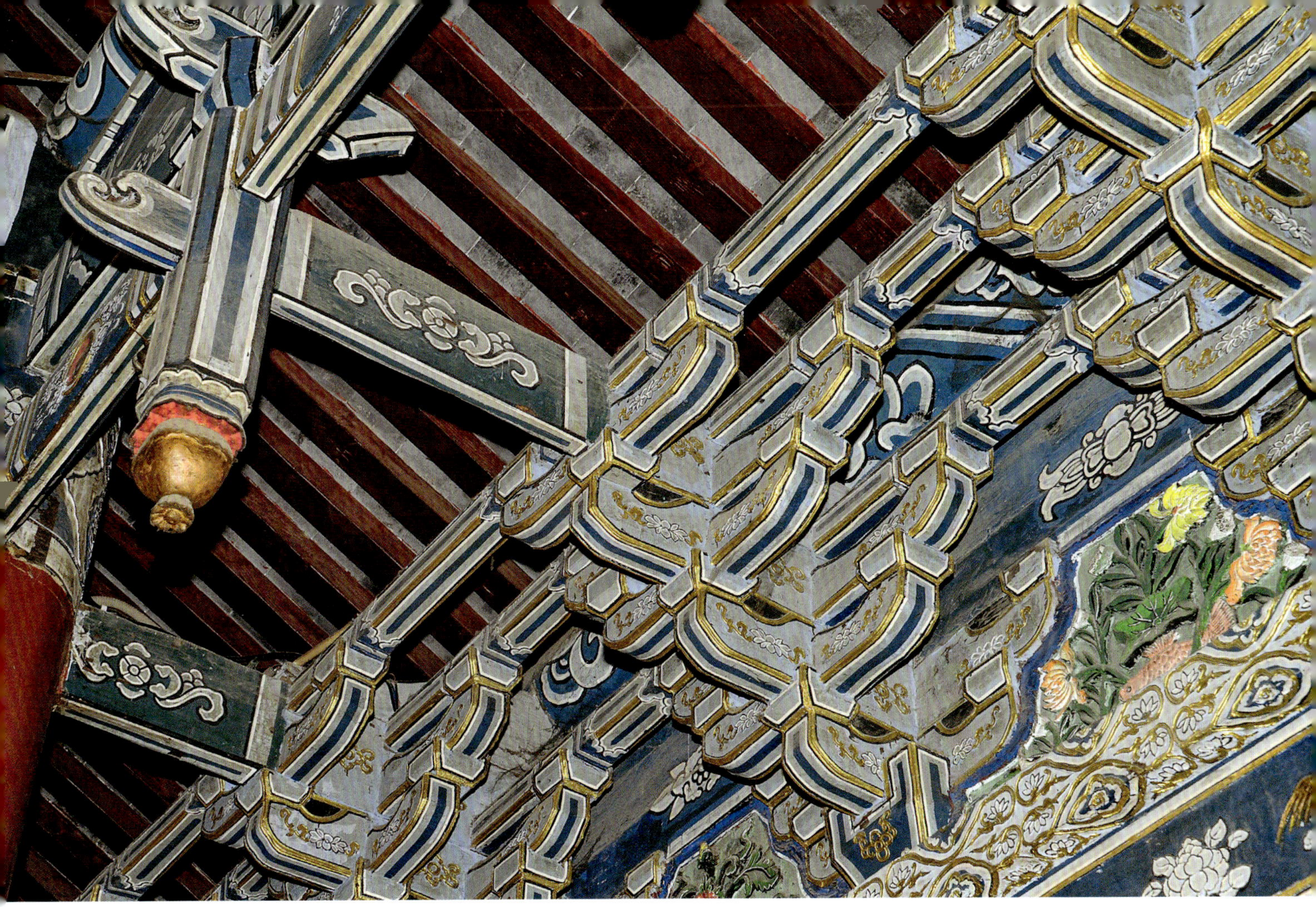

图二二六　平身科里转

图二二七　平身科

四、材栔尺寸

后殿檐下施三昂七踩斗栱，柱头科十二攒，平身科二十攒，隔架科二十八攒。各间平身科均为二朵。柱头科耍头后尾插于金柱。平身科后尾均平插垂莲吊柱，垂莲柱互以上枋子相连，而柱的上端，直承金檩。隔架科为一斗二升交耍头。三幅云昂觜，耍头呈象鼻状，以机枋直承椽望而无挑檐檩，方椽方飞，斜搭掌，飞子收杀明显。

斗栱斗口约为90毫米，为八等斗口。平板枋宽度大于额枋宽度，成“T”字形。

斗栱大斗斗豳不明显，具有明显的清晚期特征。

平身科第一层材高12厘米，材宽9厘米，栔高5.5厘米；第二层材高12厘米，材宽9厘米，栔高5.5厘米；第三层耍头高17.5厘米，材宽9厘米。

柱头科第一层材高12厘米，材宽9厘米，栔高5.5厘米；第二层材高12厘米，材宽9厘米，栔高5.5厘米；第三层耍头高17.5厘米，材宽9厘米。

上／图二二八　平身科里转正立面
下／图二二九　柱头科里转侧立面

图二三〇 金柱

图二三一 平身科里转正立面

图二三二 平身科里转侧立面

图二三三　前檐斗栱

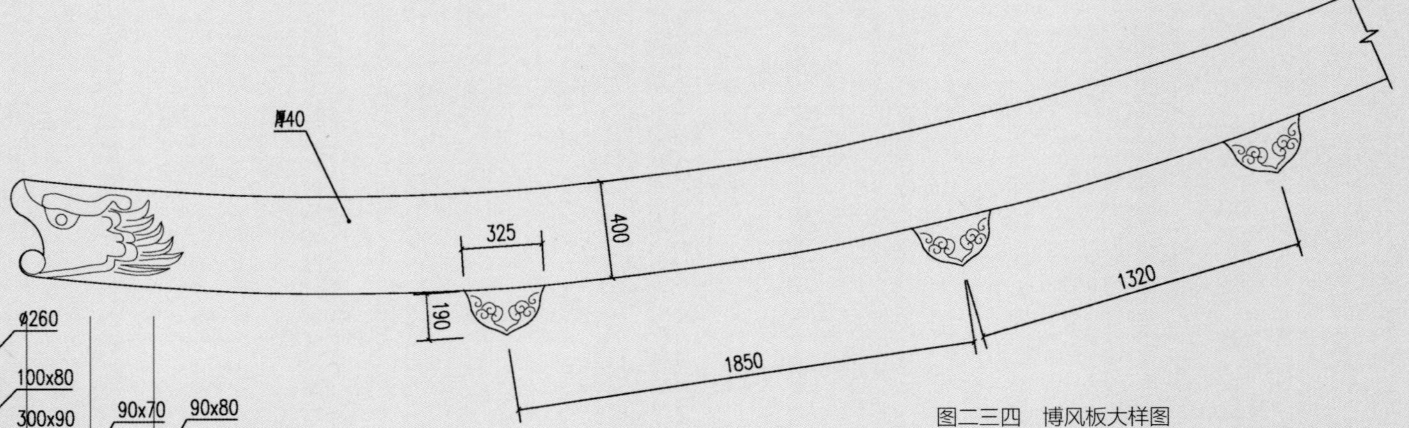

图二三四　博风板大样图

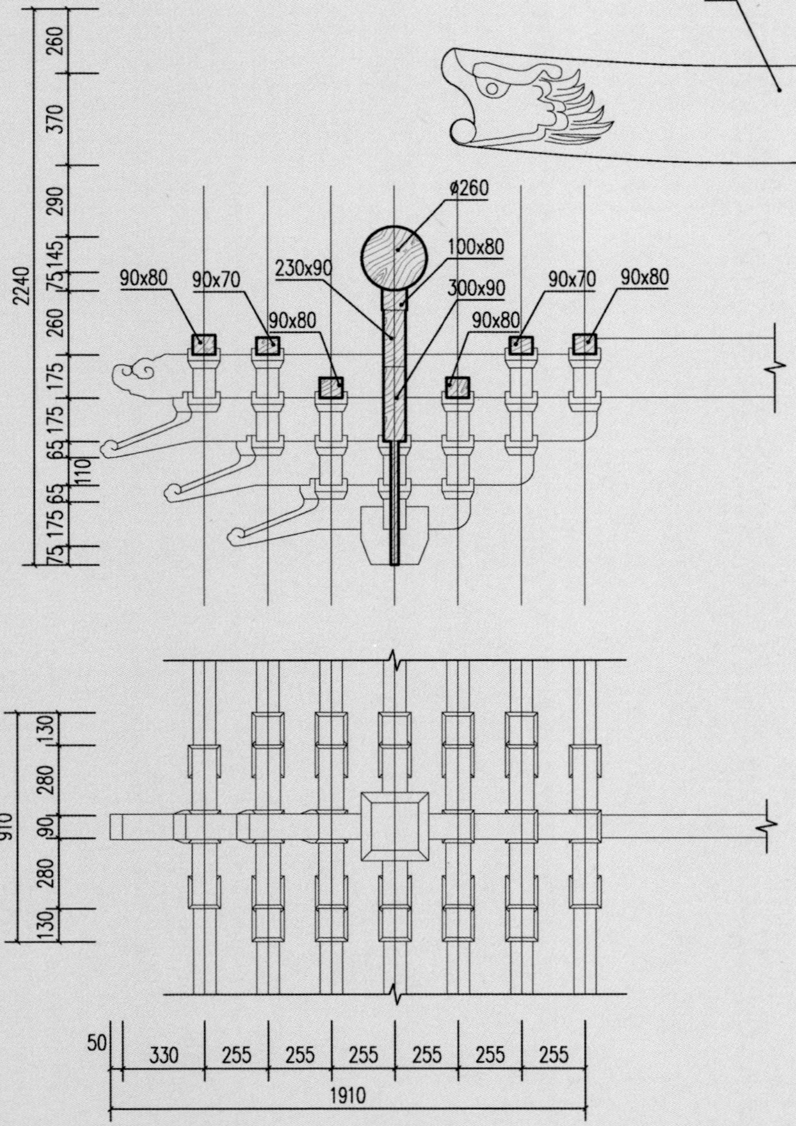

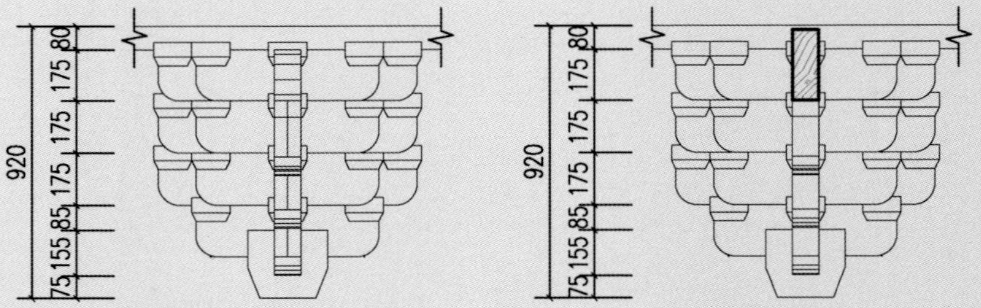

斗栱表

斗口：90　单位：mm

名称	上宽	下宽	上深	下深	耳	平	底	备注
座斗	270	190	270	190	90	40	100	
小斗	130	100	130	100	25	25	30	
十八斗	130	100	130	100	25	25	30	
厢栱	620 × 90 × 120							
瓜栱	620 × 90 × 120							
万栱	880 × 90 × 120							

图二三五　柱头科斗拱

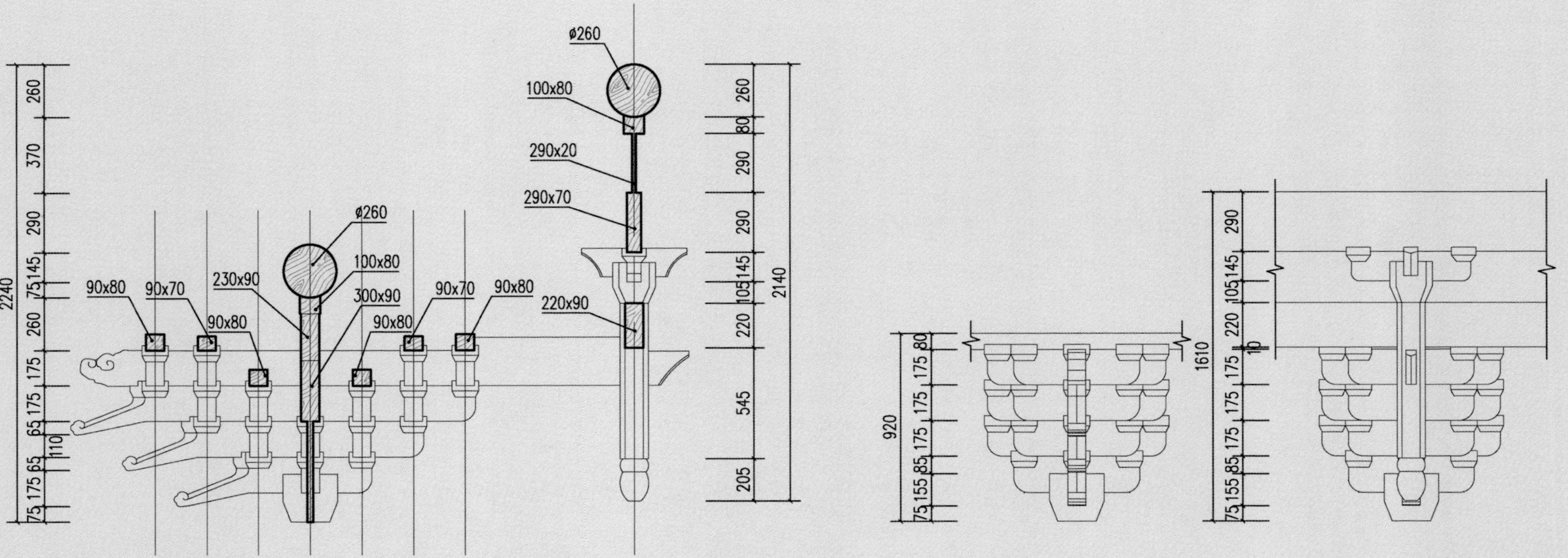

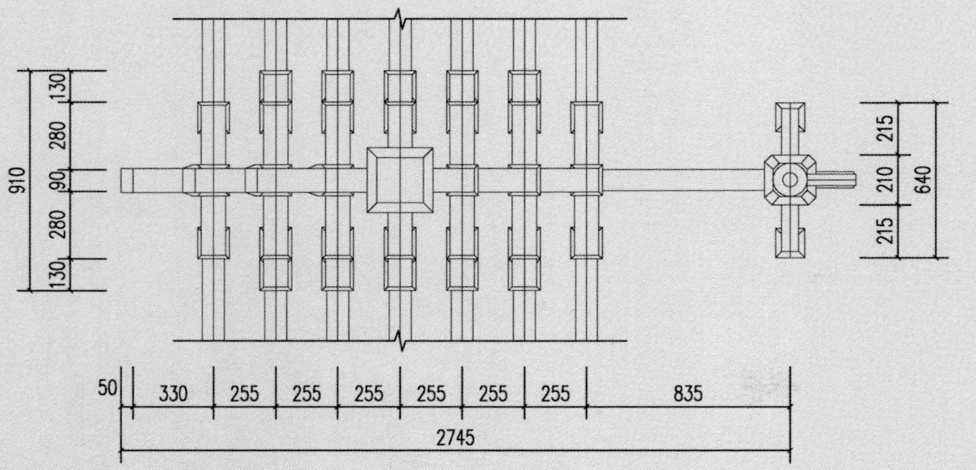

斗栱表

斗口：90　单位：mm

名称	上宽	下宽	上深	下深	耳	平	底	备注
座斗	270	190	270	190	90	40	100	
小斗	130	100	130	100	25	25	30	
十八斗	130	100	130	100	25	25	30	
厢栱	620 × 90 × 120							
瓜栱	620 × 90 × 120							
万栱	880 × 90 × 120							

图二三六　平身科斗拱

图二三七　吻兽大样图

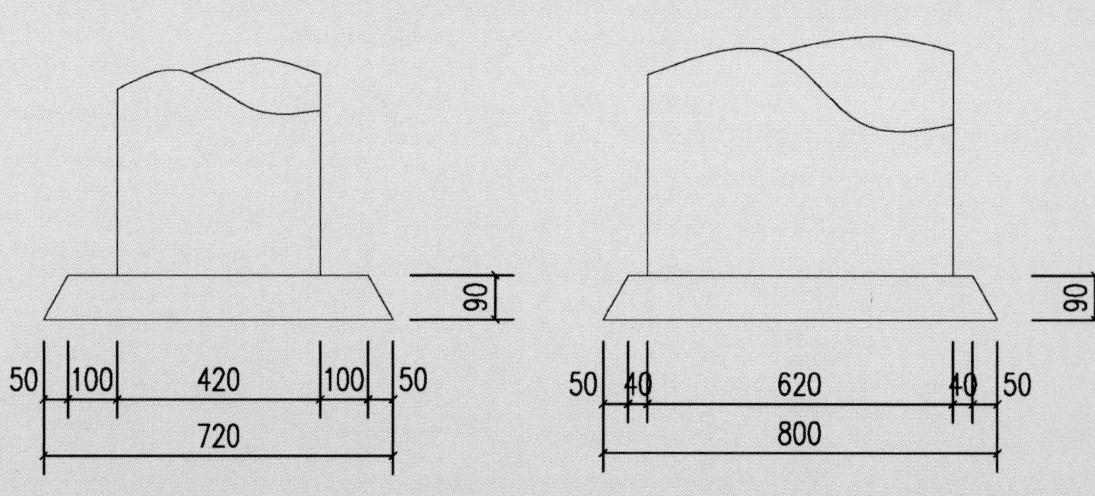

图二三八　柱础大样图

注：网格大小50

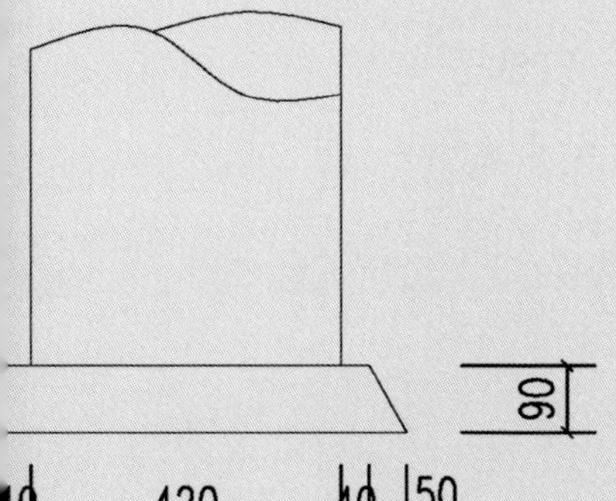

图二三九　悬鱼大样图

图二四〇　垂脊纹饰大样

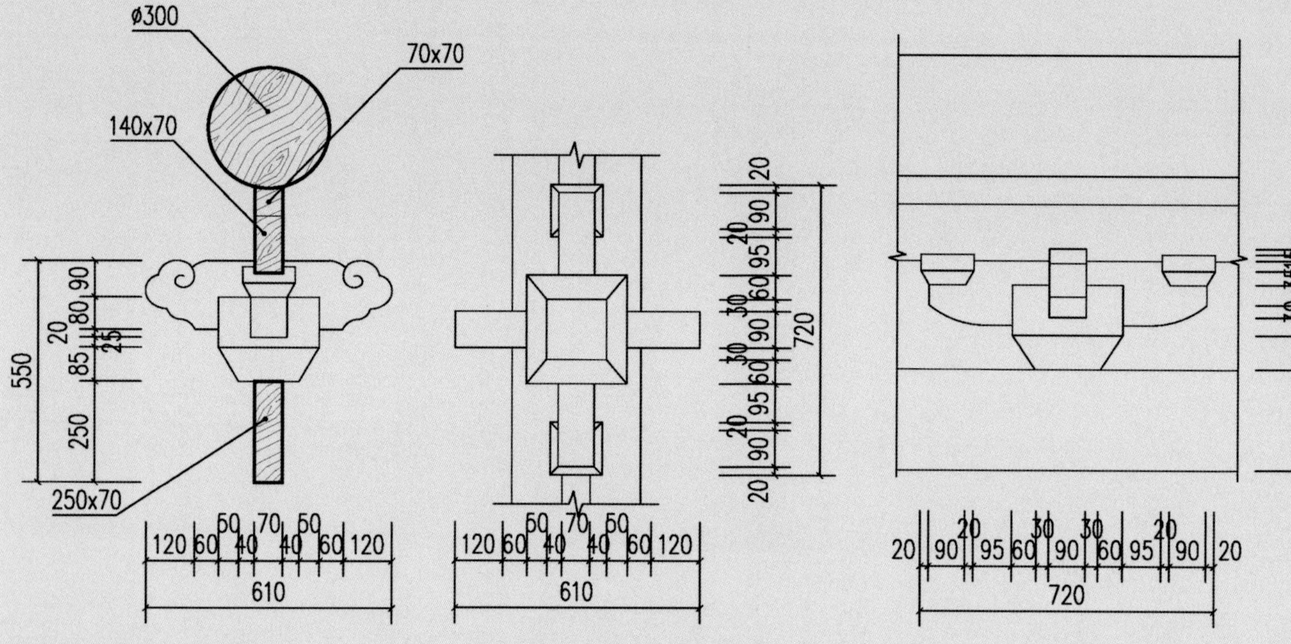

图二四一　隔架科斗拱大样

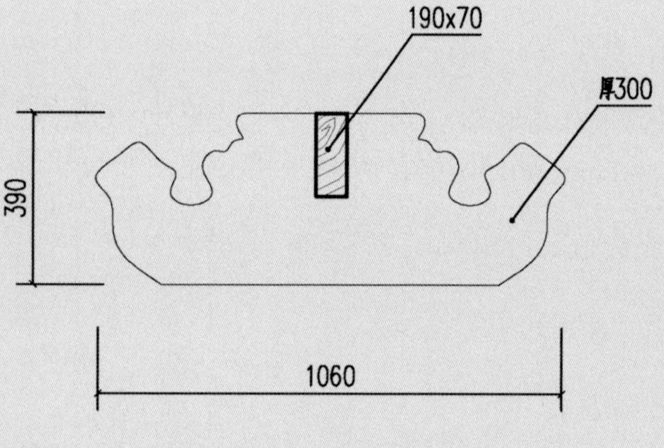

图二四二　五架梁驼墩大样

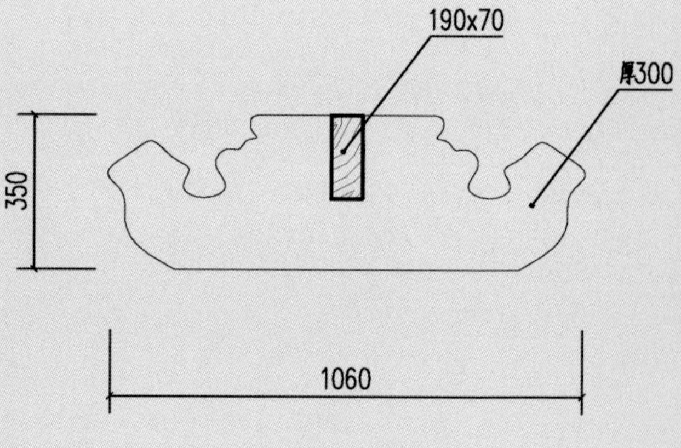

图二四三　七架梁驼墩大样

图二四四　正脊纹饰大样

注：网格大小50

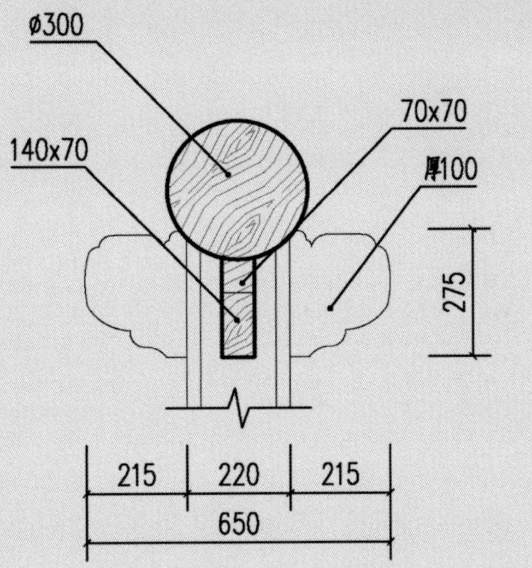

图二四五　丁花抹额拱大样

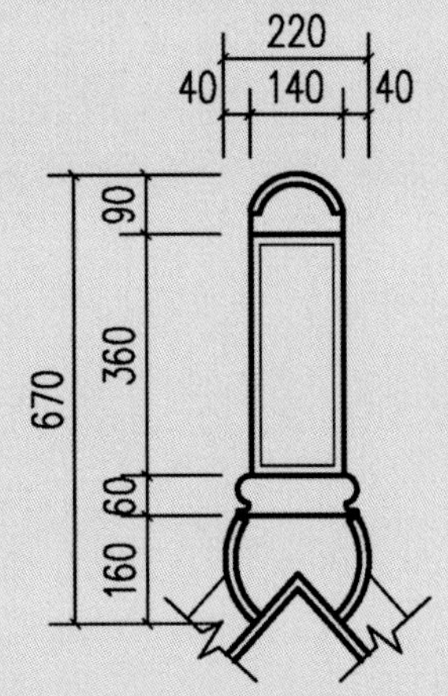

图二四六　正脊大样

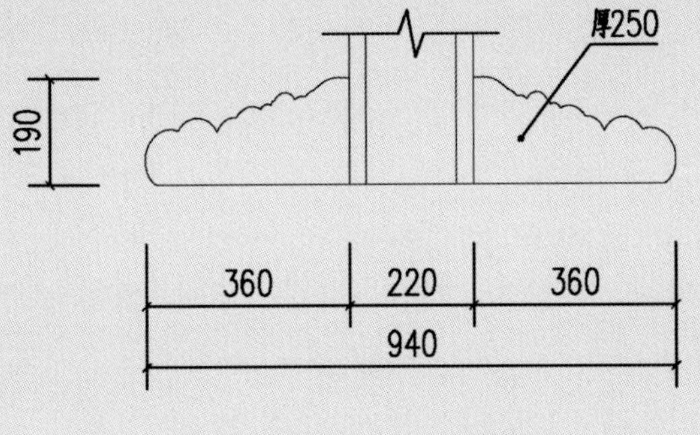

图二四七　角背大样

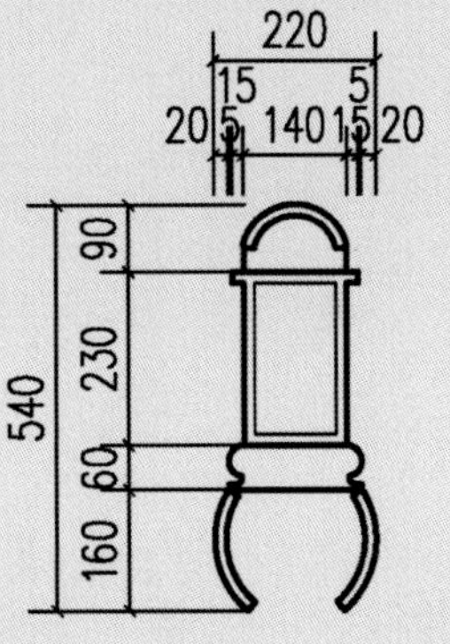

图二四八　垂脊大样

五、梁架结构

前后檐柱上承五架梁梁头，梁架为五架梁前后用二柱，檩下设随枋无隔架科，屋架为彻上明造，明栿造，前后檐柱3.71米。

后殿七架六椽栿前后对单步梁（耍头后尾），三架梁上为脊瓜柱，三五七梁架间设有驼峰。前后檐柱上承单步梁（耍头后尾）梁头，梁架为七架梁前后对单步梁用四柱，屋架为彻上明造，明栿造，梁枋粗壮。三架梁上用八角脊瓜柱，五架、七架梁上用鹰嘴驼峰承托，一如古式。前后檐柱9.2米。

图二四九　拜厦中缝梁架

图二五〇　拜厦山面梁架

图二五二　寝殿山面梁架

图二五一　寝殿中缝梁架

图二五三　瓜柱

图二五四　雀替

图二五五　驼峰

图二五六　柱础

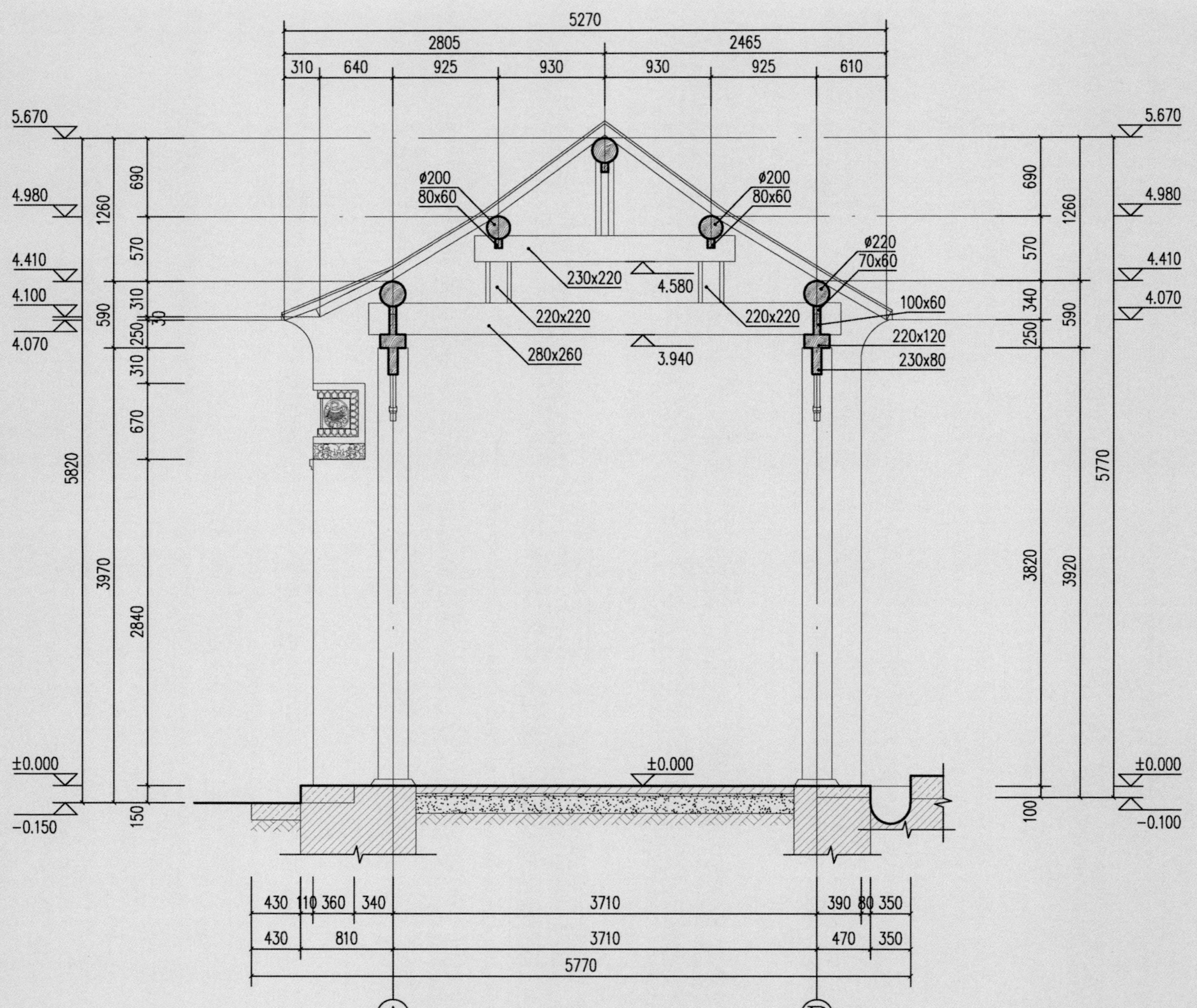
5270
2805
2465
310
640
925
930
930
925
610
5.670
4.980
4.410
4.100
4.070
±0.000
-0.150
-0.100
1260
690
570
590
310
250
30
670
5820
3970
2840
150
ø200
80x60
ø220
70x60
230x220
4.580
220x220
280x260
3.940
100x60
220x120
230x80
340
5770
3820
3920
100
430
110
360
3710
390
80
350
810
470
A
B

图二五七　1-1剖面图

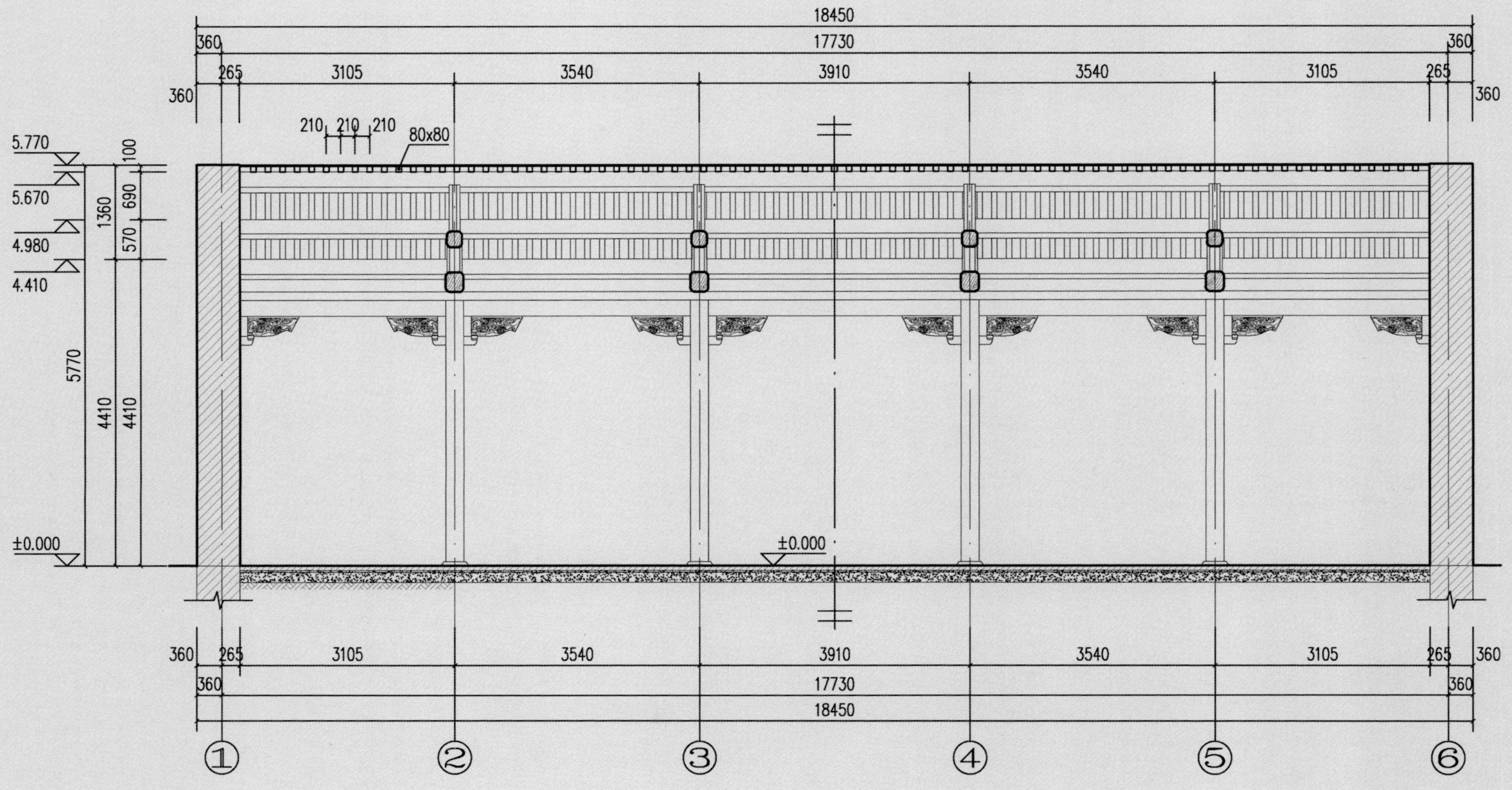
18450
17730
360
265
3105
3540
3910
3540
3105
265
360
360
360
210
210
210
80x80
5.770
5.670
4.980
4.410
±0.000
100
690
570
1360
5770
4410
4410
±0.000
360
265
3105
3540
3910
3540
3105
265
360
360
17730
360
18450
①
②
③
④
⑤
⑥

图二五八　2-2剖面图

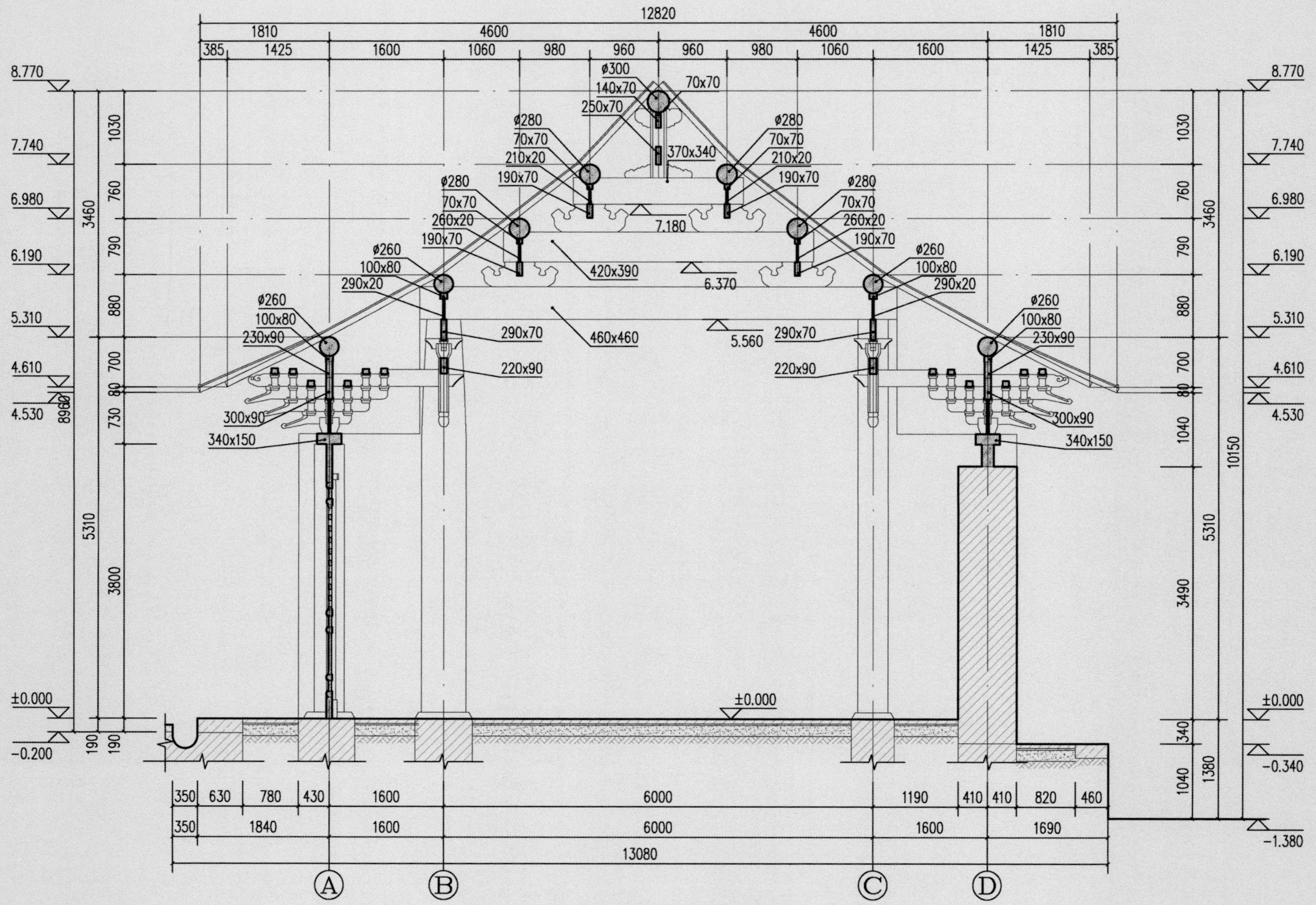
12820
1810
4600
4600
1810
385
1425
1600
1060
980
960
960
980
1060
1600
1425
385
8.770
7.740
6.980
6.190
5.310
4.610
4.530
±0.000
-0.200
-0.340
-1.380
ø300
140x70
250x70
70x70
370x340
ø280
70x70
210x20
190x70
260x20
ø260
100x80
290x20
230x90
300x90
340x150
290x70
220x90
420x390
460x460
7.180
6.370
5.560
1030
760
790
880
700
80
730
3800
190
3460
5310
8960
1040
3490
340
1380
10150
350
630
780
430
6000
1190
410
820
460
1840
1690
13080
A
B
C
D

图二五九　1-1剖面图

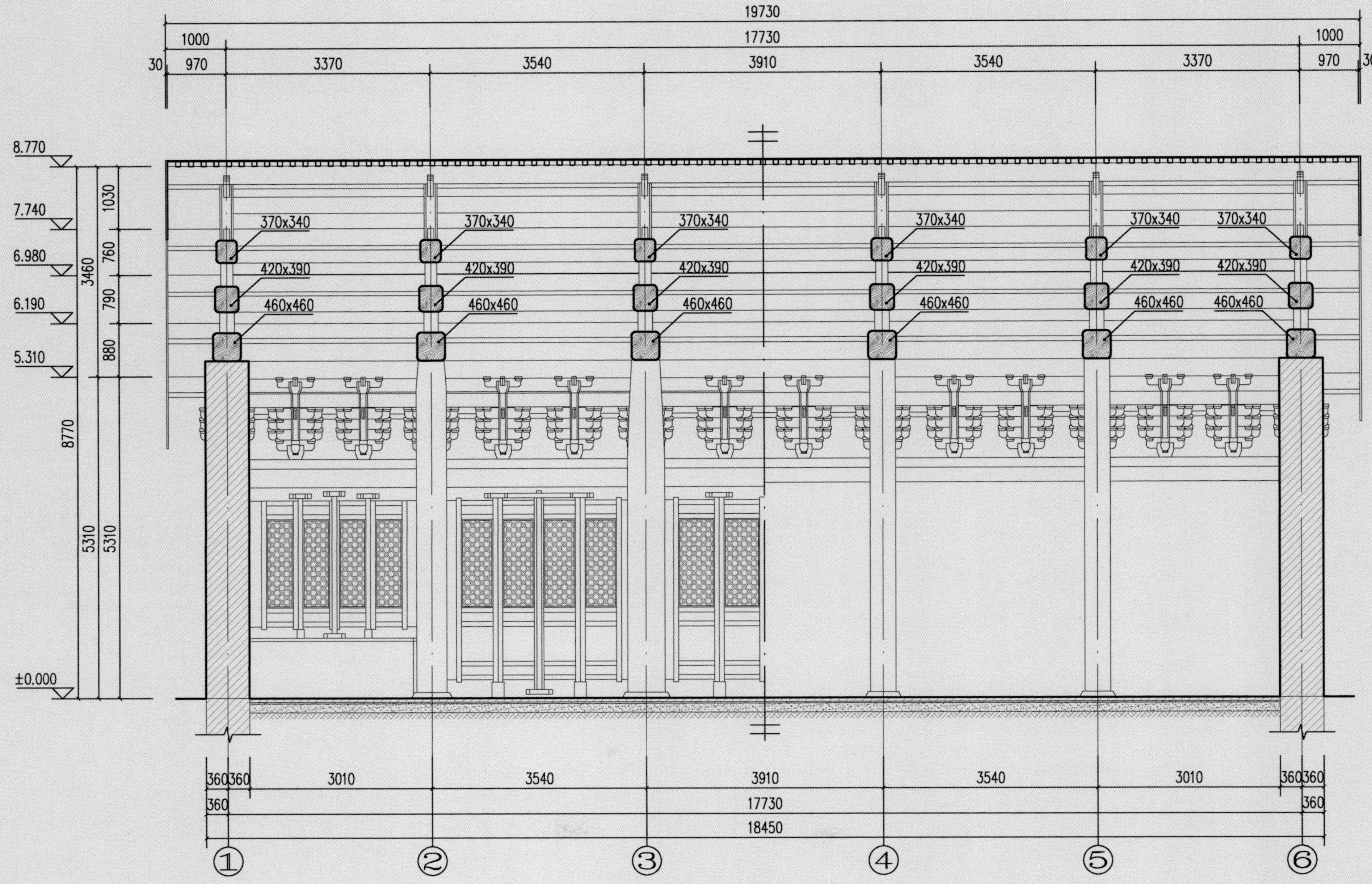
19730
1000
17730
1000
30
970
3370
3540
3910
3540
3370
970
30
8.770
7.740
6.980
6.190
5.310
±0.000
1030
760
790
880
3460
8770
5310
5310
370x340
420x390
460x460
360
3010
18450
①
②
③
④
⑤
⑥

图二六〇　2-2剖面图

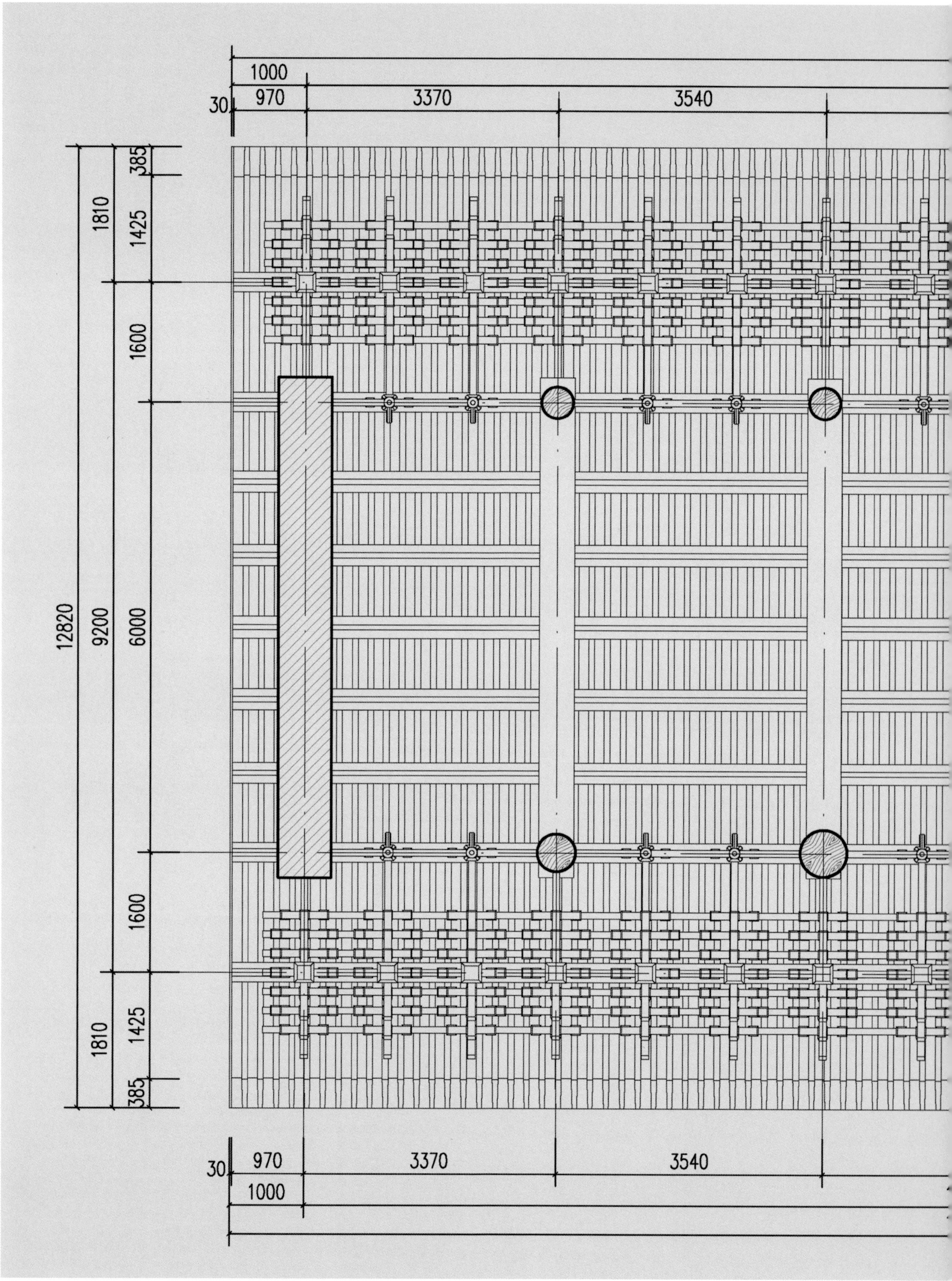
1000
30
970
3370
3540
12820
9200
1810
1425
385
1600
6000
1600
1425
1810
385
30
970
3370
3540
1000

图二六一　构架仰视图

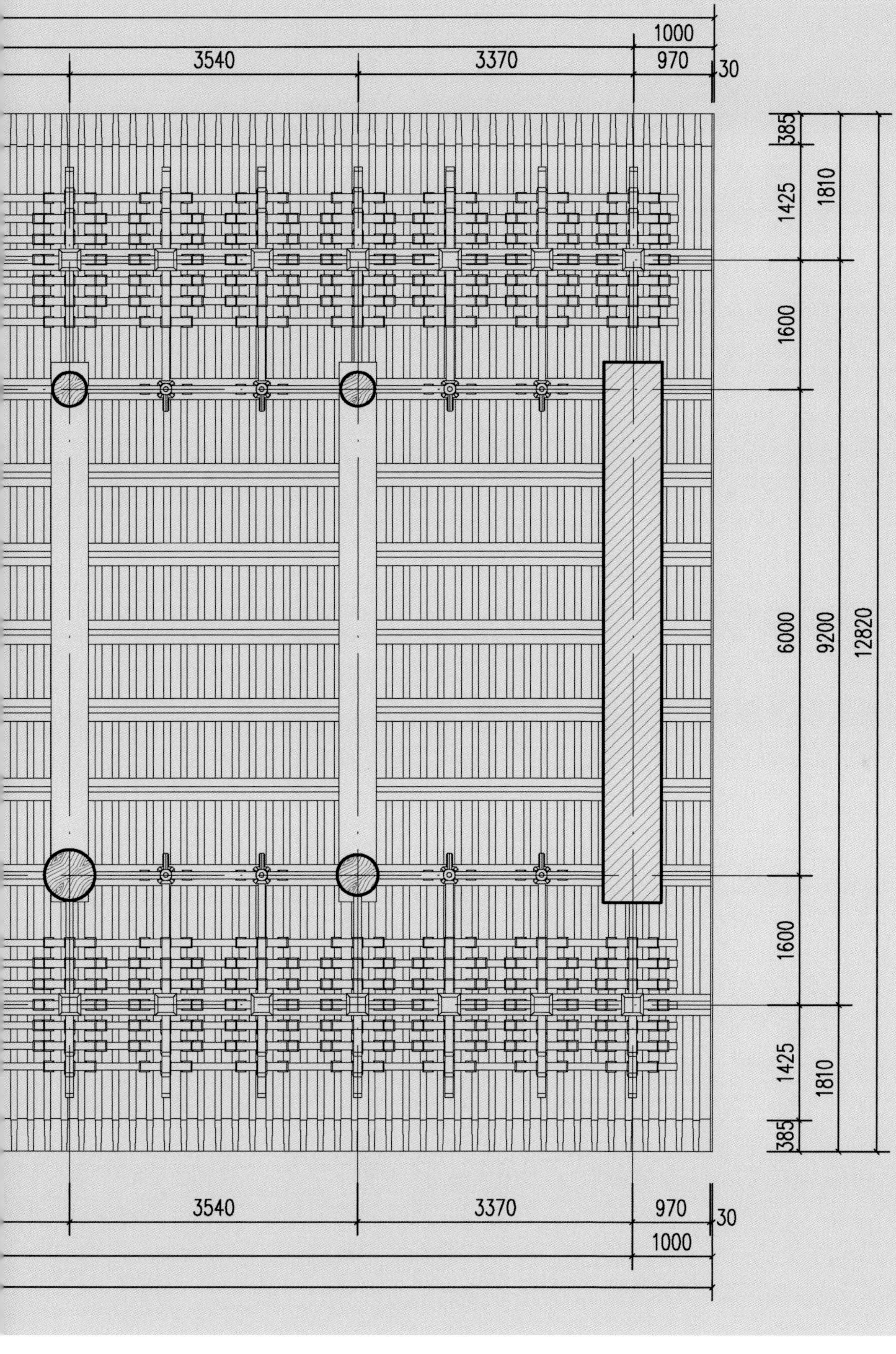
1000
3540
3370
970
30
385
1425
1810
1600
6000
9200
12820
1600
1425
1810
385
3540
3370
970
30
1000

第四章 碑刻

图二六二 《郑州节判石君去思之碑》

1.《郑州节判石君去思之碑》

赐进士第文林郎前知诸城县事郡人冯广撰

乡贡进士文林郎前知常熟县事郡人黄庆书

乡贡进士文林郎前知临潼县事郡人刘镗篆

士君子立身天地间，尽得人所难得者，非贤而能然乎？仕非难也，而称其职者为难，称职难也，而得人心者为尤难。得人心于一时者，固已难矣。况得人心于既去后悠久而不忘，岂不为尤难耶？民虽至愚也，而有至神者存。苟欲得其心，违道干誉不能也，声音笑貌不能也，刑罚禁令不能也。必有实得于已，而推以及人，使大小贤愚各得其分，然后可焉。是岂易而为之哉？石君纯粹字质夫，凤翔宦族也。由胄监筮仕兰阳良乡二邑，丞其民迨今思□职满陟倅于郑。下车以来，勤以励已，慎以处事，锄其强扶其弱，使鞠人、谋人之各保其居。若平赋役简词讼，劝农桑兴学校，在所不必言矣。于是小大远迩，莫不帖帖然服，家喻户晓，唯令是从而弗有纖湏违忤意，此其得人心于见任，固当时仕者所难矣及乎。六载考绩，民唯恐其去，咸攀辕卧辙，或咨嗟慨叹，或彷徨悲泣，不□舍去。遂绘为图以献藩省知其然，乃留而不遣，民心始安。既而九载，职盈援例西归，百姓奔走号泣赴上告留。奈例有所拘而弗克，遂乃相与环泣于城隍庙。盖以庙乃公功遗迹，观其迹则思其人，思其人则欲遗诸福，故昕夕必于此焉。祷之今日，思之明日，思之之久，无以据其诚，乃相与丐文，勒于贞珉，以垂示于无穷。此其得人心于既去后，岂不为尤难乎？虽古之何武，何以加诸？夫人必有所立，则其仕有所仰，而其去有所思。苟无立，虽宗族子孙久□忘矣，况他人耶！石君终始得人心，远而不忘。如此贤而有所立，从可知矣。余故掇其行，刻诸石以慰吾民思，旹杨志道。

大明弘治纪元之拾五载拾月吉旦立石

耆老 康铎 李贵 沈原 赵福 杜伸 冉佐 赵玺 董杰 燕瓒 袁文盛 左祯 任能

石匠 赵林 王举 张顺

2.《福赞》

万石之家，亿钟之禄，持之以俭，止之以足，谦恭恕施，孙子尔穀，敬一温良，是之为福。

赐进士出身，工部都水清吏司主事，越南易仙人张大猷书并题，时谪同守郑州，腊月朔七日刻石。

周府膳宰燕斯盛，尚义散官海蕴，右富而好礼，禄为福延，运笔仙迹。

福。

图二六三 《福赞》

3.《郑州太守刘公感神碑记》

壬午科乡贡进士郑州儒学学正唐理撰文

已酉科乡贡进士知屯留县事杨怀篆额

甲子科乡贡进士知泗水县事常景春书丹

尝谓穹壤间，明则有礼乐，幽则有鬼神，故幽赞神明必人所为而锡縠于人，惟神是听。

朝廷所以有祭祀之典，官司所以有祭祀之奉，率此由也。河南郑州太守刘公，由进士来莅兹土不半年，令行禁止，所谓外而格人心，内而感鬼神，公其有焉。一日，耆民刘锜辈谒予言曰：“惟兹郑水旱频仍，民不聊生，今雨复愆期，苗将槁矣。我州主，实生民司命，方奉公归自长葛，不忍形见，即拂尘易服，率僚属祷于城隍。”

敕封灵祐侯之祠曰：“惟神与人幽冥相契，我惟不德民，故告乏天而不雨，神亦不能辞其责。”祷毕，一雨通宵，岁时告登，而民之忧者喜矣。先是狱卒有失，其重囚王廷高者，公夜致祷，诘朝告获飞蝗蔽天，将为稼害。公与神约，望而祭之，遂尽徙境外。又尝□有□滞于京水贾姓者，公廉得贾彦清父子兄弟谋戮郭三儿五年，掩尸于所居厨，下人畏恶莫敢言，瞿然欲发而犹未也。适彦清以殴人被鞫，公忽忆梦诘之得实，遂置诸法。古有一妇御冤，三年不雨，我公能雪五年之冤，则夫□旱之雨随车而来，自有不期然而然矣。石佛保有巨寇宋恺者，三世为盗，支党蔓延，军兵莫犯，公夕祷而进兵亲临阵，所一日之内，根株悉拔，是皆天心所向神化所感。事之不于常者，可无一言以永其传。予惟人神一理也，感应一机也。公之处心积虑、光明正大，况地衝俗弊，非理剧之才不胜，而公之应接，绰有条纪。虽至城池、学校、铺堡、桥梁、道路之属，民不扰而事自集，贫恤讼理，户口繁增，他如各邻州邑赈济审编查盘，公悉心奉委，为当道首称。殆所谓质鬼神而无疑者矣。夫一言一行，善犹诏后矧公累政之善，将犹未艾而斯民爱公之情，又自有不可拂者乎，姑述其实以纪之。公名汝輗，字□大，江西吉之安成人，登嘉靖癸未进士，其先世自西晋以来，诗书礼乐相承不乏，至宋有学士赐号龙云先生，则有《龙云文集》行于世，迄于我朝科甲连云金紫耀地，祖父三世登进士者七人焉，是太守之贤其来远，因并书之以为记。

承务郎同知 新会黎超

文林郎判官 同州尚徵

将仕郎吏目 保定张麟

儒学训 王臣 刘泽民 李新

驿丞 周时□ 医官 冯宸 僧官 道绪 散官 宋康 义官 吴□玺

耆民 曹儒 李真 高嵩 耿贤 常秀 □逵 樊浴

吏典 王光 张椿 杨文升 徐实 郑广 耿德成 杨定高 周尚仁 张□ 郭宗儒 牛耕莘 靳继 靳友学 陈师尧 王禄 郑云 魏琰 靳松 张□德

老人 刘增 芦志德 沈周 付材 路孜 曹锦 郭纪 乔国用 徐柰 东安 张现 薛廉 许昶 邢邦正 张厚 韩子玉 闫福 陈富 王伦 段继 孟进 刘九思 张仲名 郑道 赵万 黄俭 连世玉 陈威 王简 朱汉 付宝 康永富 蓝振 殴基 马口 张溱 赵幹 孟璠 李仲德

书办吏 姜渊 医生 李述 仓老人 王臣

大明嘉靖叁年岁次甲申孟秋吉旦立

庙祝 闫道成 霍崇仙 刘德备 石匠 李哲 王广洪

图二六四　《郑州太守刘公感神碑记》

4.《重修城隍庙大殿拜厦二门记》

古先王以神道设教，合幽明为一致，其有功德于民者，皆载在祀典。故五岳视三公，四渎视诸侯，即门、行、中霤，亦列五祀之内，使人心皆知敬□□为非。至于建都立邑，乃一方民命所系，亦应有神灵以护持之。此后世郢人所以仿岳渎之制，而有城隍□封也。自奉敕建庙以来，所在尊礼与学宫并重，非他淫祠可比，率皆以时修理，无敢荒废。仗忈我郑灵佑侯尊神威灵显赫，有祷辄应，其赏善罚恶，屡有明验，固我郑人所家奉而户祝者也。奈历年久远，庙宇摧残中遭寇焚□□修□。迨我朝定鼎之后民始完聚，又苦于功城浩大，难以骤举，日复一日，凋敝益甚。皆缘首事者□其人耳，幸有邻近学校诸生李樠李绍□□翰阴霆，此四□□义举。乃目击庙貌荒凉，慨然兴叹，遂同心协力，共图修补倡先率作以首其事，有善人弓缵、杨尔蕴，不惮烦劳，持□募化，以□□□有本庙住持吴阳正之弟子侯来仪，英年练达，为之出入，掌理以任其责。由是鸠□合作，残缺者补之，损坏者易之，又□而朴斲□□之，又从而黝垩丹艧之□□如新增华为润。迄今大殿、拜厦、二门，壮丽异常，廊庑门垣，尊严可仰。谨将众善姓名勒于碑阴，以纪成功。兼示来□后有化者相继修□□□□□世永赖云。

时康熙三十年岁次辛未十月小春之吉。

原任奉直大夫知郑州事 陈一魁

奉直大夫知郑州事 何锡爵

州判前署州事 张尔质

原任吏目 饶士达 吏目 胡煌

署儒学学正举人 徐杜 训导 吴骏

郡举人黄志清熏沐拜撰

郡庠生介宾李樠熏沐书丹

住持□官吴阳正暨弟子侯来仪 谷来礼 姚来智

石匠 李宽 陈进忠 陈进□

图二六五 《重修城隍庙大殿拜厦二门记》

图二六六 《重修前后大殿暨拜厦两廊记》碑阴

教谕郧文麟 训导焦栻 □人黄志清 王业弘 张庆发 李作栋 雷永清 王锡极 拔贡郭永镇 贡生孟禹绪 □生张庆襄 张庆彬 州同毛恺 训导魏宣化 监生周名芳 刘绍基 孟勷 荆岐 魏赞化 尹久良 杜秉谦 罗懋諭 常典 杨自升 张宽 训导侯甸 □□李作楫 魏诜 □生杨文谱 郭冲 魏世道 常静 监生李英 阴成名 毛正 魏峸 李□ 魏峻 周文炯 周元功 侯奋武 刘效武 胡杰 张彩绶 赵万里 李如松 阴霆 冯翰 李绍□ 李鼐 魏世经 弓克劲 张庆誉 魏定邦 刘上 赵名世 荆阳孕 阴天晓 邢有伦 沈法兴 罗经 阴苞 张墨绶 毛九彩 罗懋善 张庆云 袁可培 王可久 宋典 刘慎 张懋绩 王□ 吕伸 杜瑾 刘绍健 张景 董日昌 张大功 卢宫 吴生有 毛九功 王业新 徐附凤 曹义 周嵋 岳瑞征 海生云 阴永瑞 王言纶 海渊 魏三聘 缶世俊 王宣 王宁 刘敏 李嵋 荆嵋 杨噩 贾良言 李璜 乔暹 金延祚 王时太 赵殿邦 贾世复 陈諆 陈国祯 王业睿 牛进贤 杨一心 赵珠 王衍 阴天旭 □□英 王符 宋大业 段玮 贾□ 焦成久 弓强 毛恪 阴景煌 杨加猷 孙启贤 赵鑑 青光祚 弓诚 弓载云 弓尔理 弓载朝 弓载鳌 弓玺 弓载棨 弓省弴 弓峻 郭求庆 沈溢 郭九锡 赵名世 信商王泰来 信官李泰 弓缵 杨尔蕴 生员张龙光 生员张□

信士

魏荣仁 魏耀仁 魏世林 魏魁权 陈贵新 宋一经 刘大成 刘芳平 曹克己 乔兴旺 乔兴龙 崔尚文 闫进宝 缶训 梁启 梁大生 郭起□ 魏克孔 刘贵 张蘭 魏克孟 魏世常 魏世旺 金璇 许成林 马进礼 弓执振 杨田安分 邢居忠 王进才 弓秉仪 张四维 宋効景 芦安 宋永祯 王士仁 刘琮 王祯 周文恒 马成贵 周文星 马成瑞 周卜庆 尹进忠 □□□ 胡三泰 王守道 荆纯 荆纪 王恺 荆士复 郭景璨 魏孟禄 刘道 张克念 郑子新 时登第 孙进 安志正 时永玉 化进孝 毛协 司聚 赵启文 崔尚选 袁加宝 唐时道 曹贵 安崇保 史崇圣 宋荣宗 曹振德 王道昌 牛自省 芦□□ 芦克□ 王东齐 王福佐 白奇德 侯秉汉 曹福 芦道兴 □翟□ 徐珩 徐强 徐惺 徐勇 王星 郭尚□ 荆□善 张明王 郑如乾 郑如坤 张文杰 罗奇 贺文奇 张化凤 张标 任御世 杨得春 宋明昌 宋复兴 宋之秀 卫自□ 魏宣化 侯足旺 侯来现 侯景实 侯名标 侯思庆 张福寿 侯思智 侯来镤 侯景

怀 侯士岗 侯士文 侯士臣 贾之奇 贾抚真 贾之杰 贾现德 芦世宓 刘绪大 刘弘亮 刘绪业 王泰生 刘成业 刘足 梁玉魁 刘家兴 刘春□ 刘绪巨 唐美 朱春 刘锬 刘蕴 刘浩 刘道兴 梁廷儒 王璞 王玱 姚钦 陈孟冬 燕大儒 郑普 朱会 杜成德 李有才 申有海 常进才 李成 耿生云 申怀玉 申怀夆 方奇德 申自天 袁满库 陈治家 黄治世 康成□ 张九贤 康成智 康成礼 曹松 曹明世 张浩然 张花然 宋明昌 宋之秀 时孟孝 姚守相 燕进章 任朝重 王进才 王须 刘玉秋 侯得成 米加成 张守印 魏子文 曹自有 刘大乾 宋春 孙龙 化进忠 薛应福 彭亮 芦应玉 孙奇名 单文升 单秋 单文星 弓绪 芦志文 徐印秀 芦志仁 陈中林 曹武 王业久 孙显玉 赵有德 宋乾 刘奇英 井大臣 杨自太 杨自勋 杨福忠 薛佩玉 戴门彦 袁自山 袁自友 王玉洲 常获禄 冯世吉 王士俊 杨毓秀 刘尚孝 张克贞 崔光璧 李加升 杨明远 杨坤 张本明 张贵安 杨同文 王世杰 张可士 贾春英 李景珩 李克振 李存仁 李景清 李安 张文 张护 李明旺 陈光友 李璧 李宾 李□ 贾国太 张□文 王三才 王运 □□□ □□□ 娄成业 杜得明 会首夏明政 约讲夏明勋 夏文秀 夏明典 孙壮 姚珮 乔溱 薛交龙 薛时香 王成基 朱治家 张光成 姚文魁 姚悟 马国士 花子星 禄正德 禄自宇 赵进孝 陈尧 乔作标 禄正斗 会首弓缵 王栋 安志高 刘□明 王□□ 芦恺 张文祥 马国图 许自德 王明才 曹声蜚 侯玉 刘得府 聂崇旺 冯师明 杜大振 白弘业 崔显阳 刘中坤 白应秋 郭洪 张喜光 刘方英 刘柱 张奇德 □永康 康有德 樊波 刘廷珍 周自富 魏继素 赵国民 贾之贵 张秀 朱松 李文山 李三耀 化勤 刘林 魏永祚 □□□ 弓玮 宋缵圣 宋龙 张弘阳 张作圣 夏清 单纪 □明□ 李正新 陈泮京 白肖易 孙通 王敬臣 许成 刘立美 朱振德 陈治邦 韩明 郑仁斗 杨凤宇 陈秉纯 陈玉明 王牧 许朝卿 李满箱 李守福 刘鼐 唐国金 阴奇 朱栋 程自友 柳茂 孙玉秀 张亮 安坤 安文星 安文美 郎昭 郎公 赵永太 朱文信 时孟夆 牛尚□ 彭光 郑应福 海士淳 陈九功 乔亮 王大忠 张玉文 王志奇 弓克勤 弓克□ 李□官 刘奇 张彩 曹忠兴 曹忠□ 李朝宗 宋得才 任署 张文炳 段文普 雷旺德 陈贵喜 李义春 王全 刘清 王炳 张恂 王化谱 王玮 杨云 燕玉 刘聚东 □□□ 刘玉 赵耀顺 弓继成 赵德 韩自祥 张文志 徐文星 徐瑞 徐文德 芦振 朱恭让 靳玉秀 白琪 聂崇福 周选 周缵 张好玉 张文玉 周同先 陈克道 周文灼 杨文昌 杨明玉 李振芳 胡佩 田礼 张显素 胡显旺 张翼 张明兴 薛体秀 李法 马顺 李明世 李荣 刘一洪 韩文成 邢见 陈玉谋 孟惟臣 张广太 郭升云 黄见德 高起秀 杜生道 董士俊 张其猷 祝登科 樊自魁 陈所建 张世贤 寂端 陈自有 陈光道 孙立 郭瑞图 常芬 阴成龙 丁明仁 陈光仁 陈光孝 陈光耀 陈榜标 高得寿 陈顺 陈珍 会首生路 邵三奇 田自才 张登 张国宁 崔士阳 张奉吉 翟国信 张玉 路得旺 杨自良 李冲贤 □□□ 李拱 王士奇 常玉太 弓杰 刘得府 杜瑞 司立国 司琏 司全 刘钜鼎 陈定国 司立旺 司文炳 司文太 司璜 司房 芦进知 芦进伦 芦可教 芦兰 师印 会首缶良玉 彭臣 张仁 郑光先 崔光第 史存正 弓昌前 弓宗尼 郑宗孔 弓昌嗣 弓无伐 弓琛 弓福 弓作肃 弓聘 李惟垣 胡青 孟自德 杨□□ 牛魁 陈文清 曹克明 杨凤春 张秀 会首王玉官 李进塲 郭自好 李复业 高文升 王士魁 王玉顺 李天玉 荆信 王章 何忠惠 陈朝启 许淳文 余国芝 陈国文 叶兆玮 陈朝卿 方昭应 吴应刚 沈存信 方昭印 李彭年 陈一解 缶克孝 崔孟元 崔□圣 侯重恩 王启 会首高斗 郭方州 杨起凤 陈登魁 樊德盛 杜珏 王□明 袁可仁 王士魁 郭思好 孟江 王芳畲 朱怀德 朱仁 王封鲁 孙广 杜得祥 高卓 杜进孝 刘捷 魏法武 翟东海 郭景信 刘喜道 袁可友 王守文 张桂芬 张久 王崇德 郭景郎 曹尧 孟世杰 张文耀 路自福 李耀祖 张存智 刘连 程云汉 阴阳官刘渔玺 把捴王国泰 陈文清 王月花 杨得光 张腾 朱化凤 常月太 刘鼎汉 □□□ 赵近城 靳奉德 王振玉 蔡绍明 徐弘友 黄廷玉 陈进孝 郭永户 张名扬 马一淋 荆落 杨起龙 高泽 刘尚见 杨自全 朱天志 沈自德 张益何 李丙法 孟怀信 李光照 郑立成 异大成 朱国祥 崔文德 何成惠 陈进好 孙氏夫王瑞 高氏男刘应科 保氏男冯子忠 秦氏男孙忠

众会首

王有德 高进实 陈士登 陈子忠 刘光玉 帖天禄 魏世花 魏斌 祥府聂秉心 王九德 崔龙 李玉斗 周天宝 赵东海 □□□ 王秀 崔谦 李若宣 芦式 李士忠 齐以礼 胡生春 马希如 朱珍 会首赵敬 袁耀星 雷应春 方□成 保文明 张进友 刘志文 袁钦 陈良柱 陈京 缶志 白林秀 时行 刘绳文 李还元 杨志 鲍及第 刘志禹 吴启聘 樊瑞 陈献功 刘玉兰 李荣 杨茂文 雷起龙 牛起云 牛明德 王福有 冯思见 朱玉才 郭景玉 贾尚智 朱文宇 刘元整 赵名俊 海瀚 张连 沈自玉

黄克宽 关中恭 阴岩武 高名扬 李聪贵 张振汉 马顺 张秉德 臧旺 白立业 孔贵全 任镕 燕大儒 郑会 吴果 白实 白李白成功 刘玑芳 常梅 杨得友 崔鸾 李得功 陈肃 郑士新 李廷兰 李养耿 桂枝美 □通 鲍文章 蔡文庆 王佐 杜行 荆方祥 范林 王大龙 张□□ 赵林 周文熠 陈顺刚 □明佐 李化凰 付景交 李彦士 郑瑞林 崔如松 贾之贵 焦崇孝 医官任运升 僧官海竹 僧慧珍 杨敬 张乃绩 北京人王有禄 弓绪 吕鼎 魏氏夫李之燦 杨氏男李贵全 陈氏男李显祥 王氏夫刘天滋 贾氏夫李天顺 任氏男李文耀 何氏夫连子良 柴氏夫刘孟化 谢氏男杨自勇 魏氏男李卓 韩氏男李振 荆氏夫杨叶 张氏侄杨志远 赵氏夫刘湛 蔡氏夫王进孝 王氏夫任克实 孙氏夫任克全 杨氏夫王国龙 李氏夫王成道 张氏男杨志林 王氏夫王国□ 李氏男刘法端 荆氏夫刘□远 杨氏夫刘咸远 田氏孙闫圣 杨氏男张宣 王氏夫张□ 李氏男李上德

揔化主

杨氏夫弓缵 张氏男李九志 崔氏夫程自星 张氏男王时兴 闵氏侄袁耀星 李氏夫张文龙 李氏夫贾见德 田氏夫朱朝旺 徐氏男朱林 安氏男梁大宝 田氏男芦天寿 梁氏男丘起太 任氏男王道昌 魏氏夫程玮 王氏夫刘福振 田氏男芦克文 田氏夫芦秀 荆氏男张锦 罗氏夫徐茂 李氏夫曹信 李氏男张建 张氏夫李成海 刘氏夫王景河 侯氏夫彭霖 王氏男康荣 赵氏夫鲍文师 彭氏夫鲍林 张氏夫陈喜 张氏夫白成功 吴氏夫王景林 彭氏夫张应斗 任氏夫刘传 殷氏夫刘可用 芦氏夫刘之本 黄氏夫赵凤春 彭氏夫贺龙 鲍氏夫彭明 于氏夫李志奇 刘氏男朱振礼 王氏夫张玉印 付氏夫谢玺 常氏夫谢国民 杨氏男荆□□ 邢氏夫陈□ 李氏夫邢素德 会首王氏男樊自立 阴氏夫樊有进 宋氏男樊国玺 耿氏夫武永康 刘氏夫樊自立 杜氏夫康希孔 任氏夫马龙□ 王氏男张起势 朱氏夫刘□德 □氏夫刘月赵氏夫张通 康氏夫袁朝勤 刘氏男陈大章 李氏男马世亮 侯氏夫刘进元 李氏男化进文 王氏夫赵林 邢氏夫任□世会首付氏夫周伦先 刘氏夫周维先 □氏夫生员周文□ 李氏男监生周名芳 刘氏夫周文英 张氏夫周文□ 芦氏夫周继先 朱氏男周坤 荆氏男朱□□ □□□□□□ 陈氏夫张存信 魏氏夫张存礼 王氏男刘□明 赵氏夫王自友 张氏夫郭景信 刘氏男安世英 刘氏夫王守文 梁氏夫胡明伦 张氏男罗文杰 陈门时氏 郭门时氏 刘门李氏 荆氏侄魏法玉 王氏男魏法孔 杨氏男张蕴 范氏夫刘桂芬 李氏夫景凤 韩氏夫白应冬 彭氏夫樊大魁 刘氏夫李自林 王氏夫赵璧 李氏夫赵重 □氏男王琮 史氏夫邢察伦 王氏夫邢俊德 会首王氏夫王业隆 李氏男朱自美 李氏男陈王贵 米氏夫刘光宗 燕氏男陈黄 邢氏夫宋凤 朱氏夫宋龙 孙氏男李满文 □氏男宋璧 王氏夫楚秀 万氏男化章 宋氏夫彭义周氏夫朱化凤 程氏夫许培 陈氏夫李忠玉 王氏男生员□选 会首刘氏男米京 芦氏男周□ 张氏夫周统先 侯氏夫周文 张氏男周文光 路氏夫周俊□ 刘氏夫周□□ 郑氏夫周文□ 周氏夫袁上□ 生员毛九彩妻弓氏 王氏男监生毛正生员郭九锡妻闫氏 张氏男生员□□□ 生员乔遂妻张氏 弓氏男贡生张庆彬 贡生张庆襄妻刘氏 郑氏男生员张翘生员王符妻芦氏 毛氏男帖天佐 陈氏夫王廷贵 生员刘慎妻王氏 杜谨妻李氏 路氏男生员刘子英 生员张乃武妻安氏 徐氏夫樊云 赵氏夫刘渊 宋氏男宋之美 生员李溢妻黄氏 张氏男杨瑞□ 张氏侄李九志 芦氏男李永昌 魏氏夫梁继德 芦氏夫李兰芳 曹氏男李耀祖 高氏夫李崇德 芦氏男李永太 任氏男刘雨 楚氏夫牛崇德 张氏夫王玉官 李氏夫王好良 芦氏夫王道 夏氏夫郭思旺 王氏夫杜进孝 乔氏夫宋玮 郑氏夫郑山 乔氏夫郭惟汉 张氏夫徐化蛟 郑氏夫徐进孝 杨氏夫王海 司氏夫徐化朋 马氏夫徐化林 王氏夫徐得京 徐氏男朱林 侯氏夫耿辅臣 刘氏男徐化鸾赵氏男张素 王氏男张训宗 □□男□□□……乔□……李□……李氏□……张氏男□应□ 刘氏男生员□□□范氏男生员刘□□ 弓氏男生员刘□□ 生员刘敏妻□□ 刘政妻刘氏 生员刘锡极妻缶氏 刘氏夫王赵果 赵氏男生员张庆畬 于氏男生员张翩 举人张庆发妻王氏 郑氏男生员张翘 生员张翩妻弓氏 生员张翩妾孙氏 贡生孟禹绪妻余氏 贡生孟召绪妻沈氏 闫氏男监生魏峸 生员黄之□妻赵氏 胡氏夫毛成章 张氏夫刘大成 苗门黄氏 刘门郑氏胡氏夫弓廷锡 生员魏定邦妻孟氏 封氏夫贡生孟颜绪 生员阴永祺妻张氏 赵门阴氏 阴氏夫刘曰礼 生员阴永瑞妻张氏 刘氏夫张庆启 生员刘劾武妻弓氏 生员刘淑□妻张氏 生员陈□妻赵氏 郭门张氏 刘门赵氏 贡生焦方妻张氏生员李绍庚妻曹氏 会首张氏夫王松 雷氏夫王家哲 芦氏夫孟见周 任氏男王道昌 张氏夫王玹 张氏夫王瓒 芦氏夫王漳深 王氏男王三□ □□□□□□……朱氏……张氏男……张氏男陈……王氏□陈□□ 刘□□徐□□ 穆氏夫陈□ □氏夫□尚法 李氏夫周文彩 薛氏男陈□符 史氏夫付釜□ 芦氏男刘尚王 付登□妻刘氏 邢氏男生员陈譔

朱氏夫陈谕 李氏夫生员陈譔 陈氏夫陈起秀 张氏夫郑孝 刘氏夫生员冯翰 李氏夫魏世常 高氏男魏克孟 张氏男刘肃 张氏夫杨玉□ 豆氏男侯明信 芦氏男刘文太 芦氏夫杨廷林 杨氏男赵蕴清 杨氏男赵顺清 荆氏夫杨瑞隆 刘氏男冉汝彦 朱氏男古士友 邵氏夫许来奉 闫氏夫刘汉卿 王氏夫荆四来 刘氏夫芦恺 古氏夫李进 芦氏夫陈尚德 常氏夫杨树升 郑氏夫张起龙 张氏夫芦第新 张氏男刘复业 周氏男陈子亮 鲍氏夫燕大权 弓氏男楚士和 朱氏孙燕进章 秦氏男李才 张氏夫张守才 化氏男李春……张氏男……□氏男陈……□氏夫陈□□ 张氏男陈□□ 李氏男李□□ 魏氏男朱□□ 张氏男郑□□ 侯氏男李□□ 芦氏夫□□高 李氏夫刘之周 戴氏男张明全 曹氏男张明玺 邢氏夫陈显□ 白氏男霍光然

女僧妙玹妙会

妙廪妙柱 妙爱寂伦 缶氏夫刘赀 杜氏男刘文庆 罗氏夫王浔道 赵氏夫刘鼎 李氏男吕之伸 李氏夫马成义德 刘氏男正文海 张氏孙任清 姚氏孙刘文英 弓氏夫尚得法 韩氏男刘性 任氏夫赵文秀 马氏男方林 会首罗氏男唐自顺 生员阴天□妻罗氏 生员□□德妻贾氏 邢氏夫翟吉兆 生员王可久妻冯氏 芦氏夫刘隆雨 杨氏男□□□……□氏……□□夫……□氏夫……秦氏夫□锦□ 赵氏夫□□□ 王氏夫□□□ 冯氏夫□□□ 张氏男罗□□ 马氏夫张□□ 王氏男宋□权 冯氏夫孟开先 赵氏夫祝登科 沈氏男生员王言纶 禹氏男王玮 杨氏男曹贵张氏夫樊盛德 袁氏男生员海大授 刘氏夫殷珠明 刘门弓氏 刘门方氏 孔氏男生员张龙光 芦氏夫萧轩芳 陈氏侄□□选 蒋氏孙丁运□ 任氏夫雷进□ 邢氏侄生员周□□ 赵氏男……韩氏男张……付氏男曹……□□赵……

5.《重修城隍庙寝宫记》

□□□□□□□□□□□□□世世修葺所固有也，至寝宫之□□，不知剏自何人，出自何手，窥其□□□□规山遗迹，寻其残石，亦□□□□□□□□□□□□□□□之说，大抵皆班垂殳斯类耳，盖亦云古矣。观其所制，玲珑透露，精密□动，□飞□动，三形无一不□□□□□□□□□□□□□□□，亦吾郡之一巨观也，第年久胶解，风吹木裂，不能无剥落耳。迨日甚一日，剥落殆半，古迹将隳不□□□尔观瞻，□□□□□□□□□□□□□□□修，苦无名匠留心寻访者，久之时或有名匠，亦遑遑望而色沮，见而袖乎，盖有不□一马，适有□□□张梁刘□□□□□□□□□□□□□□□袖，吾辈即□胜任，□细密难以卒成，工程浩大耳。冯生应声曰：若□任此工费木料，吾自有方，不足难也。于是□□□□□□□□□□□□□□□善男信女共襄厥事□任，维世妇曹氏生员周玳、杨氏男张玉、张氏男张冲、马氏男朱文等，遂大起修补□未坏者，□□□□□□□□□□□□□□□精密活动如故也。岂其维神降灵，俾古迹勿坏耶，岂班垂殳斯之复生也，不然何其已坏而不坏□□然，何□□□□□□□□□□□□□□安神人，可谓两无憾矣。然匠□之巧不可没，而众善之功为甚大矣。勒琐砥以志不朽。

□□□□□□□□□□□□上浣之吉

□□□□□□□□□□□□徐（靳治徐）

□□□□□□□□□□□□河佥判张菁

□□□□□□□□□□□□贾亮选

□□□□□□□□□□□□学训导焦方

□□□□□□□□□□□□撰文

□□□□□□□□□□□□书丹

举人 周元超 吏员 刘逢原 史弘勋 张□德

监生 荆岐 刘思明 宋遴 张翼 赵璧 周才 魏替□ 赵林 罗懋源 王秉良 周瑹 赵自明 武陟王玠 刘法

生员 李機 王秉讓 周璲 李松 □化鳞 赵荣 侯尔贤 荆嵋 王秉权 周珵 刘保 马林 周嵋 周佩 李渤 周玳 张文祥 张九功 刘发科 宋选 时文选 杨国栋 朱可受 宋鸾 燕奇略 杨景连 张标 刘效武 陈昌言 张英 袁怀道 白琯 李法坤 宋应征 陈纪 吴嘉贞 周正 宋凤 赵起龙 沈□ 宋升 闫也杰 关珍 王起玉 李鼒 李天爵 李进元 白尚智 白成功 时敬 张英 张贞

会首 朱印高 蒋文亮 刘珂 李□忠 许明伦 宋凤 许文鲁 孙德 张俊 魏祥云 李重印 邵先通 魏来宾 司成府 兑世方 刘淇 王佐 李云 白启德 魏世琳 杨景连

住持 张阳印

徒 张来贞 张来信 陈来□

徒孙 冯复成

木匠 刘士傑 梁进成 董名贵 王起才 常□ 关□

画匠 曹中□ 刘□□ 朱文

石匠 □琦

图二六七　《重修城隍庙寝宫记》

6.《重修城隍庙乐楼记》

城隍庙大殿前旧有乐楼，其来已久，座南面北，风吹雨打，其明柱阑干皆已朽腐，前后方椽皆已摧折，上棚砖瓦皆已解。郡侯张公自莅任以来，日以治民事神为兢兢。每逢朔望瞻拜，触目发□，以为享祀神明，莫大乎礼乐粢盛，豊洁者礼也，歌赛者乐也。礼以敬神，乐以和神。今乐楼残毁，非所以肃观瞻而格灵禽也。爰是先蠲清奉整修其楼第，工程浩大，难以遍中，有善绅侯选州同魏诜仰体侯意，率领生员范师仁等募化。众善举于康熙五十年三月至五十三年三月，明柱阑干□换，础石方椽砖瓦尽换新料，美奂美伦，璀璨夺目，斯飞斯翼，巍焕改观。仰视壮丽，可无负乎。创建之君子，俯察盘固，又常□□□后起之善人。工既告竣，爰勒珧砥以志不朽云。

康熙五十五年岁次丙申夏月穀旦

原任郑州正堂 王克明

奉直大夫知郑州正堂事 张鋐

州判 张菁

儒学学正 刘承

训导 贾亮选

捕厅 王□

郡岁进士段玮撰文

郡庠生李本嘉书丹

原任遂安县副堂 张庆襄

归德府夏邑县教谕 王业弘

原任怀庆府获嘉县训导 张庆彬

原任南阳府桐柏县训导 焦方

原任於潜县知县 张庆发

卫辉府淇县训导 张庆云

丁卯科举人 雷永清

壬午科举人 弓载云 壬午科举人 张翔

原任陕西靖边卫守御 王藎

贡生 王澜 干俊 袁玫 段玮 郑延宗 胡渤 刘子宽 阴永祺

监生 尹久良 阴成名 董一瑄 孟□ 魏□道 张庆启 罗懋謜 郭芳 魏峻 毛正 董之葳 弓安国 林珍 张宽 宋遴 陈珂 孟昜 荆延琅 焦抃 李居嵋 曹泾 孟惺 张翕 李盛 弓宁 孟栗 魏宏猷 常静 罗懋 讓弓宲 李大闲 王秉讓 冉汝谐 魏赞化 孟惇 弓桀 乔楷 孟子仁 魏謥 张寯 毛晋 罗宪晓 朱珩 孟志义 聂章

生员 徐镕 □大业 王延佐 赵珠 刘上 阴天旭 冯翰 罗纬 郭永裕 张墨绶 □时太 曹浣 李雯 张用□ 张翘 黄之峨 郭九锡 罗懋□ 阴苞 郭溶海 庆云 陈宽 荆廷璜

住持 张阳印

徒 张来信 张复□

图二六八　《重修城隍庙乐楼记》

7.《城隍庙迎送銮驾碑记》

尝思幽明相通，神人一道。余考周礼天子仪仗，曰：藻卫驾所至处曰行在，御驾所至处曰驻跸，聚五釆羽为幢建，于军上曰羽保，旆旌曰绩莜。是知王者举动皆有仪仗，可观下而公侯下而卿大夫，品其职分定其仪卫。此在人道，固其昭昭也，而神道亦然。我郑城隍尊神，爵封灵佑侯，坐镇一郡，赏善罚恶，朝巡暮查。间有出入。知宜宜之界，前后左右应有仪卫扈从，宁待阴间排列，助其威光，第春秋鬼节祭祀无主殇鬼，国家巨典也。州主请神驾临坛大放施食，每见寥寥数夫往来迎送，仪仗不有，殊觉暗淡少色。有会首刘发科、赵法文、杨言举等，约会本郡□民善男信女捐资造制銮驾。前呼后拥，旌旗蔽日，文器武具班班整齐，而且鼓吹杂奏，□烛布列。即侯伯公卿之仪仗，不过尔尔，一以壮观瞻，一以肃神威。遥想坛中无数殇鬼，其或望旌旄而旋风，前迎未可知也。数载来遇鬼节祭期，阖郡市民儿童走卒快瞻朱帜翻翻，争看翠华冉冉，咸相庆曰：掷熟食洒甘露，施食在僧道而招魂呼鬼，应在仪仗也。恐时久物弊，勒石为碑，望其后继，属余而为之记。余曰：此迎送銮驾，余所歙欢美者久矣，其何以辞。

大清雍正十二年岁次甲寅季春上浣之吉。

奉直大夫知直隶郑州事纪录六次于林

郑州吏目陈可发系顺天府宛平县籍

戊申正贡候选儒学训导阴章撰

郡儒学廪膳生员张如绎沐手书丹

郡后学张如绅篆额

总会首 袁铨 刘发科 赵法文 杨言举 岳锦 金玉相 刘发向 袁鉴 朱之玺 张复宁

住持 姚来智、张来信

徒侄 张复宁 侯复杰 杨复鸣 谷复瑞 郑复全 杨复祥 高复元 康本好 杨本立 王合责

石匠 高官

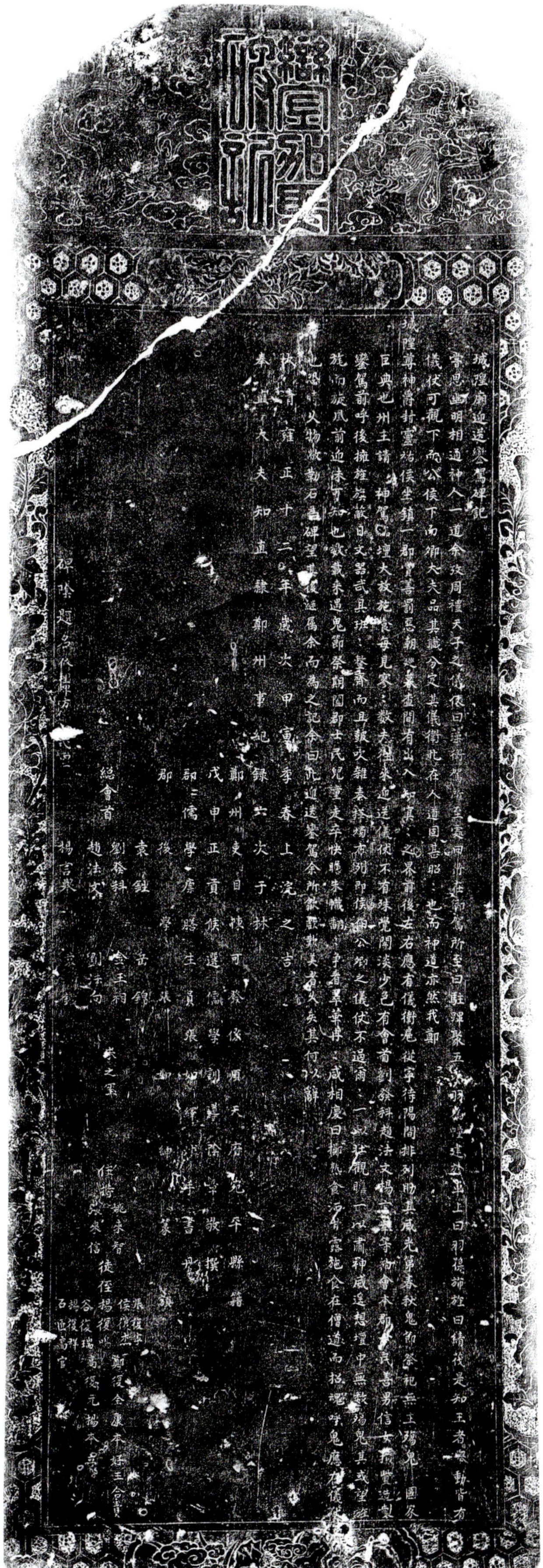

图二六九　《城隍庙迎送銮驾碑记》

8.《大清国河南开封府郑州□□镇女会建立城隍庙碑记》

尝思赏善罚恶者，神之□□□人善也。而建碑书名者，人之不掩乎众善也。有如京水镇女会首孟氏者去年方成进之功，今岁又有完衣之美，倘□□□碑记，非惟无以见孟氏之善，而众善亦且淹没弗彰矣。爰是勒诸琐珉，以为永传不朽云尔。

大清乾隆四年岁次未三月一十八日立

李家庄 会首 孟氏侄宋成绪 刘氏孙赵央 张氏男李喜 刘氏夫李加爵 杨氏男李琢 谈氏夫李伟 丁氏男孟克观 李氏男李祥 翟氏男张爱民 刘氏男□□ 禄氏男李福 孟氏男王 蓝氏男崔复兴 宋氏男李定国 宋氏男刘家洪 邵氏夫部进义 蓝氏男田福祥 蓝氏男谢□福 孙氏男李臣 王氏夫李冲碧 杨氏夫李选 王氏男李钦 张氏夫李堂 李氏夫李耐 王氏男李若春 张氏男范林 邵氏男王继禹 晁氏男王拨 蓝氏男张治恭 董氏男张□□ 芦氏男张□良 邹氏夫张弘明 郭氏夫张智 付氏夫张超秀 时氏男邵慧 刘氏夫邵福 范氏孙邵济丙 靳氏男邵立成 毛氏夫赵尚□ 郭氏夫赵修□ □氏夫赵成□ 张氏男赵保□ 翟氏男张中有 魏氏男李竹 宋氏男常魁 朱氏夫□唐 张氏夫郭连 赵氏夫张成福 □氏夫崔良之 邵氏夫牛恒 李氏夫路登云 马氏夫于孝程 张氏夫杨本直 田氏夫杨本性 许氏夫杨本生 □氏夫邵仁 □氏男常庆雷 □氏夫杨□梅 □氏孙赵河 □氏夫李希贤 □氏夫李希杰 □□□蓝永光 □□□宋言 □□□宋章

东西岗　孙氏男李从 邵氏男李援 翟氏男孟文社 王氏夫蓝名亮 张氏夫蓝名忠 翟氏男仁省田 任氏夫白生辉 张氏夫李启唐 王氏夫李翼 薛氏男张瑄 翟氏夫郭凤 邵氏夫田锡 刘氏夫田沐寅 王氏夫田生强 王氏夫田丕祥 王氏男张璧 张氏夫张景孔 刘氏夫张继孔 王氏夫李广 李氏夫□□成 王氏夫宋瑢 宋氏男宋超 任氏夫宋名世 王氏夫宋存殷 娄氏夫宋英 李氏夫宋存义 王氏男宋大□ 邵氏男孟俊京 张氏夫孟俊英 韩氏男孟俊柱 弓氏夫孟喆 陈氏夫孟俊京 张氏夫刘泽 朱氏夫范师闵 李氏夫史□□ 陈氏夫蓝渭 邵氏夫马文信 李氏夫孟克道 朱氏夫李□仁 芦氏夫常永祺 李氏夫孟克祥 苏氏男刘小 何氏夫吴文芳 张氏男张中 许氏夫孟文第 沈氏夫赵汞旺 李氏夫赵珂 雷氏男□□□ 张氏夫□□□ 冉氏孙翟海 苗氏夫翟玉珙 田氏夫翟玉理 娄氏男翟纶 薛氏男翟廷辅 张氏男翟廷选 刘氏男翟润 沈氏夫翟廷拔 孙氏夫翟玉瑞 宋氏夫翟玉琳 宋氏夫翟玉珮 张氏男李儒 刘氏夫李冲昌 宋氏夫米恭秀 张氏夫宋栋 任氏夫朱恭行 李氏男张汉辅 郑氏男张行宽 蓝氏夫刘浩 王氏夫王捷 郭氏夫王善统 孙氏夫蓝久 张氏夫梁国选 王氏夫梁国□ 薛氏男李柱 陈氏夫张大生 竹氏男孟文忠 刘氏夫王点 邢氏男张士俊 许氏夫李太 付氏夫李廷言 宋氏男刘渊 金氏夫孟克仁 孟氏夫段良奇 张氏夫孟奇 姚氏夫刘要 押氏男李光前 张氏夫刘定邦 王氏夫张连 朱氏夫芦玉林 李氏夫芦玉才 宋氏夫芦玉奇 孟氏夫于耀先 杨氏男张士贞 李氏夫孙广居 张氏夫朱建贵 李氏男邹玉成 陆氏夫赵久良 韩氏夫部仁 张氏男李俊 李氏夫王祖尧

薛氏夫张三 弓氏夫张景兆 杜氏夫张岐山 周氏夫冯廷福 李氏夫白得珍 魏氏夫蓝□ 张氏夫孟文兴 田氏夫李杰 薛氏男袁根柱 田氏夫王钦 宋氏男刘臣 张景祥 赵氏夫翟俊美 王氏侄翟□ 李氏夫翟淳 宋氏夫翟兴 刘氏侄崔经 任氏夫崔复振 王氏男王建极 柳氏男王公极 王氏男王河 孟氏男王祥 乔氏夫谢□ 宋氏夫田

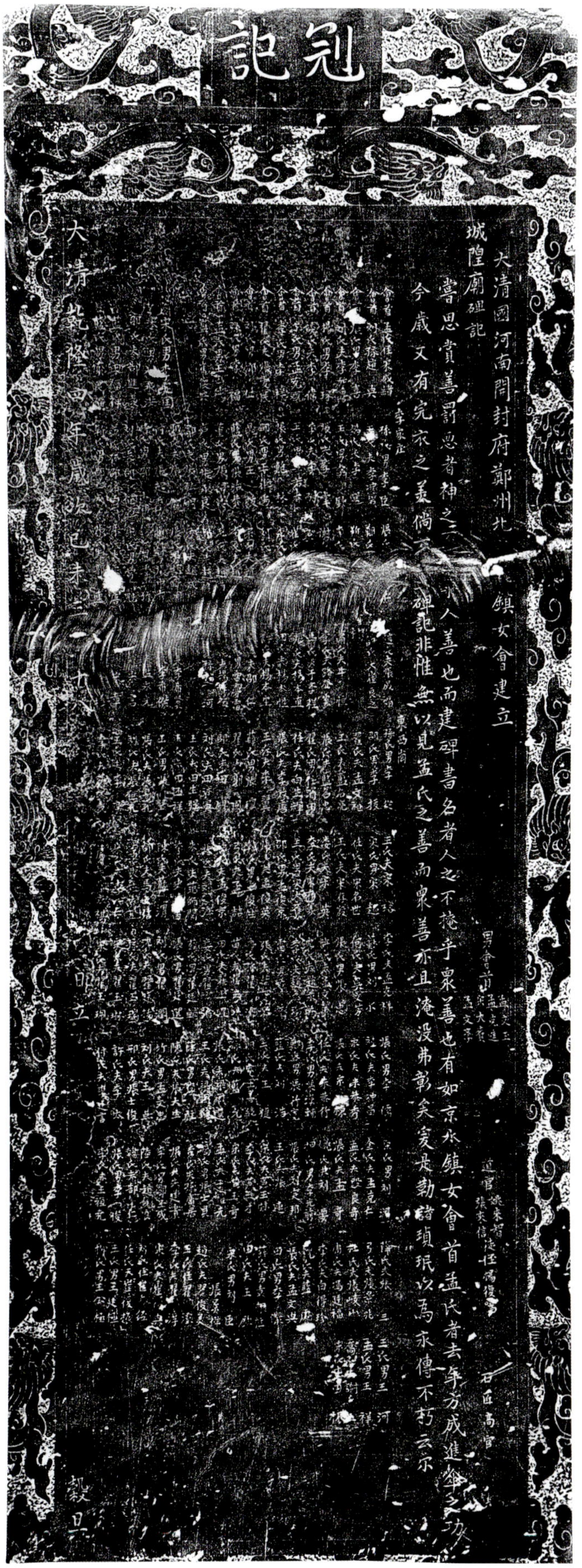

图二七〇　《城隍庙碑记》

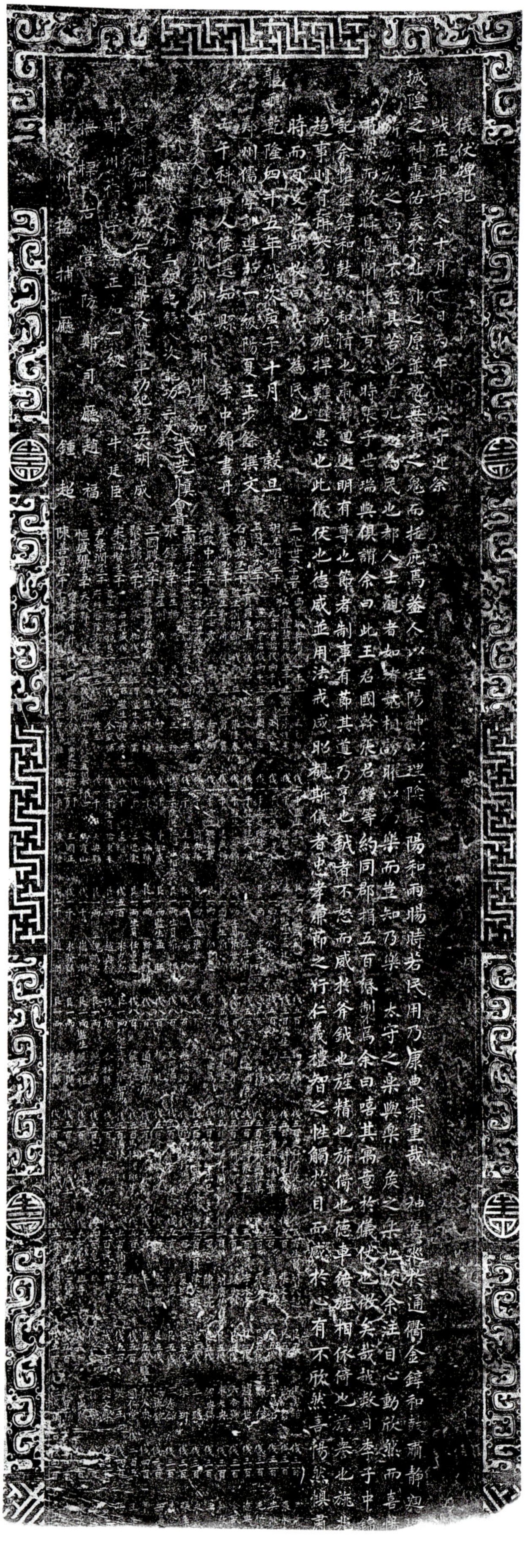

图二七一 《仪仗碑记》

9.《仪仗碑记》

岁在庚子冬十月一日丙午，太守迎祭城隍之神灵佑侯於北郭之原，并祝无祀之鬼而托庇焉。盖人以理阳，神以理阴，阴阳和雨，暘时若民用乃康典綦重哉。神驾巡于通衢，金錞和鼓、肃静回避、□□旂旟旐之属，靡不悉具。若此者，几以为民也，都人士观者如堵，竞相夸耀以为乐，而岂知乃乐。太守之乐与乐，侯之乐也欤。余注目心动，欣然而喜，惕□肃然而敬，瞬息间中情百变。时张子世瑞与俱谓余曰：“此王君国幹张君铎等约同郡捐五百缗製焉。”余曰：“嘻其寓意于仪仗也，微矣哉。”越数日，李子中锦□记。余惟金錞和鼓以和情也，肃静回避明有尊也。节者，制事有节其道乃亨也，钺者，不怒而威于斧钺也，旌精也，旂倚也，德车结旌相倚也；旟誉也，旐兆…趋事则有称誉，龟蛇为旐，捍难避患也。此仪仗也，德威并用，法戒咸昭。观斯仪者，忠孝廉节之行，仁义礼智之性，触于目而感于心。有不欣然喜惕然惧，肃□时而百变也哉。故曰，凡以为民也。

龙飞乾隆四十五年岁次庚子十月榖旦

郑州儒学训导加一级阳夏王步馀撰文

壬午科举人候选知县李中锦书丹

奉政大夫直隶汝州知州前知郑州事，加一级随带，又加三级纪录八次，记功三次 武先慎

署郑州知州军功加二级随带，又随带军功纪录五次 胡成

郑州儒学学正加一级 牛廷臣

抚标右营防郑司厅 赵福

郑州监捕厅 钟超

会首

王光世万八千四百；胡克明万二千；王国泰万三千；石尚英万二千；魁盛号万五千；樊致中万五千；王国干万十千；张铎万五千；王国聘万六千；聚盛号五千；宋尚贤三千；尹景润二千；恒盛号万五千；陈善言万一千；山西牛永兴捐钱十千正；得宜盐店钱五千正；元吉当店钱两千五；丰裕当店钱两千五；生员罗秉直钱两千正；监生刘嗣龄钱两千正；监生郭□钱两千正；王士秀钱两千正；内乡儒学训道魏遇荣银贰两五贵州直宗仁怀同知毛宣徽银贰两；监生杨瑜银贰两；监生刘峸银贰两；康子科副榜魏遇贵银贰两；张松钱一千五百；石丹盛钱一千五百；贡生郭□谦银一两五钱；府经历阴步青银一两五钱；天成号银一两五钱；嗜老李日升钱一千；元隆号银一两五钱；王元动钱二千；监生李逢泰钱一千；刘永银钱一千；监生荆遇庚钱一千；监生赵栋钱一千；张隆春钱一千；贾篔钱一千；寿昌号钱一千；张新盛钱一千；监生程章钱一千；监生王玢钱一千；焦枕钱一千；监生孙连钱一千；监生岳儒钱一千；监生阴家秀钱一千；全盛号钱一千；黄三仁钱一千；甘肃平京府经历孟相基钱一千；广东合浦县典史张如珩一千二百；监生曹淮钱一千；监生程□银一两；宋□巳银一两；监生张□□银一两；生员阴赞□银一两；监生程大观银一两；监生赵□锦银一两；通盛号银一两；贡生张如载银一两；籣兴号银一两；元兴号银一两；候选把总孟相基银一两；牛永盛银一两；夊兴号银一两；三近堂银一两；孟继杰钱五百；生员阴秉春银一两；大兴号银一两；马霞山钱一千；王国正钱一千；陈恺钱二千；监生□恂钱五百；监生孟建□钱五百；公恕号钱五百；李天□钱五百；王士相钱五百；生员张世儒钱五百；监生郭□钱五百；郞□□钱五百；监生张世训钱八百；杨珍钱八百；生员郭捍钱八百；监生孟旺钱八百；新盛帽铺钱八百；生员任重远钱八百；宋克勤银一两；越兴馆钱五百；监生魏鹤年银一两；崔瀞银一两；永发号银一两；赵润银一两；万源号钱五百；监生王锦钱五百；均成铺钱五百；万和号钱五百；义兴油店钱五百；申才钱五百；叶金隆钱五百；赵世昌钱五百；李能钱五百；万顺油店钱五百；史得海钱五百；杨礼钱五百；通兴油店钱五百；侯世仁钱五百；候选主簿张如汤钱五百；合祥号钱五百；鲍士彬钱五百；监生侯士祥钱五百；恒泰号钱五百；兴泰号钱五百；吏科弓先知钱五百；户科李若桧钱五百；礼科徐汉章钱五百；兵科马程万钱五百；刑科张家玉钱五百；工科阴明远钱五百；户□科周□钱五百；东库王生巳钱五百；户税科赵大栋钱五百；户□科阴功良钱五百；□□□□钱五百；仓□□□□钱五百；捕快房科荆锐钱五百；马快头班等钱五百；马快二班等钱五百；张仁钱五百□福春钱五百；万兴号钱五百；张成玉钱五百；永盛油店钱五百；生员刘武超银五钱；张文泰银五钱；蕴真堂银五钱；张春荣银五钱；生员李本堂银五钱；隆兴号银五钱；刘广德银五钱；陈伯亮银五钱；生员阴大来银五钱；夏盛思银五钱；郭国信银五钱；永祥号银五钱；王瀚银五钱；捕班等钱五百；捕厅皂班等钱五百；民□班等钱五百；皂头班等钱五百；皂二班等钱五百；步快二班等钱五百；步快头班等钱五百；复兴馆钱三百；尚符钱三百；监生李万石钱三百；监生郑行钱三百；赵辅世钱三百；六合号钱三百；来大兴钱三百；梁兴号钱三百；王聪钱三百；宋玥钱三百；三泰馆钱三百；□兴馆钱三百；监生程大兴钱四百；同仁堂钱三百五；樊玉钱四百；樊文学钱四百；孙魁钱四百；吉盛号钱四百；□农号钱四百；□成号钱四百；尹景□……张永□……秀兴油店……毛珩□……德兴号□……全盛□……刘敬□……王□……永茂……张□□□……义合□……岳海□……贾□……王来□……孙大……□□……兴隆□……张永□……常□……石匠王□……

王大有 李顺 魏臣亮 宋士德 赵锋 刘英 贾进 贾和 贾俊 贾德 贾有庆 贾淑美 贾万良 贾淑望 贾淑裕 贾淑臣 刘光运 刘光建 王林 胡克明 李辉家 王朝柱 刘光曾 宋林 崔超先 刘春林 王廷俊 张泽昌 张大有 张秀德 张成德 李明伦 黄居中 陈占□ 马程万 胡进秀 崔□ 陈伯亮 王柏林 陈定九 宋伦正 熊贵 常喜 李文明 王禄 朱振宗 朱振廷 朱振远 朱振寰 朱明 田振业 杨松林 常改和 武钦 周曜 周鹰扬 周玄德 邢珠 赵明

图二七二 《重修城隍庙进膳司之记》

10.《重修城隍庙进膳司之记》

州治灵佑侯寝宫右侧有殿宇五楹，名为进膳司。自古侯王□□□□城隍职列侯爵，阴阳一道，建立玉厨敬事神圣，由□□□□忍坐视，邀请男女会首数余人共相募化，重修庙□□□。

郡武生宋元超沐手撰文并书丹

郑州正堂龚（鹤鸣）

郑州学正堂萧

郑州学副堂王

防郑营左

郑州右堂候补府知厅钦

会首

大清嘉庆七年六月上浣之吉

会首 宋孝来 李忠锦 阴淮斯 申程万 雷旺 雷玉山 刘汝同 刘汝林 于坤 冯辛荣 宋保功 白玉粱 宋丙南 赵廷相 朱曜 康悦 杨大忠 沈清太 陈荣 刘义 李人功 孟全有 金殿卿 恒昇□ □□店 元盛号 郭照午 永□号 公盛号 长茂号 张隆春 寿昌号 刘汝慧 乔渭 董秉□ 张大成 协兴号 丹盛号 张泽培 元兴号 蓝兴号 宋□□ 宋尚□ 三和号 宋仪 宋光祖 陈琯 张明伦 王泽深 何位中 王锡印 张芬 程中山 张奇 于得门 阴鹏举 阴棠 阴秉忠 阴鹏超 臧可用 牛振邦 杨永安 陈彬 荆荣 翟长春 朱全孝 张吉 张永兴 刘珍 贾行 荆鹏义 荆家范 王本桢 荆元宗 荆元丙 刘众则 张鹏中 吴廷桂 吴廷瑞 宋柱 赵心诚 刘臣 东永兴 西永兴 于灵川 于阅中 于诚中 邵永太 郑文明 张桐 于道宁 生□林 周士杰 田沃 李丙丁 周永康 张廷招 张池 李茂财 朱会保 朱会良 于公义 朱福 芦明 燕武 宋林 宋朴 宋久俊 李元文 原益 康林 马天一 王殿元 李桂 李得桢 李乘有 邢永贵 刘伦 陈士骏 赵廷桂 周勤 周如意 刘耀先 魏玉 李成□ 申均 王坤 北二十里铺 朱守业 曹孝孔 魏大礼 李安涛 李良相 李良辅 李良忠 李宝 李锦 朱□棠 刘廷□ 李文明 李会云 李惟□ 朱有才 靳大奇 曹成 刘功秀 柳旺 义城花店 马进京 燕振西 樊文孝

图二七三 《道光十一年五月十八重修三圣堂三仙殿碑记》

11.《道光十一年五月十八重修三圣堂三仙殿碑记》

李□□ 宋贺 永发号 张泽朗 陈荣 张深鋕 宋泽长 裕成店 黄永宽 刘宗炎 唐得林 王振伦 李万年

大河北蓝庄

蓝茂儒 蓝茂敬 蓝茂荣 蓝茂云 蓝孝文 蓝孝成 马有德 梁福 李崇堂 李书元 刘经元 董元忠 潘桂林 李春荣 宋清山 史全德 楚安邦 李天□ □培长 蓝茂清 生员臧拔才 宋化南 一万 杨秀 臧可成 雷振魁 李登云 唐富 魏同安 □让 臧廷臣 弓元魁 曹□□ 邵起凤 臧有 杨坤 杨忠 宋久嵩 宋久岗 宋久□ 宋泮 王珩 王天祥 时温 刘占魁 燕振 芦法文

曹庄

康文彬 康文焕 康文灼 康钊 康银 邢任 康文玉 康瑄 康钧 康錞 邢方 许法 曹永明 张景顺 弓郭氏 赵刘氏 朱孙氏 邢常氏 邢曹氏 张刘氏 刘马氏 曹□氏 孙□氏 □郎氏 康□氏 史赵氏 李张氏 宋□氏

东街

姚敬 张礼 张凤林 焦□中 李文魁 □□太 李禄常俊 杨喜 蒋有成 侯廷桂 李振亭 李敬 赵在田 王起□ 岳敬 李廷会 陈复新 陈□祥 和忠孝 郎玉林 闫兴鲍振标 芦自立 刘成 宋丙南 宋良桂 宋聿修 王□ 王成□ 宋东山 鲍方 路廷臣 张隆春 刘宋尧 □功 裴永□ 李廷照 李人睦 恒太号 赵丙戌 李□庆 刘克纯 刘聿修 魏荣 夏云盛 曹殿甲 常建寅 雷云上 常建祥 王和合 广有号 瑞典号 和盛号 发盛号 □之堂 阴□大牛进才 靳明圣 李相材 邵洪心 徐万箱 赵亮 潘雨南所□班 任廷进 任廷俊 □□福 王西德 闫有法 闫大福 闫大孝 黄金 宋进福 闫廷桂 闫廷用 闫廷孝 王孝陶大士

大郭村

朱阑 陈法 王元峯 申明珂 朱□□ 朱怀仁 刘□元 胡朝殿 任玉尀 任公□ 芦上文 张金墀 张元 朱东阳 张勤 张深科 □荣 梁惠 林聚号 鲍振全 金海 张洪顺 张纯 王岐山 李法 户先 牛振邦 芦得平 高明 吉复

□赵福 孟德心 王□尧 张河 宋万福 郑居亮 黄居中 王丙丁 王□□ 李扬会 鲍兴 冯来□ 李安□ 王□用 任大□ 王文□ 李□林 高师付 张礼 王金秀 郑全

朱庄

常兴 朱晓 李八 张修已 弓振清 时化礼 赵文太 常柏 常进 林文秀 常永清 常□ 常玉 常万仓 常来兴 常永兴

邵庄

邵全 邵凤 邵同志 邵生 任成文 邵全忠 邵杰 王士相 邵百揆 毛成礼 黄据 邵康 邵百祥 杨□ 杨□ 杨□ 杨□

城内

□□□ 何□□ 马虎□ 崔□□ 程□□ 李□□ 胡□棠 荆元□ 金太号 常顺 袁振边 张□□ 雷□山 荆□山 田二 周超 运太号 徐大中 宋六晏 雷应时 王呈祥 孙成禄 张居仪 罗万有 □□□ 刘起□ 张文中 张兴 李兴 王□琇 胡冠 □□玉 张有仁 贾得 岳恒兴 ……□□□…… 岳□□ 岳□□ 岳□□ 刘□□ 魏□□ 魏□□

岳砦 白□□ 娄廷□ □□□ 岳□□ 娄□□ 岳九皋

东街

于冠元 范立太 □招□ 靳兴 王乾 邵□来 ……□□□…… □□仓 李玥 李向文 张克瑾 张□□ 陈□ ……□□□…… □□禄 □□珍 ……□□□…… 闫□□ 任□□

于□砦 王辻□ □□魁 董□□ 李□□ □□□

鲍庄

鲍□□ □□ 乔□ 康□ 鲍□ 鲍法□ 鲍永太 曾□□ □□□ 李□□ 李□□ 李□ 李强 张□□ 张□□ 李□□ 李□旺 李□氏 李□氏 李□氏 李常氏 刘万氏 常任氏 常王氏 常张氏 常杜氏 □□ □东周 □合号 □庆 □□ ……□□□…… □连□ 李□□ 王孝通 郭□ □文□ □□ 赵□□ 胡□□ 吴□太 鹤□号 四合□ 三成号 张金斗 三合号 张润 刘李 □□

东周

□□□ 史□□ 周□□ □□□ 周夫保 张□ 周作梅 周□桯

荆垌 荆元文 荆载吕 荆元明 闫尔玉 李□□ 刘□ 张克□ 张□ 罗尔□ 何□□ 朱□□ 张万全 刘□氏 王冯氏 □洪元 三百 □梅 张□□ 梁□□ 梁志□ □同聚 刘福 □冉 □□□ □□□ 芦召□ 连三冠 荆良柯 荆良聚 荆浪瑞 荆茂材 蒲见中 蒲国禄 蒲元和 焦长有 □桢□ □□河 □□□ □□福 □□□ □□□ 荆□□ 史□ 周□□ 常□中 程□麟 □□成 □□□ □□绍 □□□ □□□ □□□ □□□ 张万全 张万春 张□敬 杨全 田百元 刘□□ 田明 □□ 李全良 李俊光 李□ 张景 □廷□ 张廷□ 张廷□ □宝友 □□义 □□□ □润 刘延□ 刘士中 曹亮 芦起□ 曹越 刘元本 □□文 张明□ 刘□□ □□□ □□□ □□□ □□□ □□□ □□良 □立 王□功 芦□□ 芦宗□ 宇古□ □□□ 娄□□ □□□ □□□ 张□□ 刘明田 史□□ □□□ □□成 王□□ 王□安 □李孔 □保太 张明□ □□□ 张□氏 □万福 曹□□ 曹克旺 曹彭氏 杨文 杨万成 徐林 □□□ □□□ 张□□ 张□□ 宋□ 郭□明 ……□□□…… 侯□□ 尚□□ □□□ □□□ □□民 □□□ □长安 荆□安 □□尚 □□ 宋□太 刘元和 荆壬良 □长□ □□□ □□□ 王□ 刘□ □文两 □于□ □于元 □□高 荆□□ 李玉堂 李成冠 ……□□□…… 张□□ 张万□ 陈□□ □□ □□□ □□□ □□□ □□□ 荆□中 □□□ 荆忠□ 王乔氏 □□氏 刘□浩 刘□ 刘旺 刘士太 朱逢时 司尔才 周保元 二百 王廷选 □□ 侯□□ □□□ 袁□□ 闫进□ □□ 杨□□ 赵君臣 □刘氏 □□□刘□氏 李克□ 李春□ 李春□ 王常 王法保 王□芳 王传全 □治

申 胡□ □□书 李□ 郭□□ 二□ ……□□□…… □□武 □□□ □□ 朱□ 陈道仙 陈□安 陈斌 □□□ 张□□ 李祀光 □□□ □□有 □□ 刘万仑 刘□□ □明 张得□ □□信 □□□ □□□ □□□ □□□ 刘□□ □□□ □□□ 芦□□ □□ 荆□ 王□ 孙□ 陈□□ 陈□□ 陈□□ ……□□□……周来清 周□扬 周□ 周传禄 同兴号 朱安□ □衣□ ……□□□……□元□ □光祖 ……□玉书…… □崇□ □□□ □□□ □□□ 赵□□赵□□ 金□□ ……□□□…… 荆□ □□林 □万□ 梁□□ 潘□□ 沈廷□ 付万高 付文□ 付万和 ……□□□…… 双□□ □□□ 刘大来 刘□□ ……□□□…… 孔王氏 ……□□□…… 刘□□ ……□□□…… 王□□ 弓天元 弓天申 王荣 金□ ……□□□…… 邢□□ □□□ 安□□ ……□□□…… 史□氏 宋程□ 岳张氏 □邢氏 □□氏 □岳氏 □□氏

12.《南冯保进香碑记》

尝思神人一道，幽明一理，顾人之所感，何如也。书曰：“至诚感神，是神之格与不格，以视人之诚与不诚耳。”我郡灵佑侯尊神，赏罚无私，泽及万姓，监观有赫，恩被四方。每逢圣诞良辰，士女云集，各尽虔诚，称极盛焉。今有南冯保善男信女进香三年，愿满之期，勒诸琐珉，岂以旌人善敬，以答神功云尔。

郑州生员罗井沐手撰文，荥阳县廪生陈秉离书丹。

贾砦

会首 王卢氏 贾徐氏 贾王氏 贾刘氏 贾刘氏 陈闫氏 贾李氏 贾刘氏 贾王氏 贾丁氏 贾高氏 陈刘氏 贾李氏 贾楚氏 贾闫氏 贾郑氏 王贾氏 贾赵氏 贾崔氏 贾段氏 贾王氏 陈罗氏

刘祥庄

杨张氏 于梁氏 杨刘氏 耿孟氏 贾王氏 朱高氏 耿张氏 朱刘氏 杨贾氏 贾王氏

佛冈

李张氏 李叶氏 王蒋氏 阴常氏 吴张氏 李刘氏 姜李氏 宋李氏 李张氏 李程氏 李李氏 刘李氏 于张氏 毛张氏

高砦

荆刘氏 荆张氏 荆杨氏 张贾氏 张荆氏 曹高氏 路王氏 高王氏

双会　十里河

王立妮 王胡氏 王邢氏 李魏氏 刘梁氏 任杨氏 卢于氏 李王氏 卢海氏 卢程氏 卢曹氏 刘卢氏 卢李氏 卢赵氏 □□氏 卢王氏 卢王氏 刘张氏 卢李氏 卢崔氏 卢王氏 王郑氏 卢王氏 贾张氏 高李氏 高杨氏 李王氏 欧荆氏 欧郭氏 卢司氏

三官庙

宋冯氏 刘张氏 罗刘氏 王郭氏 杨王氏 胡彭氏 郭雷氏 胡贾氏 张韩氏 张申氏 张王氏

王胡砦

王张氏 王李氏 刘朱氏 王贾氏 王张氏 王郭氏 王海氏 王卢氏 王曹氏 曹胡氏

咸丰二年岁次壬子三月十八日勒石

图二七四　《南冯保进香碑记》

图二七五 《重修城隍庙戏楼记》

13.《重修城隍庙戏楼记》

自余官豫，历官正阳、沈邱、邓州各州邑。凡祠宇载在祀典者，圮则筑之，隙则葺之，敝则垩之。岁时祷祀，必诚必恪，所以为民祈福也。戊戌春，自临湍移牧是邦，谒城隍神祠，殿庑阶墀规模粗备，独酬神演剧之台颓废不治，其不足以壮观瞻，犹未无以答神祜顺舆情，则诚司牧之责也。爰捐廉为州人士，倡州人士中之公而义如马绅汝骥、李绅启元连三者，遂相率而兴起。鸠工庀材，镂楹刻桷，轮奂内美，丹漆外敷，巩然焕然而成。是台继自今洎犆尊调风律，举凡忠孝节义可钦可慕可歌可泣之事，一二穷形，尽相于是台。冀以感触梼昧振发瞶聋，非仅如桓宽所谓椎牛击鼓戏倡舞像也，岂不甚善。抑余更有说传之言曰：黍稷非馨，明德惟馨，又曰民不易物，惟德医物。神所冯依，将在德矣。不明德而荐馨香，虽瓮簝在左，罘簋在右，感格之效，弗应矧区区乎。一俳优之台，窃□州人士浑噩其风，敦庞其俗，吕明德缴福于神祇。是则余之志也，故乐为之记。

权郑州事郑州牧毗陵汤似慈撰文

郑州学正 朱炎昭

郑州训导 王鹤山

尽先千总郑州把总 常奎照

六品衔郑州吏目 陈镛

丁酉科拔贡桧阳靳鹤龄书丹

首事

附生 高介田 增生 邢秉钧 癸亥科武进士 李启元 甲子举人 马如骥 监贡 李连三 附生 赵畏三 从九 孟沦 廪生 阴善承 贡生 虎守智 议叙从九 曹宝树 监生 陈荣绂 附生 赵家璧 武生 虎长升 从九 程廷瑞 从九 马厚福 木匠 樊山 泥水匠 王恩普 油匠 赵余太 画匠 马应选 铁笔 王廷祥

住持道正司 赵合禄

徒 宋教成 李教铎

徒孙 李永贵 孟永庆

大清光绪岁次著雍阉茂嘉平月中瀚　　穀旦

14.《重修城隍庙前后大殿暨拜厦两廊记》

郑县旧有城隍庙一座，屡经岁修，奈风霜剥蚀，前后大殿暨拜厦两廊均就倾圮，满目萧然，苦无措手。丙辰秋，第八混成旅步一营督连长李君培臣，目观心伤，思欲补葺，禀于统领徐君仪庭，慨然捐资，先修两廊，又□□兵士转□□□□□□功已落成，然上□好者□□□□□□ 阁□□重桥居官商□□□□□□□输，虽功程浩大□□□□□□□□□岂可量哉，故得而并美之曰：善行不匮永锡尔，类其徐君乐施、李君提倡之谓乎。住持乞予作文，予不揣固陋，愧无走笔之才，聊作葵向之忱，勒诸珣珉以垂不朽云。是为序。乃复为之歌曰：功列旂常兮，亘古不易；德沛东里兮，绅商感思；善著庙宇兮，落落庇石。美哉噫嘻，谁复能及。

清岁贡生海安澜沐手撰文

清岁贡生李多官沐手书丹

住持赵合禄敬立

铁笔耿明山

中华民国五年岁次丙辰嘉平月仲浣　　榖旦

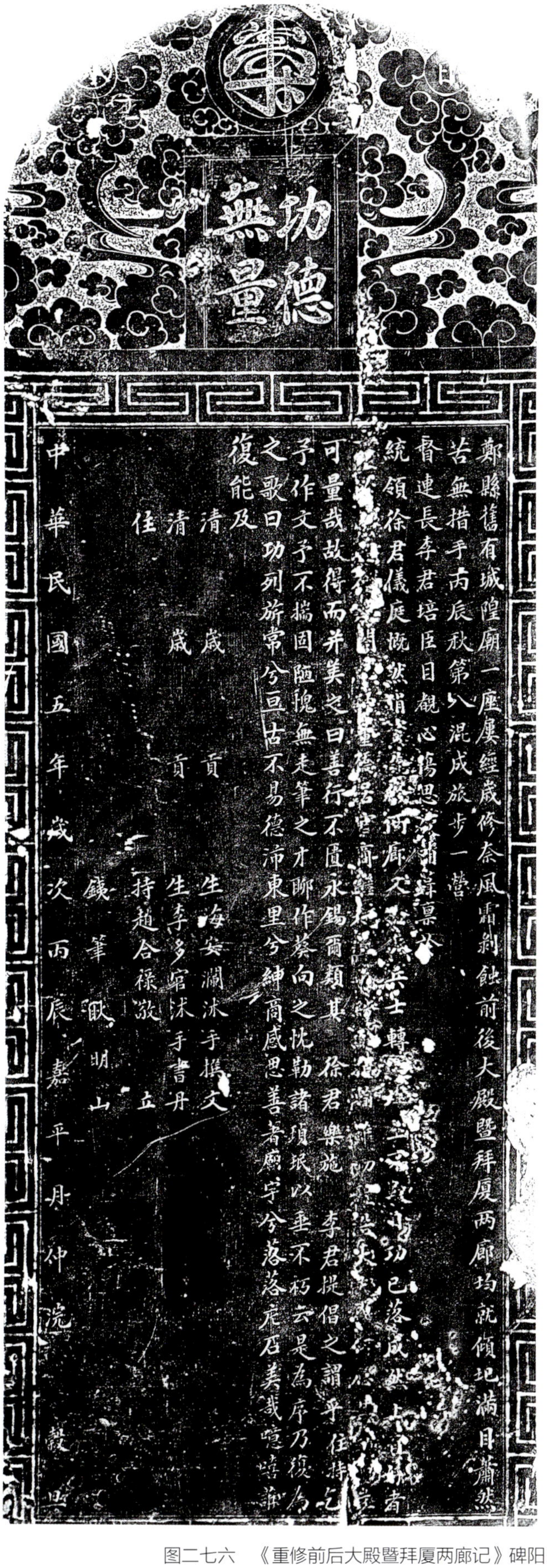

图二七六　《重修前后大殿暨拜厦两廊记》碑阳

图二七七 《城隍庙众善之记》

15.《城隍庙众善之记》

芦氏男张有福 赵门阴氏 赵门袁氏 张门王氏

□门周氏 □门连氏 张门于氏 张门郭氏 史门刘氏

赵门李氏 张门魏氏 张门常氏 李门杨氏 李门朱氏

朱门段氏 赵门曹氏 乔门曹氏 赵门韩氏

孙家园会首

郑氏男王宗圣 王门张氏 王门王氏 王门岳氏 王门李氏

王门孟氏 黄门郑氏 黄门魏氏 周门赵氏 孟门李氏 宋门刘氏

□门常氏 赵门薛氏 赵门闫氏 张门宁氏

金庄会首

帖氏男张德成 芦氏男张有福 帖门海氏 杨门张氏

孙门户氏 赵门孙氏 张门宋氏 朱门闫氏 刘门杨氏

李门刘氏 王门李氏 李门孙氏 闫门王氏 黄门萧氏

萧门刘氏 荆门李氏 赵门李氏 陈门李氏 赵门鲍氏

袁门王氏 赵门魏氏 □氏男花生林

李门廖氏 陈门杨氏 王门赵氏 刘门张氏 赵门唐氏

史门刘氏 张门于氏 张门郭氏 金门闫氏 张门王氏

张门魏氏 郭门张氏 张门常氏 张门赵氏 张门张氏

张门冉氏 任门张氏

永兴镇令首

马氏男田住 金氏男史进才 李氏夫王顺 梅门王氏 田门王氏

金门田氏 谈门金氏 于门金氏 田门薛氏 陈门田氏

田门陈氏 李门范氏 崔门李氏 万门王氏 朱门李氏

张门余氏 贺门李氏 王门周氏 陈门吴氏 张门竺氏

任门金氏 金门翟氏 金门赵氏 闫门金氏 郭门金氏

金门朱氏 赵门梁氏 李门刘氏 闫氏男法受 路门常氏

16.《城隍庙重修记碑》

城隍之称，源自中国城池形制之始，墙为城，壕为隍。

城隍为神，起于原始民间庇护城市之俗；城隍立庙，始于三国东吴；城隍塑像，起于唐而定于宋；城隍之奉，渐以由民间之俗演为国家祀典，历代尊崇。郑州之城隍灵佑侯庙，始建未详，立汉忠烈将军纪信为神，千秋祭祀，万古仰瞻。后明弘治年重修，历代屡有修葺。郑州城隍袭商都文脉，灵化悠长，续延于今。

甲申之年，郑州市人民政府成立郑州商城遗址保护及环境整治指挥部，规划整修商亳故都区域，城隍重修工程居其列。政府拨付专款三百余万元，沿传统约定之俗，重塑城隍金身，原之塑像，迎奉于另新建之纪将军祠；依生肖华甲新设民间口传神像六十尊，另殿宇、厢房、神道、彩绘、环境均得以整修。庙祠沧桑，再现辉煌。

时逢盛世，躬敬文物史称，以期三千六百年古都文化世代传承，中原人文血脉绵延相袭，立城市文化根魂。故勒斯碑志之。

齐岸青撰文

王澄书丹

公元二千零四年九月廿八日郑州市人民政府立

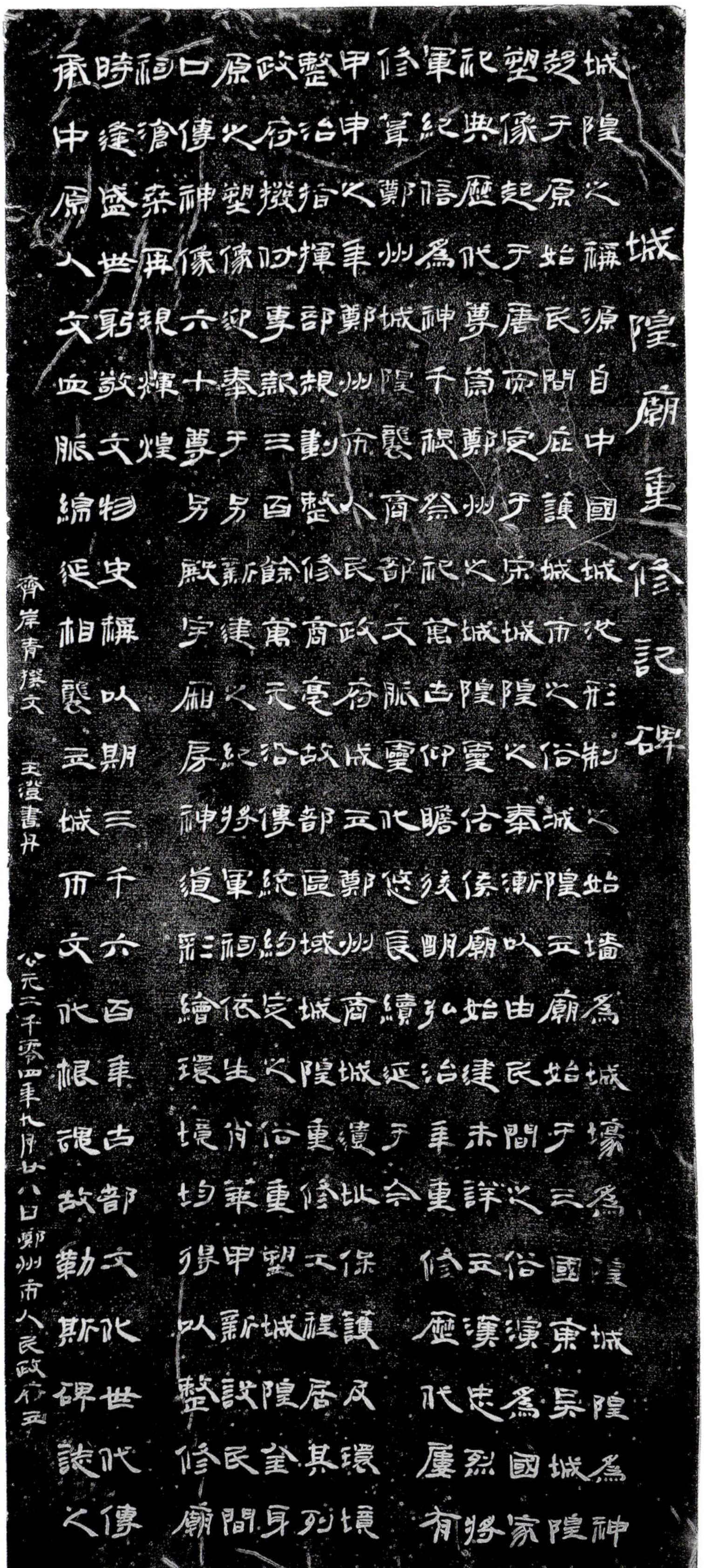

图二七八　《城隍庙重修记碑》

后记

1936年9月，著名建筑学家杨廷宝先生考察郑州城隍庙文庙后，在《中国营造学社汇刊》第六卷第三期发表了《汴郑古建筑游览纪录》，城隍庙曾引起建筑史学界重视。中原地区古建筑风格独特，具有明显的中原“地方建筑手法”特征。郑州城隍庙属中原地方古建筑，沿袭蒙元前唐宋“官式建筑手法”，又受明清北京“官式建筑”影响。它是一笔重要的文化遗产，所以我们应该充分认识它、保护它，并永续传承它。

长期以来，郑州市商城遗址保护管理处对郑州城隍庙、郑州文庙文物建筑的保护、维修进行了大量的工作，积累了丰富的基础资料和经验，但是对于建筑的研究方面相对薄弱。近年来，商城遗址保护管理处高度重视文化遗产的研究，成立专门机构，抽调专门人员，从古建筑专业角度研究文物建筑。

在编写《郑州城隍庙》一书的过程中，笔者遍览同类书籍，力求选择一种便捷的体例、通俗的语言向广大读者介绍城隍文化与城隍庙的演变、郑州城隍与城隍庙建筑、单体建筑研究、碑刻，使大家对郑州城隍庙有一个较深入的了解。

我国著名的建筑学家梁思成强调“以测量绘图摄影各法将各种典型建筑实物作有系统秩序的纪录是必须速做的”，我们编辑此书的过程中，插入许多照片和测绘图。

至此，《郑州城隍庙》书稿已“草成”。文稿的草成是与诸位领导、同事关心和指导分不开的。

感谢郑州市文物局任伟局长在百忙之中审阅本书，并提出宝贵意见和建议，使本书增色不少。

感谢河南省文物建筑保护研究院为本书提供精确的测绘图，使本书内容详实，历史信息丰富。

《郑州城隍庙》虽然付梓，肯定还存在有缺点和不足，敬请专家、学者、文物界同仁批评指正，以便予以修正。